송대 宋代
사법 속의
검시 檢屍 문화

송대^{宋代} ◎
사법 속의
검시^{檢屍}문화

1판 1쇄 인쇄   2019년 2월 15일
1판 1쇄 발행   2019년 2월 22일
—

저   자 ㅣ 최해별
발행인 ㅣ 이방원
—

발행처 ㅣ 세창출판사
　　　　신고번호·제300-1990-63호 ㅣ 주소·서울 서대문구 경기대로 88 냉천빌딩 4층 ㅣ 전화·(02)723-8660
　　　　팩스·(02)720-4579 ㅣ http://www.sechangpub.co.kr ㅣ e-mail: edit@sechangpub.co.kr

ISBN 978-89-8411-803-4 93910
—

이 도서의 국립중앙도서관 출판예정도서목록(CIP)은 서지정보유통지원시스템 홈페이지(http://seoji.nl.go.
kr)와 국가자료공동목록시스템(http://www.nl.go.kr/kolisnet)에서 이용하실 수 있습니다.(CIP제어번호:
CIP2019003803)

송대 宋代
사법 속의
검시 檢屍 문화

최해별 지음

세창출판사

시작하며

송대宋代(960–1279)는 사법의 실천에서 '검시檢屍' 또는 '검험檢驗'(이하 '검험'으로 통칭)[1] 절차가 발전하고 정착되는 시기이다. 중국 역사상 춘추전국春秋戰國 시기부터 검험과 관련된 기록이 보이고, 진대秦代의 죽간을 보면 당시 인명人命 사건을 해결하는 과정에서 검험이 어떻게 이루어졌는지 그 구체적 사례가 나타나기도 하며, 이후 당률唐律에서도 검험 관련 규정을 찾아볼 수 있다.[2] 송대에 이르면 검험은 더욱 체계적으로 이

---

1 송대 '檢驗'은 일반적으로 '검사하여 증명하는 것'을 이르는데, 그 대상은 문서, 사물 및 인체 등을 모두 포함한다. 송대 인명 사건과 관계된 사료에서는 옥사를 해결할 때 사체나 상처를 검사하여 死因 또는 상처의 손상 정도를 검증하는 과정을 주로 '검험'이라 지칭하기에 이 책에서는 '법의학' 등 다른 현대적 용어보다는 당시의 용어인 '검험'을 사용하고자 한다. 그 의미는 사체에 대해 또는 살아 있는 자의 상처에 대해 이루어지는 검사하여 증명하는 과정을 가리키며, 송대 사람들은 사체의 경우에 한해 '檢屍'로 표현하기도 하였다. 檢驗은 檢屍를 포함하는 개념이지만 현대인들에게는 檢屍라는 용어가 檢驗보다 친숙할 것이며 그 의미가 명확히 와닿을 것이기에 이 책의 제목은 '檢屍'로 표기하며, 그 외 본문에서는 편의상 '검험'으로 통칭하고, 때에 따라 사체에 대한 검험이 명확할 경우 '검시'라 칭하기로 한다.

2 중국 역사상 검험과 관련한 전통은 『禮記·月令』의 기록에서부터 찾아볼 수 있으며, 秦代는 호북성 雲夢 睡虎地에서 출토된 죽간을 통해 구체적 옥사에서 진행된 검험의 사례까지 확인할 수 있다. 위진남북조와 수당시기의 경우 관련 자료의 부족으로 검험의 실시에 대한 전반적 개괄은 어렵지만 정사 등에 산재해 있는 기록을 통해 검험의 실시를 확인할 수 있다. 또 『唐律疏議』와 『宋刑統』 등 법전에서도 '檢驗不實'에 관한 처벌 규정이 등장한다. 이후 북

루어지고 이에 따라 검험 관련 지식이 정리되며 또 사법 판결에서 그 효력을 상당히 발휘했던 것으로 보인다. 이 책의 주된 목적은, 송대 검험 제도의 합리적 운영과 검험 관련 지식의 정리와 체계화 및 사법 현장에서 검험의 실천과 효력을 관찰하여 송대 사법의 실천에서 구현된 검시를 포함한 검험 문화가[3] 어떻게 발전하고 정착하는지 살펴보는 것이다. 이를 통해 중국 역사상 송대의 특징과 의미를 다시금 생각해 볼 수 있으리라 기대한다.

송대 검험 문화의 발전과 정착에서 특히 우리의 주목을 끄는 것은 북송 전기 진종眞宗(997-1022 재위) 함평咸平 3년(1000)에 반포된 검험제도의 정비를 주 내용으로 하는 조칙이다. 그리고 그 이후 이러한 조정의 명령에 긴밀하게 대응하여 송대 검험 문화를 발전시킨 지방관들의 부단한 노력이다.

검험의 과정은 인명 사건을 수사하고 판결하여 형량을 확정할 때 매우 중요한 절차로서 송 조정은 검험 절차에 대한 중요성을 충분히 인식하고 있었다. 함평咸平 3년(1000) 10월에 이르면 조정은 검험제도의 대대적 정비를 시행하는 조詔를 반포한다. 그 골자는 지방의 주현州縣에서 검험 업무를 체계적으로 담당하도록 규정하는 것이었다. 그 구체적인

송 중기에 이르면 새로운 법규들이 제정되어 제도적 정비를 이루게 된다. 중국 역대 검험 및 검험제도에 대한 개괄적인 연구로 閻曉君, 『出土文獻與古代司法檢驗史硏究』, 北京: 文物出版社, 2005 등 참조.

3 소위 '검시를 포함한 검험 문화'라고 하는 것은, 한 시대에 통용되는 검시 및 검험과 관련된 제도의 운영, 법률 규정, 관련 지식의 구성과 체계, 사법적 실천 양상 및 효력 등을 포괄한다. 이 책에서는 송대 사법 속에서의 제도의 운영, 지식 체계, 실천 양상 등을 중심으로 송대 검시 또는 검험 문화에 대한 고찰을 시도한다.

내용은 다음과 같다([ ]괄호와 밑줄은 필자 첨가, 이하 인용문에서도 동일).

• 오늘 이후로 살상殺傷 사건이 일어나면, [검험 업무를] 현縣에서는 위尉에게, 주州에서는 사리참군司理參軍에게 맡긴다. 정관正官이 없으면, 차관次官을 보낸다. 즉시 항인行人을 데리고 직접 가서 확실하게 급소나 치명적인 부위를 검험하며, 혹 병으로 죽은 자일 경우 한 명의 관원을 명해 즉시 검험하게 한다. 만약 이치에 맞지 않은 죽음이거나 다른 사유가 있다면, 검험을 마친 후 바로 주州에 보고하여, 관원을 파견해 복검覆檢하게 하고, 사실이 밝혀지면, [사체를] 돌려주어 묻게 한다. … [결과를] 소속 주
• 부州府에 보고하며, 이를 미루어서는 안 된다.[4]

살상 사건이 발생하면 현에서는 현위縣尉를, 주에서는 사리참군司里參軍을 보내 '직접 가서' 검험하게 하였다. 이는 주현州縣으로 하여금 해당 지역 검험 업무를 책임지게 함으로써 검험 절차가 제대로 이루어지도록 하게 한 조치이다. 이때 파견 관원은 이치에 맞지 않은 죽음이거나 다른 사유가 있는 경우 반드시 검험 결과를 주州에 보고해야 했고, 복검을 시행해야 하며 복검의 결과 역시 소속 주에 보고해야 했다. 또한 당시의 조칙은 결과보고를 미루어서는 안 된다고 강조하였다. '오늘(함평 3년, 1000) 이후로' 실시된 이 제도는 분명 송 초 책임 소재나 업무 관할이 불분명한 검험의 업무를 주현 관원의 책임하에 이루어지도록 하여 검험의 실시에서 결과 보고까지 최종적으로 주현 관원이 주관하라

---

4   徐松 輯, 馬泓波 点校, 『宋會要輯稿』「刑法六·檢驗」, 開封: 河南大學出版社, 2011, 700쪽.

는 것이었다.

　결국 '함평 3년 10월' 이후로 검험은 주현 관원이 '직접 가서' 해야 하는 업무가 되었다. 물론 '항인行人'을 데리고 가라는 단서가 붙고 있지만,[5] 이제 검험의 주체는 '항인'이 아니라 '현위'이고 주의 '사리참군'이 되었다. 아울러 '주부州府'의 관원에게 최종 보고를 강조한 것으로 볼 때, 만약 문제가 생기면 결국 '주부州府'의 관원이 책임을 져야 하는 상황이 된 것이다. 이렇듯 검험의 시행부터 검험 결과의 판단 및 검험 결과의 보고 등 모든 업무가 주현관원이 처리하고 담당하는 것이 되었다. 물론 검험 절차나 결과 보고에 문제가 생기면 이제 주현의 관원이 조정의 통제를 받게 된다.

　이렇듯 검험의 업무를 주현의 지방관이 주관하는 업무로 규정한 조정의 조치는 전체적으로 각지의 사법 현장에서 이루어지는 검험의 절차를 더욱 중앙의 통괄하에 두겠다는 뜻으로 읽을 수 있다. 검험의 과정을 주현 관원의 업무와 책임으로 분명히 함으로써 대벽大辟(사형) 안건의 판결이 지방관의 자의로 이루어지지 않도록 그 판결의 도출 과정에 조정의 통제와 감시가 개입될 수 있음을 전제하는 조치였다. 이는 당대唐代(618-907)와는 달라진 송대의 황제권의 강화나 황제지배체제의 확립과 무관하지 않아 보인다. 북송 전기 사법 영역에서의 중앙집권화의 경향을 단적으로 보여 주는 사례라 할 수 있다.

5　관련 기록을 보면, 파견 검험관은 '行人'을 또는 '作作'을 대동한다고 했는데, 이들은 "사람들을 대신해 시체를 염해 주고 장례 업무를 맡아 주는 업에 종사하는 사람"으로 이해할 수 있다(鄭克 著, 劉俊文 譯注点校, 『折獄龜鑑譯注』, 上海古籍出版社, 1988, 61쪽). '作作', '作作行人', '行人'은 모두 같은 뜻이다.

이 변화가 당시 주현의 지방관원들에게 어떤 의미를 가지고 어떤 도전이 되었을지는 그 이전 시기의 상황과 비교하면 분명해진다. 이 조칙이 내려지기 전까지의 상황을 명확히 보여 주는 관련 사료가 남아 있지 않기에 자세히 설명할 수는 없지만 남아 있는 사료로 유추해 볼 때, 당시까지 검험은 '의공醫工' 또는 '항인行人' 및 '오작仵作' 등에 의해 이루어졌고, 그들이 올린 검험 결과에 의지해 사법 담당 관원들이 이를 참고하여 판결을 진행한 것으로 보인다. 그런 그들에게 직접 검험을 시행하고 결과보고를 하게 한 조치는 분명 달갑지 않은 도전이자 업무량의 증가를 의미했고, 만에 하나 검험의 지체로 판결에 문제가 생기거나 또는 검험 지식의 부족으로 항인 및 오작의 속임에 넘어가 잘못된 판결을 내릴 경우 그 책임은 이제 고스란히 주의 사리참군 및 현의 현위 그리고 그 상사인 지주와 지현에게 돌아갈 것이었다. 이런 도전 속에 송대 지방의 관원들은 현장에서 알게 된 검험 제도의 운영상의 문제점과 관련한 끊임없는 상주를 통해 제도적 정비를 시도했고, 또 산재된 검험 관련 지식의 정리와 체계화를 통해 검험 매뉴얼을 만들었고, 아울러 사법 현장에서 충실히 검험 절차를 시행하고 또 판결에 검험 결과를 적극 활용함으로써 송대 사법 실천 속에서 검험 문화를 정착시켰다.

송대 검험과 관련된 기존의 연구는 법제사 또는 의학사 등의 방면에서 이루어졌다.[6] 먼저, 송대 사법 제도 연구에서 상술한 함평 3년의 조의 내용과 더불어 남송 시기 검험제도의 정비 과정에 대해 관찰한 바 있지만 송대 검험 제도에 대한 정태적 접근을 하는 데 그치며 운영 과

6   구체적인 연구 성과에 대한 설명은 각 장의 관련 부분 참조.

정에서 시기마다 나타난 제도의 변화 과정과 그 의미를 모두 파악하지는 못했다. 또 검험 관련 지식에 관한 연구는 송대 의학사 연구에서 부분적으로 다루어졌지만 주로 협의적 의미의 전문적 검험지식(법의학지식) 자체에 머물렀다. 송대 이른바 '검험' 지식은 관련 법률지식이나 '구사救死(구급의학)' 지식도 포함됐다. 아울러 양송兩宋시기 사법 현장에서 검험이 어떻게 실천되었는지 구체적이고 폭넓은 관찰이 이루어지지 못했다. 무엇보다도 지금까지의 연구는 제도적 측면이나 검험 지식의 측면 등이 개별적으로 파악되고 또 현장에서의 활용 양상도 단편적인 사례로 언급되었을 뿐이다. 제도의 운영이나 지식의 체계화 및 현장에서의 실천에 대한 종합적인 연구가 이루어져야 송대 사법 실천 속 검험 문화의 정착과 그것이 대변하는 송대 사회의 의미를 제대로 파악할 수 있을 것이다.

이 책의 목적은 송대 검험제도의 합리적 운영을 위한 모색, 검험 관련 지식의 정리와 체계화의 과정 그리고 사법 현장에서의 검험의 실천과 검험결과의 활용 양상 등을 종합적으로 고찰하여 송대 '검험 문화'의 정착 과정을 구체적으로 살펴보고 이에 반영된 송대 사회의 특징을 짚어 보는 것이다.

이 책은 필자가 송대 검험과 관련하여 최근 몇 년간 발표한 일련의 논문을 정리하여 구성한 것이다. 전체 내용은 크게 세 부분으로 이루어졌다. 먼저 다양한 검험 문서를 중심으로 문서행정의 시각에서 송대 검험 제도의 운영을 살펴본 후, 그 다음으로 남송 후기 편찬된 송자宋慈(1186-1249)의 『세원집록洗冤集錄』에 대한 분석을 통해 이 시기 이루어진 검험 관련 지식의 정리와 체계화 과정을 살펴볼 것이다. 마지막으로 송

대 인명 사건과 관련된 구체적 사안과 판례를 검토하여 송대 사법 현장
에서 검험의 절차가 실제 어떻게 이루어지고 또 그 결과가 판결에 어떻
게 활용되었는지 관찰해 볼 것이다.

송대 검험 관련 지식의 정리와 체계화: 송자宋慈의 『세원집록洗冤集錄』을 중심으로

송대 사법 현장에서 본 검험의 실제: 판례를 중심으로

송대 검험 제도의 운영:
문서행정을 중심으로

검험의 과정은 인명人命 관련 사건을 수사하고 판결하여 형량을 확정할 때 매우 중요한 절차로서 송 조정 및 관련 법관들은 검험 절차에 대한 중요성을 인식하고 있었다. 그리하여 양송兩宋시기에 걸쳐 조정은 검험 제도를 지속적으로 보완 정비하였다. 여기에서는 송대 함평咸平 3년(1000) 이후 검험 제도가 지속적으로 보완 정비되는 과정을 복원하고, 그중에서도 가장 중요한 단계인 검험의 결과를 보고하는 절차에 대해 상세한 관찰을 시도한다.

북송 진종 시기 함평 3년(1000)부터 주현州縣의 관원이 이전에는 서리 등 하급 실무자들이 맡았던 검험 업무에 대한 책임을 맡게 되면서 검험 제도는 더욱 체계적으로 운영되는 듯 보였다. 그러나 이후 나타나는 여러 가지 문제와 폐단으로 남송南宋(1127-1279) 말에 이르기까지 검험 제도와 관련한 규정은 부단히 제정되어 보완이 이루어진다. 송대 검험 제도가 완비되는 과정을 보면 제도의 합리적 운영이라는 측면에서 검험의 행정 절차가 그리고 검험의 결과 보고가 '문서화'되는 경향을 관찰할 수 있다. 검험 문서의 발전은 송대 검험 제도의 합리적 운영을 위한 다양한 모색의 결과라 할 수 있다.

송대 검험 절차에서 등장하는 문서는 크게 두 가지 종류로 나누어 볼 수 있는데, 곧 '검험격목檢驗格目'과 '험장驗狀'류 문서이다. 먼저, 검험격목檢驗格目(이하 '격목格目'으로 약칭)¹은 특정 안건에 대한 검험이 시작될 때 해당 지역 제점형옥사提點刑獄司가 이를 발급하면 주현에서 파견된 검험관이 검험 안건에 대한 기본적인 내용을 기입하고 작성하여 최종적으로 관련 기관에 제출함으로써 검험의 완료를 보고하는 행정 공문서라 할 수 있다. 그 다음으로 험장驗狀은 사건 현장, 사체의 상태 그리고 정확한 사인死因 등 검험 결과의 실질적인 내용을 적은 것이며, 담당 검험관이 소속 기관인 주현州縣에 보고하는 형식이다. 또한 험장과 더불어 정배인형正背人形과 같은 인체 도판 자료를 첨부하기도 했고, 또 사체의 상태가 검험을 할 수 없는 경우 그 이유를 자세히 보고하는 문서를 제출해야 했는데, 여기에서는 험장을 포함한 이들 문서를 '험장驗狀' 류 문서로 지칭하고자 한다.²

송대 격목格目과 험장驗狀류 문서의 정비 과정을 나누어 살펴보면 검험제도의 안정적 운영과 신속하고 정확한 검험결과의 보고를 위해 각지의 지방관들이 문서행정에 있어 어떠한 노력을 기울였는지 확인할 수 있다.

---

1 '檢驗格目'의 호칭에 대해 송대 사람들은 '檢驗格目', '檢屍格目' 또는 '格目'이라 약칭하여 쓰고 있다. 무엇보다도 이 '격목'의 시행을 처음 건의한 鄭興裔가 '檢驗格目'이라 칭하고 있고, 그 외 周必大가 쓴 정흥예의 神道碑 및 『文獻通考』 등에서 '檢驗格目'이라 칭하며, 대체로 『慶元條法事類』에서만 '격목'을 '검시격목'이라 쓰고 있다. 이에 본 장에서는 '檢驗格目'이라 칭하고, '格目'이라 약칭한다.

2 문서의 분류와 '험장'류 문서로 통칭하는 것과 관련하여 郭東旭·黃道誠, 「宋代檢驗制度探微」, 『河北法學』 2008-7, 62-66쪽 참조.

I

검험격목檢驗格目의 시행을 통해 본
검험 제도의 운영

송대 격목格目은 특정 안건에 대해 검험이 시작될 때 발급되어 주현의
해당 관원이 검험과 관련된 기본적인 정보를 기입하고 검험이 완료되
면 관련 기관에 제출하여 해당 사건의 검험의 전 과정과 순조로운 완료
를 보고하는 것이다. 이를 통해 우리는 검험 제도의 운영 양상과 그 행
정 절차를 볼 수 있다. 이 장에서는 먼저 검험 현장의 어떤 문제들을 해
결하기 위해 처음 격목을 시행하게 되었는지 그 실시 배경을 설명한 연
후, 그 다음으로 격목의 시행과 운영상의 변화 과정을 살피고, 마지막
으로 격목의 내용과 보완 과정을 살피어 송대 검험제도 운영의 발전 양
상을 살펴보려고 한다.

　지금까지 송대 검험 제도를 다룬 연구를 보면 송대 격목과 관련한 언
급이 있었다. 그러나 관련 연구에서는 격목의 내용을 언급할 때 대체로
남송이라는 시간을 한 단위로 보고 정태적으로 설명하여 그사이 나타
난 세세한 변화에 주목하지 못했으며 격목의 시행과 관련한 대략적 내

용을 설명하는 데 그쳤다.[1]

I.에서는 이러한 기존의 연구 성과들을 바탕으로, 송대 정치제도사 연구에서 주목되었던 '문서文書'와 '정보情報'의 이동과 추이를 통해 제도의 운영과 정무의 집행절차를 관찰하는 방법을 활용하고자 한다.[2] 즉, 격목의 시행 및 수정 보완 과정을 통해 남송시기 검험 제도의 구체적 운영 양상 및 검험 업무 집행의 실제를 살펴보고자 한다. 구체적으로는 순희淳熙 원년元年(1174) 격목이 처음 실시되기 전과 후의 과정에 집중하여 격목 실시 이전의 조치 및 실시 후 지속적으로 이루어졌을 것으로

---

1 石川重雄은 格目을 중심으로 南宋대 재판과 검시제도를 고찰한 바 있다. 그는 송대 검험관의 파견 세칙 등 송대 검험제도를 전반적으로 설명하는 가운데 格目의 내용을 대략적으로 살폈고, 주로 남송대 판례집인 『名公書判淸明集』의 판례를 예로 들어 格目이 재판과정에서 활용되는 양상을 언급하는 데 초점을 두었다(石川重雄, 「南宋期における裁判と檢死制度の整備 -「檢驗(驗屍)格目」の施行を中心に-」, 『立正大學東洋史論集』 3, 1990). 중국에서는 王雲海가 송대 검험제도에 대한 전반적 고찰을 진행한 바 있으며(王雲海, 『宋代司法制度』, 河南大學出版社, 1992, 227~246쪽), 이후 근래에 들어 郭東旭과 黃道誠이 검험관 파견 및 구체적 검험 절차 그리고 검험 문서와 검험 원칙에 대해 개괄적인 연구를 하였는데, 검험 문서에 대해서는 그 종류에 대해 간단히 설명하는 것에 그쳤다(郭東旭, 黃道誠, 「宋代檢驗制度探微」, 『河北法學』 2008-7). 이 외에 王曉龍은 송대 사법 제도의 건설에 提點刑獄官이 적극적으로 참여한 사실을 지적할 때, 검험결과의 보고 기한을 강조했던 雷壽松, 격목을 만든 鄭興裔, 正背人形圖를 건의한 徐似道 등을 언급한 바 있다(王曉龍, 『宋代提點刑獄司制度硏究』, 人民出版社, 2008, 249~252쪽). 다만 王曉龍은 사법제도의 건설에 있어서 제점형옥의 공헌에 주로 집중하였고, 검험 제도의 정비 과정으로서 각 제점형옥의 조치가 가지는 의미를 더욱 심도 있게 고찰하는 것은 필요해 보인다.

2 근래 唐宋시대 정치제도사 연구에서는 鄧小南, 平田茂樹 等을 중심으로, '문서'를 중심으로 정보 유통의 절차를 복원하여 정치 제도의 운영 과정의 실제를 파악하고자 하는 연구를 진행한 바 있다. 특별히 일상적으로 이루어지는 문서의 이동을 관찰하여, 제도, 권력관계, 사건, 인물 중심의 전통 정치사 연구의 한계를 뛰어넘어 '일상 정치 생활'의 측면에 주목하는 경향을 나타낸다. 이를 통해 각 시기의 정치 사유의 특정 방식, 정치 행위의 독특한 풍격 등을 관찰하고자 시도한다. 鄧小南 等 主編, 『文書·政令·信息溝通 - 以唐宋時期爲主』, 北京大學出版社, 2012.

추정되는 운영상의 방법 및 형식상의 수정과 보완을 관찰하여, 그것이 건의되고 최종적으로 완성되는 '과정'에 주목하고자 한다. 그리하여 격목의 건의와 그 실시 과정에서 드러난 송대 검험제도 운영의 발전 경향을 짚어 보려고 한다.

1 '검험지법檢驗之法'의 문란

격목의 시행 배경을 살펴보려면 역시 먼저 진종眞宗 함평咸平 3년(1000)의 조詔를 다시 살펴보아야 한다.

◆ 오늘 이후로 살상殺傷 사건이 일어나면, [검험 업무를] 현縣에서는 위尉에게, 주州에서는 사리참군司理參軍에게 맡긴다. … 만약 이치에 맞지 않은 죽음이거나 다른 사유가 있다면, 검험을 마친 후 바로 주州에 보고하여 관원을 파견해 복검覆檢하게 하고, 사실이 밝혀지면, [사체를] 돌려주어 묻게 한다. … [결과를] 소속 주부州府에 보고하며, 이를 미루어서는 안 된
◆ 다.[3]

함평 3년(1000)부터 살상 사건이 일어나면 관련된 검험을 현縣에서는 위尉에게, 주州에서는 사리참군司理參軍에게 맡기어 담당하게 했다. 이 조가 내려진 후 검험의 업무는 주현州縣 기관이 담당하게 되었다. 즉 주현이 파견한 검험관이 검험의 모든 절차 및 보고를 맡아 체계적으로

---

3   『宋會要輯稿』「刑法六·檢驗」, 700쪽.

초·복검의 과정이 이루어지도록 했다. 이 조가 내려진 후 양송兩宋 시기 내내 검험 관련 법규는 끊임없이 보완과 수정이 이루어진다. 중요한 것은 사건의 접수 및 검험관 파견 그리고 검험 결과 보고 등의 과정에는 모두 관련 문서들이 있었고, 이를 근거로 절차가 집행되었다. 먼저 주현에 사건이 보고되면 주현은 사건이 보고된 '장狀'을 근거로 검시가 필요함을 인지한 후, '인리人吏'가 업무를 받아 사람을 보내 파견 관련 내용의 '첩牒'을 파견 관원에게 전한다. 이 관원은 초검관이 되며 '오작作作'[4] 등을 데리고 검험을 실시하며, 최종적으로 검험 결과를 '험장驗狀'에 쓰고 서명한 후 이를 주현에 보고하는 것이다. 복검도 이와 같은 절차를 거친다.[5]

그런데 검험 제도의 운영은 그리 간단하지만은 않았고, 북송 이래로 끊임없이 문제가 발생하고 있었다.[6] 아울러 북송 및 남송 대에 이르기까지 조정은 검험 과정에서 일어나는 많은 문제점을 인식하고 이에 대한 해결책을 제시하고 있었다. 그중에서도 가장 빈번하게 문제점이 제기되어 조정의 주목을 받은 부분은 주현이 파견한 검험관이 제대로 업무를 수행하지 않는다는 것이었다. 예를 들면, 휘종徽宗(1100-1126 재위)

---

4 관련 기록을 보면, 파견 검험관은 '行人'을 데리고 또는 '作作'을 대동한다고 했는데, 이 용어는 鄭克의 『折獄龜鑑』 권2 「府從事發瘞」에서 "作作行人"으로 처음 등장한다. 劉俊文은 이에 대해 "사람들을 대신해 시체를 염해 주고 장례 업무를 맡아 주는 업에 종사하는 사람"이라는 주석을 더하고 있다(鄭克 著, 劉俊文 譯注点校, 『折獄龜鑑譯注』, 61쪽). '作作', '作作行人', '行人' 모두 같은 뜻이다.

5 이 과정은 『宋會要輯稿』, 「刑法六·檢驗」, 700-710쪽; 『慶元條法事類』 권75 「驗屍」, 戴建國 点校, 2002, 798-804쪽 등을 통해 확인할 수 있으며, 이와 관련하여 王雲海, 『宋代司法制度』, 227-243쪽 참조.

6 馬泓波, 「宋代司法檢驗中存在的問題及其原因分析」, 『西北大學學報』 2008-4.

정화政和 7년(1117) 10월 19일의 조詔를 보면,

* 복건로福建路 주현州縣 향촌鄕村을 보건대, 관원들에게 검험과 복검을 명하였는데도 대부분 직접 가서 하지 않고, 그저 공인公人과 기장耆壯 등에게 맡겼다. 일이 인명人命에 관계된 것이니, 억울한 자가 생길까 걱정이된다. 제점형옥에게 명해 조법條法을 천명하여 주현州縣에 시행하게 하고, 위반하는 자는 주를 올려 탄핵하여 사면령이 내려져도 죄를 사해 주지 말라.[7]

이 조의 내용을 보면, 당시 주현에서 파견한 검험관이 검험의 명을 받고도 직접 가지 않고, '공인公人과 기장耆壯' 등 아래 사람들에게 일임한다는 문제를 지적하였다.[8] 아마도 함평 3년(1000) 조칙이 내려진 후에도 주현 관원이 검험 업무를 책임지고 담당하는 것이 쉬이 제도화되지는 않았던 것 같고, 예전 관례대로 종종 서리 등 실무 담당자에게 맡겼던 것으로 보인다. 이에 대한 조정의 대안은 제점형옥에게 "조법條法을

---

7 『宋會要輯稿』「刑法六·檢驗」, 704쪽.

8 검험을 실시할 때, 주현이 파견한 담당 검험관 이외에 公吏, 人吏, 公人, 耆壯 등이 등장한다. 먼저 公吏, 人吏, 公人 등은 주현 기관에 소속된 실무 담당의 서리층을 이른다. 소위 '公吏'는 州級 관청에서 문서의 전달, 창고 관리, 옥송의 보조 업무 등을 담당하는 서리로, 더욱 구체적으로는 네 부류로 나눌 수 있다. 먼저 '公人'으로 분류되는 '衙前'이 있고, 州院, 司理院, 法司, 使院 등에 소속된 '人吏', 그 아래 각종 잡무를 담당하는 '吏人', 창고의 관리를 담당하는 '斗子', '庫子' 등을 포함한다(苗書梅, 「宋代州級公吏制度硏究」, 『河南大學學報』 2004-6, 101~102쪽). 耆壯 등은 耆甲, 保正副 등과 함께 검험 업무에 관여하는 현지 향촌의 책임자 정도로 파악하면 될 것으로 보인다(王雲海, 『宋代司法制度』, 238쪽).

천명하여(申明條法)"[9] 주현州縣에 이를 잘 시행하도록 단속하라고 명하는 것이었다. 여기서 '조법'은 상술한 함평 3년(1000) 이래 주현이 검험 업무를 책임지게 한 규정을 가리키는 것으로 보인다. 제점형옥에게 '조법'을 천명하여 주현에 시행토록 하고, 이를 어긴 자는 주를 올려 탄핵하라고 명령했다. 여기서 조정이 제점형옥에게 요구한 것은 주현의 검험 업무에 대한 단속과 감찰이었다. 그러나 몇 년이 지난 후에도 이런 문제들은 시정되지 않았던 것 같고, 이는 비단 복건로福建路만의 문제는 아니었던 것으로 보인다.

선화宣和 6년(1124) 당시 회남서로淮南西路 제점형옥提點刑獄인 뇌수송雷壽松의 상주를 보면 당시 검험제도 운영에서 나타난 비슷한 문제점들을 잘 말해 주고 있다.

◆ 살인 사건이 있으면, 관련 기관이 추국을 하며, 검험을 통해 확정된 사망 원인을 근거로 한다. 그런데 검험 관리들은 자주 방법을 둘러대 피하고, 아울러 바로 험장驗狀을 올리지 않아 종종 한 달이 걸리기도 하였다. 만약 검험을 통한 사망 원인이 사실이 아니거나 제대로 [검험이] 이루어지지

---

9 원문에서는 "仰提點刑獄申明條法"이라고 하였다(『宋會要輯稿』「刑法六·檢驗」, 704쪽). 소위 "申明條法"에서 '申明'은 송대 독특한 법률 형식 중의 하나로서 이해할 수 있다. '신명'은 동사로 쓰일 때는 '천명하다'의 뜻으로 해석할 수 있으며, 법률 용어로서 뒤에 특정 '법률'을 지칭하는 목적어 예를 들면, 詔, 制, 勅 등을 취한다. 이후 '신명'은 점점 명사화되어 일종의 법률 형식으로 발전되는데, 법률형식으로 명사로 사용된 가장 이른 기록은 신종 희녕 연간(1068-1077)의 것이다(謝波, 「宋代法律形式"申明"考析」, 『史學月刊』 2010-7, 28쪽 참조). 여기서는 '신명'을 동사로 쓰인 것으로 이해하고, '검험관련 조법을 천명한다'로 해석하였지만, 그 실질적 의미는 '조법을 상세히 해석하고 설명하는 법전을 편찬하다' 정도로 이해할 수 있으며, 이는 뒤에 "行下州縣"과 호응하여 이를 주현에서 시행하도록 함을 의미하는 것이다.

않은 경우, 옥사는 의심이 생겨 해결되지 못하고, 혹 쌍방의 진술이 논쟁을 하게 되니, 비록 다시 관리를 파견해 복검을 하려 해도 그 사체가 이미 부패하여 판명하기 어렵다. … 심한 경우, 뇌물을 받고 청탁을 받아 수시로 내용을 더하고 고친다.[10]

선화 6년(1124) 당시 회남서로 제점형옥 뇌수송에게 비친 검험 제도는 운영상에 폐단이 많았다. 그중에서도 검험관들이 여러 핑계를 대 검험을 피하는 문제를 지적했다. 이로 인해 검험 결과를 보고하는 험장을 바로 올리지 않아 사건 해결이 지체되었고, 그 결과 종종 사체가 부패해 복검을 할 수가 없는 상황도 생겨났다. 게다가 이를 틈타 관련자들이 뇌물을 받고 부정을 저지르는 문제까지 나타났던 것이다. 상술한 정화政和 7년(1117) 복건로에서 관찰된, 검험관들이 직접 가서 검험하지 않는다는 문제는 비단 복건로만의 문제는 아니었으며 이 문제는 제점형옥의 감찰로도 그리 쉽게 해결되지는 않았던 모양으로, 선화 6년(1124)에 이르면 문제는 더욱 심각해져 검험관들은 종종 험장을 제때 올리지 않았던 것이다. 이러한 문제점들을 해결하기 위해 뇌수송은 아래와 같은 방법을 제안했다.

◆ 대개 이는 험장驗狀을 올리는 기한을 한 번도 정하지 않았기 때문이다. 지금 구하여 청하기를, 검시 관리가 검험을 하면 당일 험장을 갖추어 소속 기관에 보고하고, 험장 내에 검험을 마치고 험장을 보낸 날짜와 시간

을 쓰게 한다. 만약 기한을 어기면 죄를 물어 처벌하는 법규를 만들 것
◆ 을 구한다.[11]

뇌수송은 상술한 폐단의 가장 중요한 원인을 '험장을 올리는 기한을
정하지 않았기 때문'으로 파악했다. 검험은 시간을 다투는 문제였기에
험장의 제출 기한을 정하자는 것이며, 이는 곧 검험을 완료하는 기한을
정하자는 의미였다. 그는 검험을 하는 당일 바로 험장을 소속 주현에
보고해야 한다고 주장했고, 험장에 보고 날짜와 시간을 명확히 명시하
게 했다. 그리고 이를 어기면 처벌을 해야 한다는 것이다. 당시 '험장'은
검험 결과, 즉 현장의 상황과 사체의 상태 및 사인死因을 쓰는 문서로서
정확한 형식은 현재 알 수 없지만 날짜를 반드시 기입하지는 않았던 것
으로 보이며, 이에 뇌수송은 날짜와 시간을 기입해 언제 검험이 완료되
었는지 문서로 남기고 당일 보고하게 하여 검험관이 늑장을 부리지 못
하도록 하고, 혹 문제가 생겼을 때 그를 처벌할 수 있는 근거로 삼고자
했던 것이다. 다시 말해 검험관이 검험 업무를 피하는 문제에 있어서,
단순히 '조법'을 강조하고 이를 지키지 않은 검험관을 탄핵하여 처벌하
는 정화政和 7년(1117)의 조치에서 험장을 보고하는 기한을 정하여 당일
험장을 제출하게 하는 방식으로 좀 더 제도적인 해결책을 모색했던 것
이다. 휘종은 그의 건의를 들어주었다.

◆ 조詔를 내려 그가 구한 대로 따른다. [험장을] 보고 하는 데 기한을 어기면

---

11   『宋會要輯稿』「刑法六·檢驗」, 705쪽.

◆ 장일백杖一百에 처하기로 한다.[12]

조정은 검험 당일 즉시 험장을 올려야 한다는 그의 건의를 법제화했고, 기한을 어긴 자에게는 '장일백'의 형을 내리기로 반포했다. 험장의 제출 기한이 정해졌기에, 그리고 험장에 날짜와 시간을 명시해야 했기에 당시 검험 업무를 맡은 관원들은 늑장을 부릴 수 없게 되었다. '장일백'의 형량과 관련해서는 "검시에 있어서 사건을 보고받고 두 시가 지났는데도 검험 관원을 청하지 않은 경우" 혹은 "검시공문이 도착해 임무를 맡아야 함에도 맡지 않은 경우", 모두 "각각 '장일백杖一百'에 처한다"고 하였는데,[13] 당일 '험장'을 올리지 않은 것도 이에 준하는 경우로 간주하여 '장일백'에 처한 것이다.[14]

주목할 점은 제점형옥 뇌수송의 해결 방안은 제점형옥의 '신명조법申明條法' 및 감찰과 탄핵이라는 사후 처리 방식을 넘어 '험장'이라는 문서를 활용하여 검험제도의 제대로 된 운영을 꾀하고 있다는 점이다. 검험의 기한을 험장의 제출 기한을 통해 통제하여 주현이 파견한 검험관의 신속한 검험을 유도하고자 했던 것이다. 이는 검험 제도 운영에 있어서

---

12 『宋會要輯稿』「刑法六·檢驗」, 705쪽.

13 『慶元條法事類』 권75 「檢屍·雜勅」, 798쪽.

14 嘉泰 2년(1202) 편찬된 『慶元條法事類』에는 관련 법규가 다음과 같이 수록되었다. "검시에 있어서 사건을 보고받고 두 시가 지났는데도 검시 관원을 청하지 않은 경우, 관원을 청할 때 법을 어긴 경우, … 혹은 검시 공문이 도착해 임무를 맡아야 함에도 맡지 않은 경우 … 각각 '杖一百'에 처한다(만약 검시가 끝난 후 당일 내에 그가 속한 관청에 보고하지 않으면 이와 똑같이 처벌한다)." 『慶元條法事類』 권75 「檢屍·雜勅」, 798쪽. 즉, 宣和 6년(1124) 雷壽松이 올린 상주로 규정된 내용이 후일 小注(괄호부분)의 형태로 첨가되는 방식으로 『慶元條法事類』에 수록된 것으로 보인다.

아직 제점형옥의 직접적인 개입까지는 볼 수 없지만 주현의 검험제도 운영에 대한 제도적 대안을 제시하여 처벌 규정까지 만들어 냈다는 점에서 제점형옥사의 역할을 볼 수 있다.

그러나 이러한 노력에도 불구하고 위의 문제점들은 시정되지 않았다. 남송 고종高宗 소흥紹興 32년(1162) 신료들이 올린 상소를 보면 이를 잘 알 수 있다.

◆ 바야흐로 요즘의 주현 관원들은 검험의 일을 맡을 때 친히 가서 임하려 하지 않고 종종 일을 핑계로 사양하고 가지 않으며 모두 순검巡檢에게 그것을 맡긴다. 대개 순검은 무인武人이고 그들 중 대부분은 군대 출신이라 글자를 모르는 이도 있어 간악한 서리들이 이를 틈타 종종 시비곡직을 마음대로 바꾸고 사사로운 것을 따른다. 검험의 법을 엄밀히 하여 … [파견 검험관들이] 일을 핑계대어 업무를 피하는 것을 허락하지 않게 해
◆ 야 한다.[15]

당시 신료들은 주현이 파견한 검험관원들이 직접 가서 검험 업무를 보지 않고 종종 순검巡檢에게 맡겨 나타나는 문제점을 지적하며 법으로 엄히 다스려야 한다고 했고, 고종은 신료들의 건의를 들어주었다. 그러나 역시 현실적인 문제를 해결하기는 어려웠던 것 같다.

결과적으로 검험 관원들의 검험 시행 절차를 하나하나 세밀하게 통제하는 데 있어서 '험장'은 한계가 있었던 것이다. 험장의 당일 제출을

---

15   『宋會要輯稿』「刑法六·檢驗」, 705쪽.

규정하고 검험완료 날짜를 적게 한 조치로는 검험관원의 충실한 업무 이행을 유도할 수 없었던 것이다. 뇌수송雷壽松의 상주로부터 50여 년이 지난 순희淳熙 원년(1174) 절서제점형옥浙西提點刑獄이었던 정홍예鄭興裔(1126-1199)는 당시 검험의 시행 현장에서 나타났던 폐단을 다시 한 번 지적하였는데, 뇌수송이 지적한 문제들이 전혀 해결되지 못하고 있음을 알 수 있다. 정홍예는 사법 현장의 문제점을 언급하면서 "검험의 법은 다시 있지 않게 되었다(檢驗之法, 無復存者)"고 한탄하며 다음과 같이 지적했다.

◆　신이 생각하기에 법을 정하여 백성을 이롭게 하는 것 중 검험檢驗 일책一策 만한 것이 없다. 신은 복건福建과 절동浙東을 거쳐 지금 절서浙西까지 맡고 있는데, 매번 주현州縣을 볼 때 오랫동안 [그 법을] 경시한 것이 풍속이 되었다. 검험의 법이 다시 있지 않게 된 것은, 오직 서리胥吏에게만 맡겨, 뇌물을 받고 율령律令을 어기게 되었음이다. 일을 의논할 때는 법의法意에 따르지 않고, 형을 논할 때는 인정人情에 근본을 두지 않는다. …
이러한 이유로 억울한 자는 억울함을 풀 수 없게 되고, 무고한 자가 잘못
◆　된 법의 처벌을 받게 되었다.[16]

정홍예는 효종孝宗 건도乾道 7년(1171) 복건로福建路 무신제형武臣提刑을 맡았다. 이후 절동浙東을 거쳐 절서제형浙西提刑을 맡게 된 것이다. 그는 복건과 절동에서의 경력을 바탕으로 검험의 법규가 얼마나 중요

16　鄭興裔,『鄭忠肅奏議遺集』권上「奏疏·請行檢驗法疏」, 文淵閣四庫全書影印本.

한지 강조하면서 당시 주현에서 검험의 법규가 제대로 지켜지지 않은 점에 대해 지적했다. 이 중 가장 중요하게 언급한 것이 검험관원이 직접 검험 업무를 다루지 않고 서리에게만 맡긴다는 것이다. 또한 서리의 부정과 이로 인한 폐단을 언급했다. 뇌수송雷壽松의 해결 방안, 즉 험장에 날짜를 명시하고 제출 기한을 두었던 방법으로는 한계가 있었던 것이다. 『송회요집고』는 좀 더 구체적으로 정홍예가 지적한 당시 현실의 문제점을 기록하고 있다.

- ◆ 순희淳熙 원년(1174) 5월 17일, 절서제형浙西提刑 정홍예鄭興裔가 말하기를: "검험檢驗의 제도는 예부터 법규가 있었다. 주현州縣이 이를 태만히 보고 바로 관리를 보내지 않거나 혹은 파견된 관원이 늦게 출발하거나 혹은 길이 막히고 멀다는 이유로 또는 춥거나 덥다는 이유로 초검, 복검을 하지 않았다. 혹은 검험을 맡은 관원이 직접 가서 보지 않으니 합간인合干人 등이 정황을 숨기고 속여 마침내 억울함이 풀어지지 못해 옥송
- ◆ 이 더더욱 많아졌다."[17]

소위 '예부터 있어 온' 법규라고 하는 것은 진종眞宗 함평咸平 3년(1000)부터 정비되기 시작하여 남송대에 이르면 이미 일련의 체계를 이루게 된 검험 법규가 될 것이다. 즉 현에서는 현위縣尉를 파견하고, 주에서는 사리참군司理參軍을 파견하여 검험을 일임해야 한다는 함평 3년(1000)부터 내려온 규정을 주현 관원들이 경시한 것이다. 결국 당시 현장의 문

17　『宋會要輯稿』「刑法六・檢驗」, 706쪽.

제점은 주현이 검험 관원을 제대로 파견하지 않거나 또는 파견된 검험 관원이 지체하거나 친히 검험을 하지 않는 문제 그리고 서리 등 현장 업무를 담당하는 '합간인合幹人'들의 개입과 부정행위 등에 관한 것으로 귀결된다. 결국 주현 단위에서는 이 문제를 해결할 수 없다고 파악했던 것일까? '험장'을 기한에 맞게 주현에 올리게 함으로써 여러 가지 폐단을 해결하고자 했던 뇌수송의 건의로 만들어진 처벌 규정이 전혀 효과를 보지 못했던 것으로 파악한다면, 정흥예는 좀 더 다른 차원의 대안, 즉 제점형옥사提點刑獄司의 실질적 개입이 필요하다고 판단한 것으로 보인다. 이는 결국 '격목'을 시행해야 한다는 그의 건의로 이어진다.

2 검험격목檢驗格目의 시행과 운영

복건福建, 절동浙東, 절서浙西의 제점형옥提點刑獄을 차례로 맡았던 정흥예鄭興裔가 검험 법규가 제대로 지켜지지 않아 폐단이 많다고 지적한 것을 보면, 선화宣和 6년(1124) 뇌수송雷壽松이 제시한 기한 내에 험장을 주현에 올리라는 방법이 큰 효과가 없었음은 분명했다. 이에 정흥예는 험장과는 다른 차원의 '문서'를 통해 해결 방안을 찾고자 했다. 즉, 검험의 절차를 제대로 밟도록 '격목格目'을 새롭게 만들었다. 격목의 구체적 시행에 관해 순희淳熙 원년(1174)에 올린 상소에서 정흥예는 다음과 같이 설명했다.

- '격목조례格目條例'를 두어 소속 주현에 시행하게 한다. 매번 검험을 할 때마다 정해진 자호字號에 따라 격목 세 부를 두고 하나는 소속 주현, 하

나는 피해자 가족, 하나는 본사本司에서 감수한다. 무릇 주현이 [피해자]
진술을 받아 관원을 파견하여 검험을 할 때 첩牒을 받아 출발한 시간을
모두 그 안에 적어 방비를 상세하고 조밀하게 하면 주현 관리는 마음대
로 할 수가 없을 것이다.[18]

    정홍예는 '격목조례格目條例'를 실시하자고 건의했는데, 검험을 할 때
마다 특정 자호字號를 부여받은 격목 세 부를 발급하여 검험관이 검험
을 완료한 후 한 부는 주현 기관, 한 부는 피해자 집에 각각 보내고 마지
막 한 부는 제점형옥사가 수거하여 최종 감수를 하는 것이다.

    격목은 주현 단위에서 행해지는 검험이 법규에 따라 제대로 이루어
지도록 하기 위해 그 과정을 모두 문서에 기입하게 하여 제대로 된 시
행을 보장받고자 하는 조치였다. 이를 위해 발급되는 격목에 순서대로
字號를 정하여, 소속 주현에 접수된 검험 안건마다 자호를 매겨 제점형
옥사가 이를 총괄할 수 있도록 했다. 그리고 최종적으로 특정 자호로
명명된 사건이 마무리되는 것을 확인하는 작업은 그 자호의 세 번째 격
목이 기한 내에 제점형옥사로 올라온 것을 확인하는 것으로 실현되는
것이다. '자호'를 부여하는 것의 의미는 제점형옥사가 관할 구역에서 일
어나는 모든 검험이 요구되는 옥사를 체계적으로 파악하고 있겠다는
것이며, 또한 문서의 위조 등 부정의 개입 여지를 차단하고자 한 조치
일 것이다.

    아울러 주현에 한 부 보내는 것은 주현이 검험의 가장 실질적인 업

---

18   『鄭忠肅奏議遺集』 권上 「奏疏·請行檢驗法疏」.

무를 관장하는 기관이었기 때문이며, 피해자 집까지 한 부 보내라고 한 것은 피해자 가족에게 수사 과정의 명확성을 보이고 사인을 밝혀 줌으로써 억울함을 풀어 주고 또한 재소송의 여지를 막기 위함이었을 것이다. 결과적으로, 격목의 시행은 격목을 통해 담당 검험관, 이를 파견한 주현 기관, 피해자 가족이 유기적으로 연결될 수 있게 하며, 이 모든 절차를 최종적으로 제점형옥사가 파악하고 관리한다는 것을 의미한다.

또한 내용에 있어서 정홍예는 "주현이 [피해자] 진술을 받아 관원을 파견하여 검험을 할 때, 첩牒을 받아 출발한 시간을 모두 그 안에 적어"라고 강조하여 출발 시간을 명확히 적게 하였다. 이는 검험 관원의 파견 사실 자체를 확인함과 동시에 시간을 명기하여 지체를 막고자 함이었다. 이것은 상술한 뇌수송雷壽松의 상주에서도 등장했던 방법이지만 그것과 가장 큰 차이는 주현에 보고하는 '험장'에 쓰는 것이 아니라 제점형옥사에게 최종 보고하는 '격목'에 기입하게 함으로써 주현 관리들이 검험을 제대로 수행하는지 최종적으로 제점형옥사가 통제하고 감수한다는 것이다.

정홍예는 이어 구체적 실시 방법에 대해 다음과 같이 말하고 있다.

* 복건福建, 양절兩浙 소속 주현에 시행하였는데, 이미 성과가 있었다. 신이 생각하기로 이를 확대 실시하게 하면 천하에 시행치 못할 곳이 없을 것이다. 삼가 '검험격목'을 갖추어 올리어 아뢰니, 바라건대 황제께서 친히 두고 보시어 득실을 헤아려 만약 조금이라도 취할 것이 있으면 채택하여 영令으로 제정해 주십시오. 조를 내리시어 여러 노의 제형사에 보

◆ 내 일제히 시행하게 하십시오.[19]

　　그는 복건과 양절의 소속 주현에서 이미 이 방법을 시행해 보았다.
그가 재임했던 지역에서 이미 시행을 해 본 경험을 근거로 이를 중앙에
올려 전국에 시행할 것을 건의하였던 것이다. 그리고 '격목'의 구체적
격식을 함께 올렸던 것으로 보인다.[20] 그는 황제에게 이와 관련한 조항
을 영슈으로 제정해 주기를 청하며 조를 내려 각 노의 제점형옥사에서
일제히 시행하도록 요청했다.

　　그의 청은 받아들여졌다. 효종은 그의 건의를 곧 영으로 제정하였
다. 이와 관련하여 『송회요집고』는 그의 상소를 다음과 같이 옮겨 적
고 있다.

◆ "지금 격목을 두어 소속 주현에 보내어 … 아울러 격목 안에 적힌 내용대
　　로 시행하도록 한다. 또한 격목 한 부를 형부에 보내 판각하게 하여 각
◆ 노의 제점형옥사에 내려보내 이에 따라 시행하게 한다." 이를 따랐다.[21]

　　"격목 안에 적힌 내용대로 시행하도록" 요청하는 것은 정홍예가 갖추
어 올린 격목의 격식을 그대로 사용할 것을 청하는 것이며, 그 격목 한
부를 형부에 보내 판각하여 전국의 노에 배포하는 구체적 방법을 명시

19　『鄭忠肅奏議遺集』 권上 「奏疏·請行檢驗法疏」.

20　구체적 「격목」 내용은 그의 『鄭忠肅奏議遺集』에는 실려 있지 않다. 하지만 『宋會要輯稿』에
　　는 이를 싣고 있어 참고할 수 있으며, 이에 대해서는 다음 절에서 상세히 논한다.

21　『宋會要輯稿』 「刑法六·檢驗」, 淳熙 元年, 706쪽.

하고 있다. 효종은 그의 제안을 모두 들어주었다.

효종이 정흥예의 건의를 받아들여 제정한 관련 영의 구체적인 모습은 가태嘉泰 2년(1202) 출간된 『경원조법사류』의 「검시檢屍·잡령雜令」에 실린 것을 통해 확인할 수 있다. 이는 순희淳熙 원년(1174) 제정된 영이 정리되어 『경원조법사류』에 수록된 것으로 보인다. 주목할 점은 『경원조법사류』에 실린 영의 내용은 그 구체적 시행 방법과 그 내용이 훨씬 세밀하게 규정되어 있어, 혹 정흥예가 처음 건의했을 때의 방식에서 형부 혹은 조정에서 더욱 세밀한 논의를 거쳐 첨가한 내용, 혹은 가태 2년(1202)까지 수정 보강된 내용을 엿볼 수 있는 것 아닌지 추정해 볼 수 있다.

◆ '초복검시격목初覆檢屍格目'은 제점형옥사가 식式에 따라 찍어 제작하여 초검·복검 각각 세 부를 만들어, 천자문千字文으로 번호를 매기어 확정하여 소속 주와 현에 보낸다. 검험을 할 때 세 부의 종이에 먼저 주현이 갖추어 적고, 검험관에게 준다. 검험을 마치면 [검험관이] 사실대로 기입한다. 한 부는 주현에, 한 부는 피해자 가족에게(가족이 없다면 제점형옥사로 돌려보낸다), 한 부는 날짜, 시간, 자호字號를 기입하여 급체急遞로 제점형옥사에게 바로 보내 점검하게 한다(혹 세 번째 이후의 검험을 하더라도 이와 같
◆ 이 한다).[22]

가장 먼저 눈에 띄는 것은, "제점형옥사가 식式에 따라 찍어 제작하

---

22 『慶元條法事類』 권75 「檢屍·雜令」, 800쪽.

여"라는 구절이다.[23] '격목'의 발급 주체가 제점형옥사임을 분명히 밝히고 있다. 또한 "식에 따라(依式)"라는 구절은 이미 관련 '식'이 제정되었음을 말해 준다. 순희淳熙 원년(1174)에 정홍예의 건의에 따라 영이 정해졌고, 정홍예가 제시한 '격목' 형식이 가태 2년(1202) 무렵에 이르면 이미 관련 '식式'으로 제정되어 있었던 것이다.[24]

다음으로, '자호字號'가 "천자문千字文으로 번호를 매기어(以千字文爲號)"로 구체화되었다. 즉 천자문의 글자 순서대로 순번을 매기는 것이다. 정홍예가 건의할 당시 자호字號를 부여한다고 되어 있는데, 그 의미가 천자문 순서였는지 여부는 알 수 없다. 다면 영으로 제정되면서 천자문의 순서라 명시했음을 알 수 있다.

또한 주목할 부분은 두 개의 소주小注이다(인용문의 괄호부분). 첫 번째 소주는 피해자 집으로 한 부를 보내는 데 있어서, 피해자 가족이 없는 경우에 대한 규정을 덧붙이고 있다. 즉, '본사本司'로 돌려보내라는 것이다. 두 번째 소주는 세 번째 이후의 검험도 같은 방식이라는 내용을 덧붙이고 있다. 『경원조법사류』에서 소주를 첨가하는 경우 중 하나가 대체로 이후에 추가된 관련 규정을 함께 정리하는 과정에서 이를 소주로 묶어 처리하는 방식을 사용했다는 것을 고려할 때 이 두 소주의 내용은 정홍예가 처음 올렸던 순희 원년(1174) 이후에 추가된 규정을 보충한 것이라 추정할 수 있다. 무엇보다도 피해자 가족이 없는 경우 이를 주현으로 보내는 것이 아니라 제점형옥사로 보내게 한다는 규정의 첨가는

---

23 『慶元條法事類』 권75 「檢屍 · 雜令」, "提點刑獄司依式印造," 800쪽.

24 이 식은 『慶元條法事類』 권75 「檢屍 · 雜式」에 실려 있다.

검시와 관련된 업무를 최종적으로 제점형옥사가 관리하겠다는 것을 의미하며 피해자 집과 관련한 업무까지도 제점형옥사가 파악하고 있겠다는 의도로 보인다. 이는 제점형옥사의 개입 정도가 확대되는 것을 보여준다.

더불어 제점형옥사에게 보내는 마지막 한 부는 "날짜, 시간, 자호를 기입하여 급체로(一具日時字號入急遞)" 제점형옥사에게 보내라고 되어 있다. '급체'라는 것은 북송 인종仁宗 시기 정해진 것으로 하루 낮과 밤을 달려 400리를 가게 하는 군용으로 사용되던 통신 수단으로, 급체를 사용하게 한 것은 그만큼 신속함을 기하라는 뜻이 된다. 이 규정은 순희 원년(1174) 정홍예의 상소나 혹은 『송회요집고』의 관련 기록에는 보이지 않는 것으로, 정홍예의 건의 당시 영으로 제정되는 과정 혹은 그 후에 보완된 것이 아닌지 추정할 수 있다. 아마도 주현 기관이나 피해자 집은 사건 발생지역으로부터 가까워 문제가 없었을 텐데 제점형옥사의 경우 소재지까지의 거리가 멀 수 있었기에 전달되기까지 시간이 늦어지자 그 보완의 방법으로 이 규정이 제정되었을 것이다. 신속함을 기해야지만 '격목'의 효과를 더욱 잘 활용할 수 있었기 때문이다.

결론적으로, 위의 분석을 통해 순희 원년(1174) 정홍예가 건의를 한 격목의 운용 방식과 그것이 영으로 제정되면서 보태졌을 것으로 보이는 세밀한 규정들 및 더 나아가 가태 2년(1202) 무렵 『경원조법사류』에 정리 수록되는 과정에서 보충된 내용을 확인할 수 있었다. 천자문을 활용한다거나 급체의 방식이 채택되는 것은 시스템상의 정비를 의미한다. 더욱 중요한 것은, 격목의 이동 과정이 제점형옥사에서 출발해 제점형옥사로 귀결된다는 것을 확실히 함으로써 검험 관련 업무를 주현이 아니라 제점형옥사가 주관한다는 것을 확고히 하는 경향을 볼 수 있다. 영에서 모든 격목에 번호를 매기는 주체는 제점형옥사임을 명시하고, 피해자 가족이 없을 경우 그 격목을 제점형옥사가 회수한다는 것은 관할 구역 검험 과정에 대한 그들의 감찰 및 통제 정도를 보여 준다. 선화宣和 6년(1124) 뇌수송雷壽松의 방안은 '험장'을 기한 내 주현에 올리는 것이었는데, 더 이상 주현을 믿지 못한 정홍예는 이 모든 검험 과정에 대한 통제를 제점형옥사에게 맡기고자 했던 것이다. '격목'의 시행은 확실히 검험 업무 관련 행정 절차에 대한 제점형옥사의 개입 및 장악의 정도가 확대되었음을 보여 준다.

3 검험격목檢驗格目의 내용과 보완

순희淳熙 원년(1174) 당시 절서浙西 제점형옥이었던 정홍예鄭興裔가 상소를 올려 격목의 시행을 건의했을 때, "삼가 '검험격목'을 갖추어 올리어 아뢰었고", 효종은 그가 올린 격목을 형부에 보내 판각하게 하여 각 노에 배부하고 사용하게 하였다. 이에 대해 『송회요집고』는 "격목에 적힌 대로 시행하라(依格目內所載事理施行)"라고 기록하였으며, 정홍예가 올린 '격목格目'의 구체적 형식을 첨부하여 수록하였는데 다음과 같다.

◆ 홍예興裔가 제안한 격목格目은 다음과 같다.

ⓐ 일一, 모처某處는 모년某年 모월某月 모일某日 모시某時에 모인某人이 올린 장狀에서 검시를 요구하기에, 본 안건의 인리人吏 모인某人이 이를 맡

아, 모일 모시에 모인을 보내 첩牒을 모처의 관에 주어 초검하게 한다. 본관本官의 관청은 사체가 있는 지점까지 몇 리里이다. 인리人吏 모인의 서명, 본 안건의 모관某官(복검覆檢 역시 이와 같이 한다).

ⓑ 일一, 초검관은 모시에 업무를 받아 오작仵作 모인, 인리人吏 모인을 데리고, 모일 모시에 지점에 도착하여 기갑耆甲 모인, 보정부保正副 모인 및 망자의 친척(친형이면 '친형'이라 쓰고, 당형堂兄이면 '당형' 등으로 쓴다)을 불러 모으고, 사망자 모인의 상해 흔적을 초검한 후, 사망에 이르게 된 요인을 헤아리니, 확실히 급소라 절명하여 죽게 된 것이 분명하다. 각각 험장驗 狀에 친히 서명하며, 당일 모시 모인을 보내 초검단장初檢單狀을 주어 모처에 보고하여 올린다. 아울러 같은 시간에 무리들 앞에서 모 자호字號를 쓰고 보내 장狀을 갖추어 격목과 같이 본사本司에 올려 알린다. 인리人吏 모인의 압. 초검관 직위, 성명 압.

ⓒ 일一, 복검관은 모시에 업무를 받아 오작 모인, 인리 모인을 데리고, 모일 모시에 지점에 도착하여 기갑耆甲 모인, 보부정保正副 모인 및 망자의 친척(친형이면 '친형'이라 쓰고, 당형이면 '당형' 등으로 쓴다)을 불러 모으고, 사망자 모인의 상해 흔적을 복검한 후, 사망에 이르게 된 요인을 헤아리니, 확실히 급소라 절명하여 죽게 된 것이 분명하다. 각각 험장에 친히 서명한다. 그 사체는 즉시 친족에게 주어 관을 사서 매장하게 한다. 만약 그 집이 가난하거나 혹은 호주가 없는 집안일 경우, 마땅히 가해자에게 명해 준비하게 한다. 혹 모인의 [피해 정황은] 확실하며 돈을 낼 수 없는 상황이면, 기보耆保로 하여금 마땅히 돈을 내 사게 하고, 주현州縣이 가격

에 따라 돌려준다. 결코 화장을 해서는 안 된다. 만약 근래의 규정을 어기고 이전처럼 화장을 하면, 이후에 소송에 이를 때, 그 복검관과 보정保正, 기갑耆甲, 오작仵作, 인리人吏 등이 반드시 부정을 저지를 것이니 필시 끝까지 시행해야 한다. 아울러 당일 모시 모인을 보내 복검단장을 주어 모처에 보고하여 올린다. 아울러 같은 시간에 무리들 앞에서 모 자호를 쓰고 보내 장狀을 갖추어 「격목」과 같이 본사本司에 올려 알린다. 인리人吏 모인의 압. 복검관 직위, 성명 압.[25]

격목의 구체적 형식은 초검일 경우 Ⓐ-Ⓑ의 조합으로, 복검일 경우 Ⓐ-Ⓒ의 조합으로 이루어진 것으로 보인다. 그 내용은 다음의 몇 가지로 나눌 수 있다. 첫째, 사건이 보고된 날짜와 시간을 적고, 주현이 검험 관원을 파견하는 내용의 첩牒을 언제 어떤 인리人吏가 어느 지역 어느 관원에게 전했는지 명기하며, 그 관원의 관청이 검험 장소까지 몇 리인지 기재한 후, 인리人吏와 검험 담당 관원의 서명을 받는다. 이렇게 되면 언제 사건이 보고되었고, 언제 주현에서 검험관을 파견했는지, 이 관원은 언제쯤 도착해야 하는지 명확해진다.

둘째, 초검관원이 업무를 받아 오작仵作 누구, 인리人吏 누구를 데리고 언제 현장에 도착했는지 적고, 그 후 해당 지역 기갑耆甲, 보정부保正副, 피해자 가족들의 이름을 쓰고, 사망 확인과 사인을 간단히 적은 후 험장을 작성하여, 언제 어느 주현에 험장을 보고하였는지 명기한다. 최종적으로 자호를 확인한 후 마지막 격목을 제점형옥사에 올린다는 것

---

25 『宋會要輯稿』「刑法六·檢驗」, 706-707쪽.

을 명시하였다. 그리고 해당 인리人吏와 초검관이 서명한다.

셋째, 복검의 경우 '초검격목'과 내용이 흡사하며, 복검이 끝난 후 사체를 돌려주는 문제를 보충하여 언급하고 있다. 특히 관의 비용 문제를 지적하였고, 아울러 화장을 해서는 안 된다는 것을 강조하였다. '복검격목'에서도 마지막 인리人吏와 복검관이 서명한다.

이러한 격목의 내용은 분명 순희淳熙 원년(1174) 정홍예가 상소를 올릴 때 지적한 당시의 사법 현장의 문제점을 적극적으로 보완한 것이다. 주현이 검험관원을 파견하지 않거나, 파견관원이 직접 가서 검험을 하지 않거나, 늑장을 부리거나 또는 이를 틈타 아래 관련 업무를 담당하는 서리나 오작이 부정행위를 할 수 없도록 모든 내용을 명쾌하게 격목에 기입하게 한 것이다. 사건 접수 시간, 검험 관원 파견 시간, 관원 출발 시간, 관청에서 현장까지의 거리, 그리고 마지막 험장 보고 시간을 쓰게 하고, 첩牒을 전한 인리, 파견 주현, 파견된 관원의 이름을 명기하며 아울러 소위 '합간인슴干人'들의 이름을 하나하나 나열하게 함으로써 모든 폐단을 사전에 막고자 했던 것이다.

순희 원년(1174) 정홍예가 만든 이와 같은 형식의 격목은 형부에서 판각되어 전국 모든 노의 제점형옥사에게 배포되었다. 주목할 만한 것은, 가태嘉泰 2년(1202) 편찬된 『경원조법사류』의 「험시驗屍·잡식雜式」에는 초, 복검 격목의 식을 각각 싣고 있다. 그것은 순희 원년(1174)의 것인 『송회요집고』에 실린 것과 비슷하지만 또 보충 수정된 부분들이 있기에 양자를 비교해서 볼 만하다. 그 내용을 보면 아래와 같다.

• 「초검시격목」

모로某路의 제점형옥사는 매 [격목마다] 자호字號를 정하여 모자호某字號를 발부한다.

모주 혹은 현은 년 월 일 시에 [모인이 올린] 장狀에서 검시를 요청하기에, 본 안건의 인리人吏 [모인이] 이를 맡아, [모]일 [모]시에 [모인을] 보내 첩牒을 [모처의] 관에게 주어 초검하게 한다. 본관의 관청은 시체가 있는 지점까지 [몇] 리이다. 인리 성명 서명, 본 안건 담당관 모관 성명 압.

초검관 직위 성명

모시에 업무를 받아, 오작인 [모모], 인리 [모모를] 데리고, [모]일 [모]시에 지점에 도착하여 기갑耆甲 [모인], 보정부保正副 [모인] 및 망자의 친척(친형이면 '친형'이라 쓰고, 당형이면 '당형' 등으로 쓴다)을 불러 모아, 사망자의 상해 흔적을 초검한 후 사망에 이른 요인을 헤아리니 확실히 급소라 절명하여 죽은 것이 분명하다. 각각 험장에 친히 서명하며, ⓓ 당일 [모]시 [모인을] 보내 초검단장을 주어 모처에 보고하여 올린다. 아울러 같은 시간 무리들 앞에서 [모] 자호를 쓰고 보내 장狀을 갖추어 격목과 같이 본사本司에 올려 알린다. 인리人吏 성명 서명. 초검관 직위, 성명 압.

우측에 명시된 본 제점형옥사는 앞의 내용과 같이 조치하여 주현에게 격목에 따라 먼저 세 부를 실제 내용에 따라 기입하게 하고, 초검관에게 발부하여 검험이 끝날 때 내용을 기입하고 험장과 더불어 초검관이 한 부는 주현에 보내고, 한 부는 망자의 친족에게 보내고(만약 친족이 없다면 남는 격목을 본사로 보내고), 한 부는 일시, 자호를 쓴 장狀을 갖추어 급체急遞로 본 제점형옥사로 보내 보고한다. 만약 점검하여 보고가 시간을 어겼거나 여정에서 지체가 되었거나 검험의 내용이 실제와 다르거나, 오작항인作作人, 공리公吏, 기보耆保 등이 부정을 저지르거나 방해를 받은 것 등에 대해 관련 사람들은 3일 내에 본사本司로 와서 고발을 하도록 한다. 기한이 지나면 수리하지 않는다(망령되이 소송을 제기하면 마땅히 조사하여 판결한다). 만약 고소한 내용이 사실일 경우 상금 일백관문一百貫文을 내린다. 해당 관원은 마땅히 조사하여 다스리고 이인 등은 감옥으로 보내 끝까지 조사하여 법대로 결배決配하고 절대 용서하지 않으니 각각 숙지하도록 한다. [모]년 [모]월 [모]일 발급.

오작인作作人 기갑耆甲
보정부保正副 인리人吏
이사인친已死人親 행흉인行兇人
초검관직위성명初檢官職位姓名 압押
◆ 모관모로제점형옥공사성某官某路提點刑獄公事姓 압押 [26]

'복검시격목'은 위의 '초검시격목'과 내용이 거의 유사하며, 다만 '복검시격목'이라고 쓰인 제목 옆에 "세 번째 이후부터는 여기에 준한다"는 소주小注가 첨가되어 있고, 복검일 경우에만 해당되는 내용, 즉 사체

---

26 『慶元條法事類』 권75 「檢屍·雜式」, 801-802쪽.

를 돌려주는 문제, 관의 구입 관련 내용 및 화장을 해서는 안 된다는 내용이 ⑩ 부분에 첨가된 것이 다를 뿐이다.[27]

격목의 구체적 형식을 잘 살펴보면, 순희 원년(1174) 정홍예가 건의할 당시의 것을 수록하고 있는 『송회요집고』의 것과 가태 2년(1202) 『경원조법사류』에 수록된 식은 내용상 차이가 있다. 후자는 그 형식이 훨씬 정교화되었음을 알 수 있다(밑줄 친 부분은 전자에는 없고 후자에 첨가된 내용이다). 물론 이러한 차이가 전자가 부분 내용을 누락시킨 것에서 기인할 가능성도 배제할 수 없지만, 정홍예가 건의할 당시 격목의 구체적 형식을 올렸다고 하였으므로 대체로 당시 복건과 양절 지역에서 이미 시행하고 있는 격목 자체를 올렸을 것으로 보인다. 후자는 효종 시기 정홍예의 건의를 받아 그 형식을 관련 식으로 제정했을 당시 보충된 것이라고 추정할 수 있으며, 혹은 그 후 가태 2년(1202)까지 수정 반포된 것을 정리한 것일 가능성도 있다.

먼저, 가장 첫 번째 문구를 보면 전자에는 없는 내용으로, 발급된 격목의 소속을 분명히 밝혀 주는 내용이다. 즉 "모로某路의 제점형옥사는 매 [격목마다] 자호字號를 정하여 모자호某字號를 발부한다"는 문구는 해당 사건의 모모 자호의 격목이 모로某路의 제점형옥사에 의해 발부되었음을 명확히 밝히고 있다. 아마도 이 안건의 검험과 관련된 모든 절차

---

27 이 외에 구체적 내용에서 첫 단락의 내용에 약간의 차이가 있다. 즉 '복검시격목'에서는 "모주 혹은 현은 [모]년 [모]월 [모]일 [모]시에 [모인이 올린] 狀에서 검시를 요구하기에 이미 관원을 보내 초검을 마쳤고, [모]월 [모]일 [모]시에 [모인을] 보내 牒을 [모처의] 관에게 주어 복검하게 한다"라고 하여 복검임을 명시하는 것이다. 이 밖에 나머지 내용은 동일하다. 『慶元條法事類』 권75 「檢屍·雜式」, 802쪽 참조.

에 대한 감수 권한은 이 노의 제점형옥사가 가지고 있다는 것을 명시한 듯하다. 또한 세 부 중 마지막 한 부의 격목이 이 노의 제점형옥사에게 다시 제출되어야 함을 의미하는 것이기도 할 것이다.

둘째, 또 다른 중요한 변화 중의 하나는 '초·복검시격목'의 가장 아래 서명란이다. 전자의 최종 서명자와 후자의 최종 서명자는 각각 다르다. 물론 전자에서도 오작作作, 기갑耆甲, 보정부保正副 및 망자의 가족들이 험장에 서명을 해야 한다는 내용은 있다. 하지만 격목에는 인리人吏와 초검관, 복검관의 서명만 명시되어 있어 나머지 사람들은 서명하지 않아도 되었던 것으로 보인다. 하지만 후자는 모두 서명하게 하였다. 이에 따라 오작인作作人, 기갑耆甲, 보정부保正副, 인리人吏, 이사인친已死人親, 행흉인行兇人, 초(복)검관初(覆)檢官은 순서대로 격목에 서명을 해야 했다. 이러한 서명이 가지는 의미는 제점형옥사가 이들 실무자 및 죄인 그리고 망자의 가족들과 관련된 업무까지도 관리 감독하겠다는 것을 의미하는 것이다. 다시 말해, 전자가 사용된 시기에는 험장에만 서명했던 그래서 주현 관원의 관리와 단속을 받았던 이들이 후자가 사용되던 시기에 이르면 제점형옥사의 관리와 단속의 대상이 되었음을 말해 준다. 제점형옥사의 개입 정도가 확대된 것이다.

아울러 초, 복검 격목의 가장 마지막 서명란을 보면 "모관모로제점형옥공사성某官某路提點刑獄公事姓 압押"이라 되어 있는데, 이는 앞에서 언급한 후자에 첨가된 첫 구의 내용, 즉 "모로의 제점형옥사는 매 [격목마다] 자호字號를 정하여 모자호某字號를 발부한다"는 것과 상응하는 것이다. 정홍예가 처음 제시한 전자는 이 마지막 제점형옥의 서명은 빠져 있는데, 후자는 이를 첨가하여 해당 제점형옥提點刑獄의 책임을 명확히 함과 동시에 주현의 검험 과정에 대한 제점형옥사의 최종 감수의 의미를 명확히 한 것으로 보인다.

셋째, '격목'을 세 부 작성하여 각각 주현, 피해자 가족, 본 제점형옥사에 보내라는 내용을 다시 한 번 명시한 것 외에, 후자는 제점형옥사가 하는 '점검點檢'에 관한 내용이 구체적으로 명시되어 있다. 제점형옥사는 격목의 보고가 정해진 시간을 어겼거나 지체가 되었거나 검험의 내용이 실제와 다른 것은 없는지, 또 오작항인作作行人, 공리公吏, 기보耆保 등의 부정행위가 없는지 살핀다. 또한 문제가 있다고 느끼는 사람은 3일 내에 본 제점형옥사에 고발을 하도록 규정했다. 그리고 기한이 지나면 수리하지 않는다고 명시했으며, 고발한 내용이 사실일 경우 상금 '일백관문一百貫文'을 내린다고 하였다. 아울러 담당 관원과 이인吏人 등은 조사를 받아 법대로 '결배決配'한다고 처벌 규정까지 명시하였다. 이것은 제점형옥사의 감수("本司照會", "本司點檢")의 구체적 방식이며, 제점형옥사의 감수 내용을 구체적으로 명시함으로써, 담당 검험관 및 그 아래 소속 실무자들이 부정을 저지를 수 없도록 단속하는 것이다. 제점형옥사의 단속이 보다 구체적으로 법제화되었음을 보여 준다.

이와 더불어 '오작항인作作行人, 공리公吏, 기보耆保 등'이 저지르는 부정에 대해서도 고발을 받으니, 제점형옥사가 단속하는 대상도 하급 실무자 범위까지 확대되었다. 아마도 격목에서 여러 관련 실무자들의 서명을 요구한 것은 이러한 위법적 상황이 닥쳤을 때 처벌하기 위한 조치라 볼 수 있을 것이다. 결국 주현의 검험관뿐만 아니라 하급 실무자들의 부정행위에 대한 처벌까지도 제점형옥사가 하겠다는 것을 강조한 것이다. 이 부분은 『경원조법사류』에 실린 '식', 즉 후자에서만 보이는 내용이니 제점형옥사의 개입정도가 확대됨을 반영한다.

이후 순우淳祐 7년(1247) 호남제점형옥湖南提點刑獄인 송자宋慈(1186-
1249)가 지방관의 검험 참고서인 『세원집록洗冤集錄』을 간행할 때 격목과
관련한 영은 수록하고 있지만,[28] 구체적인 격목의 式을 수록하지는 않았
다. 다만 송자가 격목의 격식과 관련하여 당시 변동된 상황을 기록하고
있어 우리의 주목을 끈다.

* 흉악한 범인은 대부분 격목의 '흉신凶身'란에 서명을 하거나 압을 하지
않으려고 할 것이다. 공리公吏는 뇌물을 탐하여 오히려 [흉악범에게] 다른
이름을 쓰거나 명목을 생각하게 하여 무고를 당했다고 하거나 무고한데
연루되었다는 등의 내용을 쓰게 하여 이를 틈타 사건을 혼란스럽게 하
여 출입出入을 초래하게 할 것이다. 근래 강서江西 송제형宋提刑은 격목을
다시 수정하여 조정에 보고하였는데, '피집인被執人'란을 첨가하였다. 만
약 [범인의] 진위가 확정되지 않은 경우 부득이 그에게 여기에 이름을 쓰
게 하고, 이미 확실히 진범인 경우 반드시 그에게 '정행흉正行凶'의 난에
* 서명과 압을 하게 한다.[29]

'흉신凶身'란이란 죄인의 서명란을 의미하며, 위의 격식에서 보자면

---

28 宋慈의 『洗冤集錄』 권1 「條令」은 검험과 관련한 당시 법규를 수록하고 있다. 총 29개의 조
항으로 이루어져 있으며, 대부분의 내용은 『慶元條法事類』 권75 「檢屍」에서 그대로 보인다.
이 외에 『慶元條法事類』 편찬 이후에 추가된 규정이라든가 『宋會要輯稿』에 나오지 않는 규
정들이 포함되어 있어 사료적 가치가 있다. '격목'과 관련한 영은 『慶元條法事類』 권75 「檢
屍」의 "諸初覆檢屍格目"條의 내용과 일치한다(『慶元條法事類』 권75 「檢屍」, 800쪽).

29 『洗冤集錄』 권1 「檢覆總說下」, 21쪽.

'행흉인行兇人' 서명란을 말하는 것이다. 그런데 검험의 과정에서 종종 범인이 밝혀지지 않은 경우가 허다하여 '행흉인行兇人' 서명란과 관련한 적지 않은 문제가 발생하게 된 것이다. 죄인이 자복하지 않은 경우, 뇌물 수수로 인한 부정, 또 실제 범인이 다른 이를 무고한 경우, 또는 조작을 할 여러 가능성들이 있었기에 새로운 대안을 제시한 것이다. 이 대안을 제시한 '강서江西 송제형宋提刑'은 아마도 송자 본인일 가능성이 크다.

그의 대안은 '피집인被執人' 난을 새로 만들어 '정행흉正行凶' 난과 구분하여 쓰자는 것이다. 즉 자복을 받지는 않았지만 혐의가 의심되는 사람의 이름을 적게 하여 현장의 복잡한 상황을 더욱 세밀하게 격목에 반영하게 하였다. 담당 관원이 보기에 의심이 되는 사람과 혹은 범인으로 확정된 사람을 나누어 서명하게 하여 여러 부정이 개입될 틈을 막은 것이다.

결론적으로, 순희 원년(1174) 정홍예가 처음 복건福建 및 양절兩浙에서 사용한 것을 전국에 시행하도록 올렸을 때와 이것이 영令과 식式으로 정해졌을 당시, 더 나아가 가태 2년(1202) 정리되어 『경원조법사류』에 수록되고 또 그 후 순우 7년(1247) 송자가 『세원집록』을 출간했을 당시 까지 격목은 매 시기의 변화 속에서 현장의 문제점을 더욱 반영하여 점점 더 세밀해진 형식으로 발전하였다. 격목은 처음 검험관 파견 과정의 시간 및 현장까지의 거리에 대한 명확한 기재 그리고 관련 하층 실무 자들의 이름을 명기하는 데에서 출발해, 그 후 하층 실무자들의 서명을 요구하고, 또 제점형옥사가 점검 과정에서 여러 가지 위법 상황을 발견 했을 때에 대한 처벌 규정을 첨가하여 단속을 법제화한 것, 그리고 마 지막 '피집인被執人' 서명 항목을 새로 만든 것 등의 보완을 거쳤다. 이러한 격목은 현장에서 발생할 수 있는 다양한 문제점을 사전에 막고 또 문제 발생 시 용이한 해결을 도모하기 위한 세심한 조치의 결과였다. 격목은 처음 제점형옥의 명의로 발부되어 마지막 제점형옥의 서명으로 마무리되고 제점형옥에 의해 최종 점검되어 실무 단계까지 파악되고 단속되었기에 제점형옥사가 검험의 전 행정 절차를 제어하게 되었음을 알 수 있다.

4 맺음말

송대 특히 남송 시기는 검험제도가 정비되는 시기로, 순희淳熙 원년 (1174) 절서 제점형옥인 정흥예는 복건福建 및 양절兩浙에서의 경험을 바탕으로 격목의 전국적 시행을 건의하였고, 조정은 곧 구체적 시행방식에 대한 영令과 그 형식에 대한 식式을 반포해 전국에서 이를 활용하게 하였다.

격목은 주현州縣이 검험의 법규를 태만히 보고 관원을 제대로 파견하지 않거나 파견 관원이 제대로 검험 업무를 맡지 않아 나타나는 많은 문제점, 예를 들면 서리, 오작 등 '합간인合干人'들의 부정행위 등으로 폐단이 생기자 이를 해결하기 위해 고안된 것이다. 물론 격목의 시행 이전 제점형옥에게 관련 조법條法을 강조하여 태만한 관리들을 탄핵하게 하는 사후 조치를 취해 보기도 하고, 더 나아가 험장의 제출 기한을 정하고 험장에 검험 완료 시간을 기입하게 하여 주현에 제출하게 하는 등의 문서를 활용한 제도적 대안이 제시되기도 하였다. 하지만 역시 주현 단위에서의 자체 해결은 어려웠던 모양으로, 조정은 제점형옥사의 차원에서 격목을 통해 검험의 모든 행정절차를 문서화하여 확인하게 함으로써 주현이 제대로 검험 업무를 수행하도록 유도하고자 했던 것이다.

격목은 정홍예가 건의한 이후 관련 영과 식으로 반포되면서 수정과 보완이 이루어졌는데, 천자문의 순서로 편호編號를 한다고 명기하고, 피해자 부재 시 격목의 회수처를 제점형옥사로 명확히 한 것, 마지막 제점형옥사에게 보내는 격목은 급체急遞를 이용하라고 한 것 등의 조치에서 가급적 부정의 요소를 막고 제점형옥사가 이를 신속하게 운영하여 감찰할 수 있도록 하게 했다. 또한 격목의 내용면에서는, 사건이 보고된 직후 주현 관원이 검험관을 파견하여 검험관이 험장과 격목을 제출하기까지 매 절차의 시간과 이동 거리 등을 기입하게 하고 검험관원 이하 관련자의 이름을 적게 하여 업무 태만과 부정의 개입을 막고 문제발생 시 책임 소재까지 분명히 하도록 했다. 가태嘉泰 2년(1202)의 『경원조법사류』에 실린 식을 보면 그 형식이 더욱 보완되어 모든 검험 업무와 관련된 하급 실무자들의 서명까지 받게 하고, 제점형옥사의 감수 과정을 구체적으로 명시하며, 부정 발각 시 관련자 처벌에 관한 내용을 강조하여 매 순간 일어날 수 있는 문제들에 대비하는 노력이 돋보였다. 아울러 순우淳祐 7년(1247)경에는 '피집인被執人'의 서명란까지 보완되었다.

위와 같은 고찰을 통해 우리는 다음과 같은 몇 가지 사실을 도출할 수 있다. 첫째, 송대 검험제도의 운영을 보장하기 위한 여러 대안들이 대부분 문서를 활용하는 것으로 구체화되었다는 점이다. 그중에서도 '험장'의 보완으로 해결하고자 한 노력이 별 효과를 거두지 못하자 순희 원년(1174) '격목'을 시행하게 된 것이다. 격목의 시행은 검험의 매 단계의 완수를 문서로 드러나게 함으로써 문서를 통해 검험 시스템의 제대로 된 작동이 실현되도록 하였다. 그리하여 격목의 발급과 회수가 검험 제도의 제대로 된 운영을 보장하게 했다.

둘째, 이러한 격목의 시행과 완비의 과정이 지방관들의 상소를 통해 이루어진다는 것이다. 송대 입법 및 제도 건설 과정에서의 제점형옥의 공헌은 연구자들의 주목을 받은 바 있다.[30] 구체적으로는 검험관련 문제들의 해결과정에서 제점형옥의 활약을 살펴볼 수 있다. 문서를 활용하고 결국 격목의 시행과 운영에서 수정과 보완을 이끌어 낸 이들은 모두 각 노의 제점형옥사를 맡고 있었던 이들이다. 험장을 활용하고자 했던 회남서로淮南西路 제점형옥 뇌수송雷壽松, 격목의 시행을 건의했던 절서浙西 제점형옥 정홍예, 격목의 형식에서 '피집인被執人'의 항목을 첨가하고자 건의했던 강서江西 제점형옥 송씨宋氏 등은 검험의 문서화를 통한 검험 제도의 확실한 운영을 보장하는 데 적지 않은 역할을 했다.[31]

셋째, 격목의 시행은 검험제도의 운영에 있어서 최종 관할 기관이 주현단위에서 제점형옥사로 옮겨 가는 변화를 관찰할 수 있게 한다. 선화 6년(1124) 뇌수송이 대안을 제시할 때만 해도 주현에 제출하는 험장에 대한 운영과 내용의 보완을 언급하는 정도였다. 그런데 순희 원년(1174) 정홍예의 방안은 격목을 통해 검험의 모든 과정을 제점형옥사가 관리 감독하게 하는 것을 의미했다. 이러한 경향은 그의 건의가 영과 식으로

---

30   王曉龍, 『宋代提點刑獄司制度硏究』, 249~252쪽 참조.

31   이 외에도 역시 검험 문서 중 하나인 「正背人形圖」는 嘉定 4年(1211) 江西 提點刑獄이던 徐似道가 건의한 것이다. 『宋會要輯稿』 「刑法六·檢驗」, 709쪽.

제정되는 과정에서 더욱 잘 드러나는데, 구체적 영과 식에서는 격목의 발급주체와 최종 회수 및 감수처인 제점형옥사의 역할을 더욱 강조하였다. 이는 적어도 검험 업무에 있어서 주현에 대한 제점형옥사의 통제가 강화되었음을 의미하는 것이라 볼 수 있다. 더 나아가 이러한 통제와 감수의 방법이 격목의 발급과 회수 그리고 이에 대한 '점검' 등으로 구체화된다는 점에서, 즉 제점형옥사가 문서를 통해 검험제도의 행정 절차 자체에 개입하고 참여한다는 점에서, 노路 단위의 제점형옥사의 역할의 변화를 감지할 수 있다. 노의 성격과 기능에 대해서는 그것을 감찰 기구로 보아야 하는지 혹은 행정 기구로 보아야 하는지 등에 대한 많은 토론이 이루어졌으며,[32] 최근 연구들은 제점형옥사를 통해 노의 성격을 언급하기도 했다.[33] 본 장은 이러한 학계의 연구 성과와 같은 맥락에서 특별히 검험 제도의 운영이라는 구체적인 측면에서 노의 제점형옥사의 역할 변화를 관찰하였다. 즉, 노의 제점형옥사는 검험제도의 운영에 있어서 이전의 감찰 기능을 넘어 주현보다 상급인 행정의 최종 총괄자로서의 역할을 하는 방향으로 변화하는 경향을 나타내었다. 좀 더 세밀하게 짚는다면, 격목의 시행은 당초 주현의 검험 업무에 대

---

32 송대 노의 성격과 기능에 대한 연구로는 陳振, 『宋史』, 上海人民出版社, 2003, 141쪽; 朱瑞熙, 『宋代政治制度通史 · 宋代卷』, 人民出版社, 1996, 320쪽; 李昌憲, 「宋朝路制硏究」, 『國學硏究』 9, 北京大學出版社, 2002, 89-128쪽 참조.

33 王曉龍은 제점형옥사제도를 통해 송대 路의 성질을 고찰하는 논문에서, 제점형옥사는 처음에는 그저 주현의 疑獄에 대한 감찰이나 심리를 담당하다가 이후에는 사법, 민정, 치안, 군사, 재정, 인사관리 등 영역까지 그 업무의 범위가 확대되었다고 지적하였다. 특히 송 眞宗 시기 제점형옥사는 사법, 감찰권을 가지고 있다가 그 후 仁宗 이후 남송 대에 이르기까지 재정, 치안, 민정, 군사 등 제반 업무에 대한 관리 감독 역할을 하게 된다고 하였다. 王曉龍, 「從提點刑獄司制度看宋代"路"之性質」, 『中國歷史地理論叢』 2008-7, 42-43쪽.

한 감찰이 주된 목적이었을지 모르나 그 감찰의 구체적 방식이 문서를 통해 행정 절차에 개입하고 그 실무 단계까지 개입 정도를 확대하여 전 과정을 통괄하는 식으로 실현됨으로써 결과적으로 행정 총괄자로서의 제점형옥사의 역할을 부각시켰다.

결론적으로, 격목의 건의와 시행 그리고 이에 대한 끊임없는 수정과 보완의 노력과정은 송대 검험 제도 운영의 주된 발전 경향을 보여 준다. 즉, 북송 건국 초까지는 아마도 각 지방의 서리 등 행정 실무 담당자가 주로 이를 도맡아 수행했다면, 진종 함평 3년(1000)에 이르러 조정은 검험 업무를 주현 관원에게 맡겨 단속하게 했고, 이후에도 많은 문제가 발생하자 순희 원년(1174)에 이르러 각 노의 제점형옥사가 이를 관할하게 하는 것으로 제도의 안정적 운영을 꾀했던 것이다.

지방관의 끊임없는 상소와 이에 대한 중앙의 승인으로 이루어진 이 제도화와 문서화의 경향은 인명 사건 피해자를 보호하고 '대벽大辟'의 옥사를 신중히 처리하고자 하는 검험제도의 안정된 운영을 실현하는 데 큰 역할을 하였다. 이런 맥락에서 중국 검험 제도의 역사를 볼 때 정홍예의 건의로 격목의 전국적 시행이 이루어진 순희 원년(1174)은 주현이 아닌 제점형옥사에게 관할 업무를 총괄하게 했다는 점에서, 즉 주현 기관이 관할하도록 하게 한 함평 3년(1000)의 규정이 적용되던 시대를 넘어 새로운 시기로 접어든다는 측면에서 매우 중요한 시기로 평가할 수 있겠다.

II

'험장驗狀'류 문서를 통해 본
검험 결과의 보고

송 조정은 수사와 판결에 직결되는 검험 절차를 중시할 수밖에 없었다. 그리하여 "[잘못된] 검험 보고서에 근거해" 잘못된 판결을 내리게 되는 경우에 대한 경계를 늦추지 않았고,[1] 실제 사법 현장에서 검험을 담당했던 지방관들도 검험 보고서의 역할을 "거짓과 속임을 증험할 수 있도록 대비하고, 사실을 규명해 추국과 심문을 할 수 있게 하는"[2] 것이라고 인식하고 있었다.

사법 현장에서 판결 근거로서의 실질적 영향을 고려했기 때문인지 양송兩宋 시기에 걸쳐 조정은 검험 제도를 지속적으로 보완 정비하였는데, 이 과정에서 결과보고의 단계는 더욱 정교해진다. 검험제도의 제대

---

1   謝深甫 撰, 戴建國 点校, 『慶元條法事類』 권75 「檢屍・雜勅」, 哈爾濱: 黑龍江人民出版社, 2002, 798쪽.

2   宋慈 著, 高隨捷・祝林森 譯注, 『洗冤集錄譯註』 권5 「驗狀說」, 上海: 上海古籍出版社, 2008, 163쪽.

로 된 운영 여부는 곧 믿을 만한 결과보고가 제때 제대로 이루어지는지 여부로 결정되었기에 당시 조정이 검험제도와 관련하여 부단히 정비를 도모했던 부분 중 하나는 바로 결과보고의 절차였다. 이에 본 장에서는 검험 결과를 보고하는 문서인 '험장'류 문서에 주목하여 당시 조정이 검험제도의 제대로 된 운영을 꾀하기 위해 결과 보고 단계에서 어떤 제도적 보완을 이루어 냈는지 살펴보고 이를 통해 송대 검험제도의 정비 과정을 복원해 보고자 한다.

지금까지의 연구에서는 송대 검험 관련 문서, 특히 '험장'류 문서에 주목한 연구는 그리 많지 않았으며, 검험제도를 설명하는 과정에서 간략하게 언급되는 정도였다. 이에 본 장은 먼저 험장의 제출에 대해 그 제출기한을 정하게 되었던 경향을 중심으로 검험 제도 속에 험장이 결과보고 단계로서 점하는 위치를 파악한 연후, 그 다음으로 험장의 내용을 구체적으로 살펴보고자 하며, 아울러 검험 결과를 보고할 때 첨부 문서로 사용한 '정배인형正背人形'의 시행 과정을 파악하고, 마지막으로 사체의 상태가 검험 불가인 '무빙검험無憑檢驗'의 경우 어떤 문서보고의 절차를 거쳤는지 검토하고자 한다. 이를 통해 송대 검험제도에서도 결과보고의 절차와 내용을 다양한 측면에서 고찰할 수 있을 것이며, 이역시 검험 제도의 운영과 발전에 있어서 송대가 가지는 다양한 의미를 말해 줄 것이다.

1 험장驗狀의 제출: "검험을 마치면 소속 기관에 보고하라!"

송 이전에도 사법현장에서 검험 절차는 중요하게 다루어져 왔으므로 어떤 식으로든 검험 결과에 대한 보고가 이루어졌을 터이지만, 검험 결과를 보고하는 문서인 '험장'이라는 용어가 사료에 보이기 시작하는 것은 오대五代 후주後周(951~960) 시기부터이며, 후주 태조太祖(951~953 재위) 시기의 것이다. 당시 형부랑중刑部郎中이었던 고방高防은 심사숙고하여 판결을 잘 내리는 이로 유명했는데, 그는 한 사건을 판결하면서 다음과 같이 말한 바 있다. "의공醫工이 험장驗狀을 갖추지도 않았는데 무엇을 기준으로 증거 삼아 장형에 처하는가?"[3] 즉, 오대 시기 이미 험장은 판결의 근거로 활용되고 있었음을 알 수 있다.

이러한 험장은 북송시기 검험제도가 정비되기 시작하면서 검험의 절차 속에서 매우 중요한 위치를 점하게 된다. 주지하다시피 북송 진종眞宗 함평咸平 3년(1000)에 이르면, 조정은 주현州縣 단위에서 검험 업무를 체계적으로 담당하도록 법으로 규정하였고, 이 규정은 주현에서 검험 결과의 회수까지 맡아야 하는 내용까지 포함했다.

◆ 오늘 이후로 살상殺傷 사건이 일어나면, [검험 업무를] 현縣에서는 위尉에게, 주州에서는 사리참군司理參軍에게 맡긴다. … 만약 이치에 맞지 않은 죽음이거나 다른 사유가 있다면, 검험을 마친 후 바로 주州에 보고하여 관원을 파견해 복검覆檢하게 하고, 사실이 밝혀지면, [사체를] 돌려주

---

3 『宋史』 권270 「高防傳」, 北京: 中華書局, 2004, 9259쪽.

어 묻게 한다. … [결과를] 소속 주부州府에 보고하며, 이를 미루어서는 안

◆ 된다.⁴

    살상 사건이 발생하면 현에서는 현위縣尉를 주에서는 사리참군司里
參軍을 보내 직접 가서 검험하도록 하였는데, 이때 파견 관원은 이치에
맞지 않은 죽음이거나 다른 사유가 있다면 반드시 검험 결과를 소속 기
관에 보고해야 했으며 복검의 결과도 소속 주현 기관에 보고해야 했다.
이렇게 검험 결과를 보고할 때, 검험관은 험장을 해당 주현에 제출한
것으로 보이며 결과보고를 미루어서는 안 된다고 강조하였다.

    그러나 상술한 대로 현실에서는 험장의 제출이 종종 미루어졌던 것으
로 보인다. I.에서 언급되었던 선화宣和 6년(1124) 당시 회남서로淮南西
路의 제점형옥提点刑獄이었던 뇌수송雷壽松이 올린 상주를 다시 보면,

◆ 선화宣和 육년六年 유월六月 십팔일十八日, 회남서로제형淮南西路提刑 뇌수
송雷壽松이 주를 올려 다음과 같이 말했다. "살인 사건이 있으면, 관련 기
관이 추국을 하며, 검험을 통해 확정된 사망 원인을 근거로 한다. 그런데
검험 관리들은 자주 방법을 둘러대 피하고, 또 바로 험장驗狀을 올리지
않아 종종 한 달이 걸리기도 하였다. 만약 검험을 통한 사망 원인이 사
실이 아니거나 제대로 [검험이] 이루어지지 않은 경우, 옥사는 의심이 생
겨 해결되지 못하고, 쌍방의 진술이 논쟁을 하게 되니, 비록 다시 관리를
파견해 복검을 하려 해도 그 사체가 이미 부패하여 판명하기 어렵다. …

---

4   『宋會要輯稿』「刑法六·檢驗」, 700쪽.

대개 이는 험장을 보내 제출하는 기한을 한 번도 정하지 않았기 때문이다. 지금 구하여 청하기를, 검시 관리가 검험을 하면 당일 험장을 갖추어 소속 기관에 보고하고, 험장 내에 검험을 마치고 험장을 보내 제출한 날짜와 시간을 쓰게 한다. 만약 기한을 어기면 죄를 물어 처벌하는 법규를 만들 것을 구한다."[5]

　　그는 주현 기관이 파견한 검험관이 종종 검험 업무를 피하고 바로 험장을 올려 결과보고를 하지 않아 나타나는 문제점들, 즉 시간이 지체되어 사체가 부패해 제대로 된 복검을 할 수 없게 되는 상황들을 지적하면서, 이 모든 문제가 "험장을 올리는 기한을 정하지 않은 것" 때문이라 판단하고, 결국 험장을 올리는 기한을 '당일 즉시'로 규정할 것을 건의하였다. 아울러 그는 "험장을 보낸 날짜와 시간을 쓰게"하여 '당일 보고'임을 증명할 수 있게 하였다. 즉 험장이 주현의 치소까지 도착하는 데는 시간이 걸릴지라도, 험장을 가지고 출발한 시간을 통해 당일 보고임을 증명할 수 있게 한 것이다. 이에 대해 당시 황제는 조詔를 내려 그가 구한 대로 따랐다. 그리고 "[험장을] 보고하는 데 기한을 어기면 장일백杖一百에 처하기로 한다"고 규정했다.[6]

　　선화 6년(1124) 뇌수송의 상주와 이와 관련한 법률의 제정을 통해 우

5　『宋會要輯稿』「刑法六·檢驗」, 704쪽.

6　『宋會要輯稿』「刑法六·檢驗」, 704쪽. 기한을 어기면 '장일백'에 처하는 조치는 남송 시기에까지 줄곧 적용되었던 것으로 보이며, 嘉泰 2년(1202) 편찬된 『慶元條法事類』에는 관련 법규가 수록되었다(『慶元條法事類』 권75 「檢屍·雜勅」, 798쪽). '장일백'의 형량은 "검험 보고를 받고도 검험관원을 파견하지 않는 경우" 등과 동일한 형량으로, 험장을 제시간에 올리지 않는 것을 검험관원을 파견하지 않는 것과 같은 것으로 간주했음을 알 수 있다.

리는 험장의 제출이 전체 검험 절차 속에서 가지는 위치가 얼마나 중요한지 확인할 수 있다. 즉, 험장의 제출은 검험 결과의 보고이며 이는 곧 검험의 완료를 의미하는 것으로, 험장의 당일 제출 즉 당일 결과 보고는 신속함이 중요한 검험 업무의 완료를 확실하게 보장하는 것이었다.

한편, 앞서 언급한 대로 순희淳熙 원년(1174)에 이르면, 절서浙西 제형提刑 정흥예鄭興裔의 건의로 격목을 시행하게 되는데, 그 내용에서도 험장의 당일 제출을 명기하고 있어 우리의 주목을 끈다. 즉, 주현에 검험이 필요한 안건이 접수되면 제점형옥사提點刑獄司가 격목을 세 부 발급해 파견 검험관이 검험의 모든 절차와 과정을 기입하게 하고 이를 소속 주현, 피해자 가족, 제점형옥사에 각각 보내게 하였는데, 이로써 검험의 모든 과정을 제점형옥사가 파악할 수 있도록 조치하였다. 주의할 것은, 이러한 초검 및 복검 시의 격목에 다음과 같은 구절이 명시되어 담당 검험관이 관련 내용을 명확히 기입해야 했다는 것이다. 즉 초검의 격목을 보면 다음과 같이 명시하였다.

- [기갑耆甲 모인某人, 보정부保正副 모인某人 및 망자의 친척은] 각각 험장驗狀에 친히 서명하며, 당일 모시某時 모인某人을 보내 초검단장初檢單狀을 주어 모처
- 某處에 보고하여 올린다.[7]

또, 복검의 격목을 보면 다음과 같이 명시하고 있다.

---

7   『宋會要輯稿』「刑法六·檢驗」, 707쪽.

◆ [기갑甲 모인某人, 보정부保正副 모인某人 및 망자의 친척은] 각각 험장驗狀에 친히
    서명하며, … 당일 모시某時 모인某人을 보내 복검단장覆檢單狀을 주어 모
◆ 처某處에 보고하여 올린다.[8]

　　여기에서 '초검단장'과 '복검단장'은 초, 복검의 결과를 담은 험장을
포함한 검험 결과 보고서를 의미하겠다. 격목의 내용에 초검, 복검을
마친 후 '당일' 몇 시에 누구를 보내 초검, 복검의 결과를 소속 기관 어
느 곳에 제출했는지 격목에서 명확히 기록하게 함으로써 검험 결과 보
고의 과정을 더욱 투명하게 하였던 것이다. 다시 말해 격목을 시행하고
난 후에도 여전히 험장은 검험 결과의 보고서로서 중요하게 활용되었
고, 격목은 험장의 당일 제출 과정을 명시하여 이를 증명하는 문서였던
것이다. 아울러 누가 이 험장을 소속 기관에 제출했는지 명시하여 혹시
있을지도 모르는 지연 및 부정의 개입 등에 대해 방비하게 하였다.
　　결론적으로, 후주 시기 살상사건을 재심하던 형부랑중이 험장을 언
급하면서 "의공이 아직 험장을 갖추지도 않았는데(醫工未有驗狀)" 운운하였
던 것과는 사뭇 달리 검험절차가 주현의 책임과 주관으로 더욱 법제화
된 북송 중기 함평 3년(1000) 이후부터 험장은 검험이 끝나면 주현의 파
견 관원이 소속 주현에 올려야 하는 문서로서 검험절차의 최종 순서인
결과 보고를 의미했다. 송대 법률 규정에 종종 등장한 "검험을 마치면
소속 기관에 보고하라(驗畢申所屬)"[9]의 표현은 곧 "즉시 험장을 보고(卽申驗

8　　『宋會要輯稿』「刑法六・檢驗」, 707쪽.

9　　『慶元條法事類』 권75 「檢屍・雜令」, "諸驗屍, 應牒近縣而牒遠縣者, 牒至亦受, 驗畢申所

狀)"하는 것을 의미하였다.[10] 또 선화 6년(1124) 험장의 보고가 늦어져 자주 문제가 발생하자 당일 내에 험장을 올리라는 기한이 정해졌고, 이를 어길 시 '장일백'에 처하는 조詔도 내려졌다. 아울러 순희 원년(1174) 격목이 시행될 때는 당일當日, 모시某時, 누구에 의해 초, 복검 험장이 어디로 제출되었는지 문서로 명시하게 함으로써 검험 결과의 보고 과정을 더욱 투명하게 하였다. 이로써 보건대 격목은 결국 험장의 기한 내 제출을 증명하는 또는 유도하는 문서였던 것이다. 아울러 가태 2년(1202) 편찬된 『경원조법사류』에는 소주小注의 형태로 당일 내 보고하지 않는 경우 '장일백'에 처한다는 조를 기록하고 있다.[11] 송대 검험 제도에 있어서 험장의 제출은 주현이 파견한 검험관원의 결과보고 및 업무 완료를 의미하는 절차로서, 검험 제도의 가장 핵심 내용을 구성했기에 양송 시기에 걸쳐 그 제출 기한의 엄수 및 이를 문서로 증명하는 절차 그리고 위반 시 처벌 등이 세밀하게 규정되고 적용되었다.

2 험장驗狀의 내용: 현장 보고와 사체 검험 결과

송대 험장의 형식과 내용에 대해서는 특정 안건의 험장 실물이 남아 있지 않기에 그 구체적인 모습을 알기는 어렵다. 다만 송대 험장과 관련한 문헌 기록들을 통해 우리는 그 대략적 내용을 추정할 수 있으며, 구

屬," 800쪽.

10 『宋會要輯稿』「刑法六‧檢驗」, 704쪽.

11 『慶元條法事類』권75「檢屍‧雜勅」, 798쪽. 59쪽의 주 6)의 내용 참조.

체적 면모를 복원해 낼 수 있다. 먼저 험장의 내용과 관련하여 남송 시기 제점형옥이었던 송자의 언급을 다시 한 번 주목할 수 있다. 그는 『세원집록』의 「험장설驗狀說」에서 다음과 같이 말했다.

◆ 무릇 험장驗狀이라는 것은 반드시 [다음 내용을] 하나하나 갖추어 써야 한다. 죽은 자의 사체는 원래 어느 곳에 있었는지, 어떻게 안치되어 있었는지, 놓인 위치의 사방 거리, 어떤 옷가지들을 입고 있었는지, 하나하나 각각 검사하고 이름과 가지 수를 적는다.
사체에 문신이 새겨져 있는지, 뜸의 흉터가 있는지, 생전에 무슨 지체 결함이나 훼손이 있는지, 곱사등인지, [다리가] 굽었거나 절뚝거렸는지, 대머리인지, 청색병이 있는지, 흑색증이 있는지, 붉은 반점이 있는지, 육종이 있는지, 제종蹄踵[기형발]인지 등 여러 질병의 증상을 모두 하나하나 험
◆ 장에 적는다.[12]

위의 내용을 근거해 볼 때 험장의 내용은 크게 두 가지로 나누어 볼 수 있다. 첫째, 사체가 놓인 장소, 즉 현장에 대한 조사 보고이다. 사체의 위치 및 사방의 정황 그리고 옷가지 등을 있는 그대로 하나하나 적어야 했다. 이는 당시 사체에서 사방의 사물까지 경계를 의미했던 '경사지硬四地'에 대한 현장 보고를 의미한다. 둘째, 사체 자체에 대해 여러 질병과 증상을 모두 적는 것이다. 사체가 원래 가지고 있던 몸의 특징과 사건과 관련된 새로운 특이점이 무엇인지 파악할 수 있도록 상세히

12　『洗冤集錄』권5「驗狀說」, 163쪽.

적게 했다. 이는 사인을 판단하기 위한 직접적인 근거로 사용되는 내용이다. 곧 사체의 앞, 뒤, 좌, 우를 의미하는 '사봉시수四縫屍首'에 대한 자세한 검험의 내용일 것이다. 여기에서는 당시 험장에 들어가야 할 내용을 '경사지硬四地'에 대한 현장 보고와 사체의 '사봉시수四縫屍首'에 대한 검험 내용으로 분류하여 좀 더 상세히 살펴보고자 한다.

1) '경사지硬四地'의 확정 및 현장 보고

송대 주현이 파견한 검험관이 현장에 도착하면, 가장 먼저 '경사지硬四地'를 확정해야 했다. 이는 현장에 대한 철저한 조사를 위해 현장의 사방 경계를 확정하는 것으로, 이에 대해 『세원집록』은 다음과 같이 기록하고 있다.

- 무릇 검험의 현장에 일단 도착하면, 직접 바로 가서 [검험을] 하기 전에, 잠시 바람이 있는 곳에 앉아 안정을 찾고, … 먼저 [사람을 보내] 경사지硬四地를 살펴 기록하게 하고, 연후에 인리人吏들과 함께 가서 검험을 한
- 다.[13]

여기서 언급하는 '경사지硬四地'란 사체가 놓인 곳에서 사방 고정 사물이 있는 곳까지 일정 거리를 의미하며, 육지는 '경사지', 수면 위라면 '연사지軟四地'가 되는 것이다. 현장에 도착하자마자 '경사지'의 경계를 확정하고 살피는 것이 첫 번째 순서가 되는 것이다.

---

[13]   『洗冤集錄』권1 「檢覆總說上」, 16쪽.

당시 검험관들은 사체의 사방 경계에 대한 기록을 매우 중시하였으며, 『세원집록』은 곳곳에서 이와 관련한 언급을 하고 있다. 먼저, 부패한 시체를 검험할 때의 주의사항을 언급할 때도 "사방 거리를 잘 헤아려 기록하라(量割四至)"고 명확하게 제시하고 있고,[14] 또 특별히 사체가 각각 다른 곳에 흩어져 있을 때 역시 주변 파악을 잊지 않게 했다. 먼저, 친족들에게 사체를 확인하게 한 후 "사체가 놓인 곳에서 사방까지의 거리를 자세히 측량한다. … 팔과 다리가 떨어져 있다면 각각의 거리를 잘 헤아려 사체와 얼마나 떨어져 있는지 각각 적는다."[15] 아울러 강, 하천, 연못 등 사방의 거리를 측량하기 어려운 경우에 대해서도 명시하였다. 즉, "사방의 거리를 측량하기 어려운 경우 사체가 어느 곳에 떠 있었는지를 보고, … 연못이나 우물 등 물이 있는 곳인데 [그 물의 깊이가] 치명적인 경우 깊이를 장척丈尺으로 재고, 우물은 사방을 측량하라"[16]고 하였다.

이렇게 사방 현장에 대한 조사 결과를 적은 후 시체의 옷가지 등을 적는다. 검험을 할 때, "먼저 시체의 옷을 벗기고, 혹 여자의 경우 머리 장식을 벗기고, 머리에서 신발까지 하나하나 기록하여 적는다. 혹은 가지고 있었던 짐이 있으면 품목과 수량을 적는다"[17]라고 하여, 본격적으로 시체를 검험하기 전 옷가지 짐 등을 상세히 적었다. 이 기록들은 아

---

14 『洗冤集錄』 권2 「驗壞爛屍」, 63쪽.

15 『洗冤集錄』 권4 「屍首異處」, 114쪽.

16 『洗冤集錄』 권3 「溺死」, 91쪽.

17 『洗冤集錄』 권2 「驗未埋瘞屍」, 59쪽.

마도 수사 과정에 증거 자료로 활용되었을 것이다.

이러한 내용을 통해 보건대, 검험관의 임무는 단지 사인을 밝히는 데만 있었던 것이 아니라 본격적으로 수사가 진행되기 전 사건 현장에 대한 사실 보고 및 망자의 옷가지 및 짐에 대해 기록함으로써 수사와 판결의 증거를 제공하는 역할도 하였던 것이다. 덧붙일 것은, 이러한 '현장보고'에 대한 내용은 '험장'이 '격목' 및 '정배인형'과 더불어 원대元代 '검시법식檢屍法式(시장식屍帳式)'으로 발전될 때 빠진다는 것이다.[18] 원대 '검시법식(시장식)'의 내용을 보면, 사체에 대한 검험 결과는 그 내용으로 들어가 있으나 '경사지硬四地'와 관련한 현장 보고에 대한 내용은 없는 데, 아마도 검험 결과에 대한 보고문서가 '식式'의 형태로 고정되는 과정에서 사체 자체에 대한 검험 내용으로 집중되는 것으로 보이며, 현장 보고에 대한 내용은 다른 형식으로 보완이 이루어졌을 것으로 추정된다.

2) '사봉시수四縫屍首'의 검험 내용

'험장'의 주된 내용은 단연 사체의 검험 결과에 관한 것이다. 사체에 대한 검험 내용을 험장에 쓸 때는 사체의 모든 것을 샅샅이 검사하고 기록하였던 것으로 보인다. 상술한 「험장설」에서 "여러 질병의 증상(諸般疾狀)"을 하나하나 험장에 기록하라고 한 것도 같은 맥락이다.

그렇다면 사체에 대해 하나하나 기록하는 구체적 순서와 방식은 어떠했을까. 이와 관련하여 북송시기 고원상高元常은 살인 사건 수사 과정에서 복검을 한 후 "뒤, 앞, 좌, 우 사면의 모습을 그리니 그 상처를 빠

18　王與, 『無冤錄』 권上 「屍帳式」. 여기서는 『신주무원록』, 122–137쪽 참조.

뜨린 바가 없었다(圖俯仰左右四人狀, 其傷無遺)"[19]고 하였는데, 사체의 '뒤, 앞, 좌, 우'가 바로 검험의 구체적 내용이었던 것으로 추정할 수 있다. 여기서 말한 "뒤, 앞, 좌, 우 사면의 모습"은 남송 시기 『세원집록』에서 송자가 언급한 '사봉시수四縫屍首'와 같은 의미로 보인다. 즉, 사체의 앞, 뒤, 좌, 우를 의미한다. 『세원집록』은 「검시」에서 검험을 할 때 반드시 검사해야 할 항목으로 '사봉시수四縫屍首'를 언급했는데, 이는 아마도 험장의 주된 내용이 되었을 것이다.

◆ 사체의 [검시] 항목은 [다음과 같다.]

정두면正頭面: (상투의 유무) 머리 길이(얼마나 긴지), 정심頂心[정수리], 신문囟門[숨구멍], 발제髮際[두발과 이마가 만나는 부위], 액額[이마], 양미兩眉[두 눈썹], 양안兩眼[두 눈](떴는지 혹은 감았는지, 만약 감았다면 열어서 눈동자가 온전한지 온전하지 않은지), 비鼻[코](두 콧구멍), 구口[입](벌리고 있는지 혹은 다물었는지), 치齒[치아], 설舌[혀](목을 맨 경우, 혀가 치아를 막고 있는지 여부), 해頦[턱], 후喉[인후], 흉胸[가슴], 양유兩乳[두 젖](婦人의 경우 두 유방), 심心[심장], 복腹[배], 제臍[배꼽], 소두小肚[아랫배], 옥경玉莖[음경], 음낭陰囊(순서대로 양신자兩腎子가 온전한지 아닌지 살펴본다. 부인婦人은 산문産門이라 하고, 미혼 여성은 음문陰門이라 말한다), 양각대퇴兩脚大腿[두 다리의 대퇴], 슬膝[무릎], 양각렴인兩脚臁肕[두 정강이], 양각경兩脚脛[종아리], 양각면兩脚面[두 발등], 십지조十指爪[발가락과 발톱].

번신翻身: 뇌후腦後[정수리 뒤], 승침乘枕[뒤통수], 항항項[목뒤], 양갑兩胛[두 어깨뼈], 배척背脊[등뼈], 요腰[허리], 양둔판兩臀瓣[엉덩이](장과杖疤의 유무), 곡도穀道

19　晁補之, 『鷄肋集』 권65 「奉議郞高君墓志銘」, 文淵閣四庫全書影印本.

[큰창자와 항문], 후퇴後腿[다리 뒤], 양곡추兩曲䐐[무릎 안], 양퇴두兩腿肚[장딴지], 양각근兩脚跟[발뒷꿈치], 양각판兩脚板[발바닥].

좌측左側: 좌정하左頂下[왼쪽 정수리 아래], 뇌각腦角[정수리 옆], 태양혈太陽穴 [태양혈], 이耳[귀], 면검面臉[뺨], 경경頸頸[옆 목], 견박肩髆[어깨], 주肘[팔꿈치], 완腕 [팔뚝], 비臂[팔], 수手[손], 오지조五指爪[손가락과 손톱](모두 있는지 혹은 아닌지, 주먹을 쥐었는지 혹은 아닌지), 곡액曲腋[겨드랑이], 협륵脅肋[겨드랑이 아래 갈비 뼈], 고胯[사타구니], 외퇴外腿[다리], 외슬外膝[무릎], 외렴인外臁肕[정강이], 각과 脚踝[발 복사뼈].

우측右側: 역시 위와 같다.

- 사봉시수四縫屍首는 반드시 직접 가서 검험한다.[20]

'사봉시수四縫屍首'는 검험관이 반드시 검험해야 하는 항목이었으며, 한 곳이라도 빠짐없이 검험하기 위해 각각의 중요 부위를 하나하나 언급했다. 앞면은 머리부터 발끝까지, 뒷면은 머리 뒤 목뒤부터 등, 허리, 다리 뒤, 발 복사뼈까지, 좌우측은 머리의 옆면, 팔, 다리의 옆 부분 등을 언급하였다. 또한 당시 검험이 끝나고 나면 검험의 현장에서 '오작항인作作行人' 등으로 하여금 검험의 결과를 읊게 하였는데, 이는 피해자 가족들 및 당시 관련자들에게 공개적으로 검험 결과를 알리는 것이며, 또한 글자를 알 수 없는 자들을 위한 조치였다. 『세원집록』은 이 절차에 대해 다음과 같이 기록하고 있다.

20   『洗冤集錄』 권2 「驗屍」, 43쪽.

◆ 검험이 끝나면, 오작항인作作行人에게 사봉시수四縫屍首를 읊으라고 한
다. 다음과 같이 말한다. 사체를 위로 누이고 머리부터 읊는다. 정심頂
心, 신문囟門이 온전하고, 액額이 온전하며 양액각兩額角이 온전하고, 양
태양兩太陽이 온전하며 양안兩眼, 양미兩眉, 양이兩耳, 양시兩腮, 양견兩肩
이 모두 온전하다. 흉胸, 심心, 제臍, 복腹이 온전하고, 음신陰腎이 온전하
며, 부인婦人은 산문産門이 온전하다 말하고, 미혼 여성은 음문陰門이 온
전하다고 말한다. 양비兩髀, 요腰, 슬膝, 양렴인兩臁肕, 양각면兩脚面, 십지
조十指爪 모두 온전하다. 좌수비左手臂, 주肘, 완腕 및 지갑指甲이 온전하
며 좌륵左肋 및 협脅이 온전하며, 좌요左腰, 고胯 그리고 좌퇴左腿, 각脚이
모두 온전하다. 오른쪽도 이와 같다. 사체를 반대로 누이고, 뇌후腦後,
승침乘枕이 온전하며, 양이兩耳 뒤 발제髮際에서 항項에 이르기까지 온전
하며, 양배갑兩背胛에서 척脊에 이르기까지 온전하다. 양요안兩腰眼, 양둔
兩臀 및 곡도谷道가 온전하고, 양퇴兩腿, 양후兩後, 양퇴두兩腿肚, 양각근兩
◆ 脚跟, 양각심兩脚心이 모두 온전하다.[21]

　오작항인作作行人이 검험결과를 읊을 때도 역시 위에서 언급한 사봉
시수四縫屍首의 순서대로 검험 결과를 말했다. 사체의 앞면을 먼저 읊은
연후 앞으로 놓인 그 상태에서 좌측을 먼저 읊고 그 후 우측을 그리고
반대로 누이어 뒷면을 읊는다. 아마도 오작이 읊는 이 내용들이 험장에
모두 자세히 기록되었을 것이다. 담당 수사관은 이러한 내용이 기록된
험장을 보고 구체적인 사인을 판단해 범인 체포와 재판을 시행했을 것

21　『洗冤集錄』권2「驗屍」, 43쪽.

으로 보인다.

이러한 험장이 판결에 활용되는 몇몇 사례를 통해 우리는 당시 험장에 기록된 사봉시수四縫屍首에 대한 내용이 판결 현장에서 어떻게 다양한 정보를 제공해 주는지 확인할 수 있으며, 이로써 험장 내용이 얼마나 자세했는지 더불어 파악할 수 있다.

◆ 도관都官 구양엽歐陽曄은 지단주知端州로 있을 때, 계양감桂陽監의 백성이 배를 가지고 서로 다투다 죽어 옥사가 오랫동안 해결되지 못하고 있었다. 엽은 죄수를 불러다 관청에 앉게 하고, 그 차꼬와 수갑을 풀어 주어 음식을 먹게 하였다. 마치고 모두 옥사로 돌려보낸 후 한 사람만 남게 하였다. 남은 자의 얼굴색과 거동을 관찰하며 엽은 말하기를, "살인자는 너다." 죄수는 이유를 몰랐다. 엽이 말하기를, "내가 먹는 자들을 보니 모두 오른손으로 숟가락을 들었는데, 유독 너 혼자 왼손이었다. 지금 죽은 자는 오른쪽 갈비뼈를 다쳤다. 이는 네가 그를 죽인 게 분명한 것이다." 죄수가 울며 "내가 죽였다. 감히 다른 사람이라 둘러댈 수가 없다"
◆ 라고 하였다.[22]

송 진종眞宗(997-1022 재위) 시기 진사가 되었던 구양엽歐陽曄은 사체의 오른쪽 갈비뼈의 상흔을 보고 범인을 찾아낸 것이다. 이 사례는 송대 선화宣和 6년(1124) 진사가 되어 남송南宋(1127-1279) 초 관직 생활을 했던 정극鄭克이 춘추 전국 시기부터 북송까지의 명 판례들을 모아 지방관들

---

22 鄭克 著, 劉俊文 譯注点校, 『折獄龜鑑譯注』 권6 「歐陽曄視食」, 上海古籍出版社, 1988, 370쪽.

이 참고할 수 있도록 펴낸 『절옥귀감折獄龜鑑』에 수록되었는데, 정극이 역대 명판관의 범죄 수사 안건을 모으면서 느낀 소회나 생각들을 첨가하고 있어 주목할 만하다.[23] 위의 안건에 대해서도 정극은 자신의 견해를 제시하였는데, 구양엽의 판결을 칭찬하며 다음과 같이 말했다.

- 엽은 이미 그 험장에서 오른쪽 갈비뼈[右肋]에 상처가 나서 죽었다고 돼 있는 것을 본 것이다. 이에 음식을 먹게 하고 그 사용하는 손을 보았던 것이다. 저가 홀로 왼손으로 숟가락을 잡으니 그가 바로 살인자인 것이
- 다. 이로써 증명을 삼으니 [범인] 스스로도 어찌할 수 없어 ….[24]

정극의 말에 의하면, 오른쪽 갈비의 상처에 대한 험장의 자세한 기록이 곧 수사의 실마리를 풀어 준 것이다. 험장은 사체와 관련된 모든 내용을 적고 있었고, 특히 사인을 직접적으로 설명해 주는 자료이기에 다양한 측면에서 수사의 자료로 활용될 수 있었다.

'사봉시수四縫屍首'의 여러 특징 및 상처 등에 대해 험장은 매우 상세히 기록하고 있었던 것으로 보인다. 이에 대해 『세원집록』은 검험을 하는 과정에서 험장에 반드시 써야 하는 내용들에 대해 따로 언급해 두기도 하였는데, 무엇보다도 온몸에 난 상처들을 잘 살피라고 강조하였다.

---

23 『折獄龜鑑』은 鄭克이 춘추 전국 시기부터 북송 大觀, 政和 연간까지의 案例를 모아 놓았다. 또한 그는 '按'이라고 명시하여 자신의 분석과 해석을 첨가하였다.

24 『折獄龜鑑』 권6 「歐陽曄視食」, 370쪽.

◆ 사체의 신체 어느 부위에 문신[雕靑]이 있는지 뜸의 흉터[炙瘢]가 있는지, 새
로운 상처인지 아니면 옛날부터 있었던 흉터인지, 고름이 나고 피가 난
곳이 있는지, 모두 몇 군데인지 살핀다. … 어느 부위에 현재 썩고 있는
상처가 있다면 반드시 크기를 헤아리어 재며, … 만약 없다면, 이 역시
◆ 적는다.[25]

온몸에 문신이나 흉터가 있는지 없는지 살피게 하는데, 그 상처와 흉
터가 원래 있었던 것인지 혹은 최근에 생긴 것인지 직접적인 사인의 가
능성 여부를 살피는 것이다. 특히 현재 썩고 있는 상처에 대해서는 상
처의 크기를 재라고 돼 있어서 험장의 기록이 얼마나 상세한지 추정할
수 있다. 구타의 경우도 일일이 상처를 확인하는 작업을 강조하였다.
'타물他物'로 때린 경우, 상처의 크기를 보고 무기인 타물의 크기를 비
정하고 측량하라고 하였으며,[26] "상처의 크기를 보고, 몇 촌인지 확인한
후" 치명적이었는지 확인하라고 언급하였다.[27] 크기와 그 깊이를 측량
하여 사인과 어떤 직접적인 연관이 있는지 확인하게 하는 것이다.
검험의 과정에서 상처의 크기와 깊이의 측량이 얼마나 중요했는지는
다음 사례를 통해 확인할 수 있다. 역시 북송 진종眞宗시기 지복주知福
州였던 왕진王臻은 한 살인사건을 수사했다.

25 『洗冤集錄』권2「驗未埋瘞屍」, 59쪽.

26 『洗冤集錄』권4「他物手足傷死」, 99쪽.

27 『洗冤集錄』권4「他物手足傷死」, 100쪽.

◆ 간의대부諫議大夫 왕진王臻이 지복주知福州로 있을 때, 어느 민인閩人이 복수를 하려고 어떤 사람에게 먼저 야갈野葛을 먹이고 나서 싸우게 하여 [복수를 하고자 한] 그 사람 집에서 죽게 하여 마침내 그를 무고하였다. 진臻이 묻기를, "그 상처가 과연 치명적이었냐?" 이에 서리가 험장을 가져와 말하기를, "상처는 깊지 않습니다"라고 하였다. 진臻이 의심이 들어 고소
◆ 한 자를 불러 심문하니 이에 그 사실을 밝혀낼 수 있었다.[28]

왕진은 진종眞宗 및 인종仁宗 시기 관직생활을 했던 자로,[29] 명판결을 내리기로 이름이 알려진 이다. 그의 재판에서 우리는 사사로운 원한 관계에서의 싸움과 그로 기인한 무고 사건을 해결하는 과정에서 해결의 실마리로 험장이 활용되었음을 볼 수 있다. 특히 그가 보았던 험장에서 상처의 깊이를 세세히 기록하고 있었기에, 당시 왕진은 그 상처가 직접적인 사인이 되지 못함을 판단할 수 있었다. 이러한 사례를 통해 당시 험장의 내용에 상처 부위의 크기와 깊이에 대한 상세한 기록이 있었고 이것이 수사에 적극 활용되고 있었음을 확인할 수 있다.

험장이 반드시 사인을 밝혀 주지는 않더라도 분명 재판관이 사인을 확정하는 데 중요한 자료를 제공하고 있었던 것이다. 이에 『세원집록』은 "분명히 사체에 구타 상흔이 있는데 더욱 사인을 확정할 수 없다면 각 정황을 하나하나 험장에 기록한다"고 하였다.[30] 이러한 험장은 사건

28　『折獄龜鑑』권3「王臻問傷」, 139쪽.

29　『宋史』권302「王臻傳」, 10009-10010쪽.

30　『洗冤集錄』권1「疑難雜說上」, 27쪽.

수사에서 중요한 자료로 활용되어, 정극은 다음과 같이 말한 바 있다. "험장에는 반드시 의심할 만한 것이 있어 진실로 능히 조사하고 이치로서 끝까지 추궁하면, 저가 비록 간사한들 어찌 도망을 갈 수 있으랴!"[31] 즉, 험장을 상세히 보다 보면 반드시 의심할 만한 것을 찾을 수 있다고 강조하면서 재판관이 험장을 중요하게 살펴야 함을 강조했다.

3 정배인형正背人形의 시행

남송대에 이르면 험장과 더불어 '정배인형正背人形'이라는 인체 모형도에 검험 결과를 표기하여 함께 보고하는 방식이 시행된다. 송대 검험 제도의 운영의 실제를 살펴보면 현장에서 많은 문제점들이 나타났고, 이러한 문제점들을 보완하는 과정에서 검험제도는 더욱 세밀하게 보완되었는데, 험장의 한계를 보완하는 '정배인형'의 시행 역시 이 과정을 잘 보여 준다.

남송 가태嘉泰 원년(1201)의 신료들이 올린 상소를 보면 당시 각 지방에서 살상죄 사건의 수사를 진행할 때 나타나는 많은 병폐들을 일목요연하게 정리하고 있다. 이를 살펴보면 가정嘉定 4년(1211)의 '정배인형'의 시행도 이러한 병폐들을 해결하는 과정에서 나온 하나의 대안이었다고 판단된다.

◆ 근래 대벽행흉지인大辟行凶之人이 생기면 인보鄰保는 그에게 자진自盡을

---

31 『折獄龜鑑』 권6「張式窮詰」, 323쪽.

강요하거나 혹은 그로 하여금 피해자 집안을 설득해 그들에게 뇌물을 주게 하여 관에 고발하지 못하게 했다. 일찍이 그 이유를 찾아보니, 가장 먼저 보갑保甲이 검험檢驗의 비용을 걱정하고, 증좌를 대야 할 귀찮음을 피하는 것이다. 그 다음으로 순위巡尉가 검복檢覆을 꺼려 하는 것이며, 그 다음으로 현도縣道가 추국 심문하여 사건을 해결하기를 꺼려 하는 것이다. … 청컨대, 지휘指揮를 내려 무릇 살상이 일어난 곳에서 만약 도보都保가 이를 관에 보고하지 않고, 주현이 관원을 파견해 검험하지 않고, 가족들이 뇌물을 구해 사사로이 합의를 보는 경우, 여러 사람들에게 고발 자수를 하게 하여 모두 법에 따라 추국하고 다스릴 것을 허락해 주십시오. 뇌물을 주고 타협을 구했던 이들은 모두 그 받은 뇌물에 따라 죄를 논하여 주십시오.[32]

먼저 마을의 도보都保들, 검험을 해야 하는 주현 관원(여기서는 '순위巡尉'), 추국 관원 모두 그 업무를 피하고 꺼려 하는 경향 아래 제대로 검험을 시행하지 않는 병폐를 지적하고 있다. 이러한 분위기 속에서 강서江西 제점형옥 서사도徐似道는 가정嘉定 4년(1211) '정배인형'의 시행을 주장하였고, 그가 올린 상주에는 그 실시 배경을 더욱 구체적으로 적고 있다.

사형을 선고하는 옥사에 대한 추국은 검시檢屍에서부터 시작한다. 그 과정에서 검험관은 가벼운 것을 무겁게 말하고, 있는 것을 없다고 하여 잘

---

32 『宋會要輯稿』「刑法六·檢驗」, 709쪽.

못되고 어긋남이 있게 된다. 이런 이유로 서리들의 간악함이 사람의 죄를 마음대로 들고 남이 있게 하니 폐단과 요행이 자주 발생한다. 인명이 관계된 일이니 어찌 이로움과 해로움을 살피지 않을 것인가![33]

서사도는 서두에 "추국은 검시에서부터 시작한다"고 하여 검시의 중요성을 언급한 후 검험 과정에서 일어나는 많은 폐단을 언급하였다. 검험 과정에서 종종 발생하는 서리들의 부정행위들, 특히 가벼운 죄를 무겁다 하고 무거운 죄를 가볍게 만드는 폐단을 지적하였다. 결국 사형선고의 근거가 되는 검시의 과정을 더욱 신중히 하여 서리들의 부정이 개입될 여지를 더욱 줄이겠다는 의도로 보이며, 이것이 바로 '정배인형'의 실시 배경이었다. 구체적 대안으로 그는 다음과 같은 방법을 제시하였다.

제가 보건대, 호남湖南, 광서廣西의 제점형옥사는 현재 정배인형正背人形을 간행하여 격목格目과 함께 검험 관사에 배포한다. 상처가 있는 부분들은 양식에 따라 붉은색으로 횡사곡직橫斜曲直을 표하게 하여, 검험을 한 후 상혼을 읊으면서 무리로 하여금 그 표시한 도판을 함께 보게 한다. 무리 중 다른 의견이 없으면 압을 한다. … 각 제점형옥사에게 이 양식을 널리 배포해서 일체 시행하게 해 주십시오.[34]

---

33 『宋會要輯稿』「刑法六·檢驗」, 709쪽.

34 『宋會要輯稿』「刑法六·檢驗」, 709쪽.

서사도는 '정배인형'의 사용을 건의할 때, 이미 호남湖南과 광서廣西에서 시행하고 있던 것을 전국적으로 확대 시행하자고 제안하였다. 여기서 우리는 광서廣西 지역에 대해 주목해 볼 필요가 있다. 광서지역은 북송 경력慶曆 연간(1041-1048) 구희범區希范 등 반란 사건이 있었던 지역이고, 반란의 무리들을 처형하는 과정에서 잔혹하게 형벌을 가하였는데, 그들을 사형시킨 후 그 시체를 해부하여 화공 송경宋景 등에게 이를 그리게 하였다. 이렇게 그려진 '구희범오장도區希范五臟圖'는 지금은 전해지지 않지만 몇몇 문헌에서 부분적으로 이를 언급하고 있고, 아울러 이후 사주泗州에서 사형시킨 죄수의 시체를 해부하여 그린 '존진환중도存眞環中圖'는 '구희범오장도'를 기본으로 하여 수정 보충한 것이라 알려져 있다.[35] '구희범오장도'가 나온 광서廣西의 특정 지역 분위기가 검험 제도의 운영에 있어서도 '정배인형'을 활용할 수 있도록 하게 한 것은 아닌지 그 맥락을 추정해 볼 수 있다.

서사도의 주장은 각 노에 '정배인형'을 배포하여 오작 등이 검험결과를 청중들 앞에서 읊을 때 이 도판 자료를 활용하게 하자는 것이었다. '정배인형'에 치명적 사인이 되었던 부분을 붉은색으로 표시하여, 사람들에게 표시 결과를 보이게 한 후, 아무런 이의가 없으면 이에 서명을 하고 제출하자는 것이다. '정배인형'을 시행하면, "서리들이 간악하게 행동하기 어렵게" 될 것이며, "우매한 백성들도 알기에 쉬워 만약 [사실과] 다른 부분이 있다면 사람들로 하여금 바로 그 소속 관사에 고소할

---

35 區希范五臟圖와 관련하여, 岡野誠 著, 周建雄 中 譯, 「北宋區希范叛亂事件和人體解剖圖的産生」, 『法律文化硏究』 3, 北京: 人民大學出版社, 2007, 185-209쪽.

것을 허락"하자고 하였다.[36]

결국 그가 제시하고자 했던 것은 '정배인형'을 전국에 배포하여 검험 결과를 인체 모형도에 표시하여 만인 앞에 공개하라는 것이다. 이는 시행되었고, 형부와 대리시가 그 구체적 시행을 맡았다. "형부는 곧 이미 간행된 정배인형의 양식을 찾아 참고하고, 대리시는 호남제형사에게 그 격식을 좀 더 상세히 보충하게 한 후, 각 노의 제점형옥사에게 [이를] 따라 시행하게 하였다."[37] 아마도 호남지역에서 사용했던 것이 더 적합했었는지 호남제형사에게 격식의 보충을 맡겼고, 그 연후 전국에 이를 배포하여 일괄적으로 사용하게 하였다.

남송 가태嘉泰 초년(1201)의 분위기, 즉 살인사건을 추국하는 각 절차 상에서 나타난 문제, 예를 들면 지역 보갑 등이 살인사건을 제대로 보고하지 않거나 주현이 파견한 검험관원이 검험을 꺼려 하거나 주현이 추국을 제대로 시행하지 않아 결국 피해자 가족들도 차라리 합의금을 챙기려는 쪽을 택하게 된 여러 분위기 속에 살인 사건의 제대로 된 추국을 위해 시행하게 된 '정배인형'의 실시는 검험결과를 만인 앞에 더욱 공개하게 함으로써 검험의 절차를 제대로 운행할 수 있도록 하고 서리, 오작 및 하급 실무자들의 부정의 여지를 없애 그 공정성을 보장하게 했다.

당시의 '정배인형'의 실제 모습은 현재 남아 있는 것이 없으므로 구체적으로 이해하기 어렵다. 그러나 송대 『세원집록』을 바탕으로 원대 출간된 『무원록』의 여러 판본 및 『세원집록』을 기본으로 하여 청대 새로

---

36   『宋會要輯稿』「刑法六 · 檢驗」, 709~710쪽.

37   『宋會要輯稿』「刑法六 · 檢驗」, 706쪽.

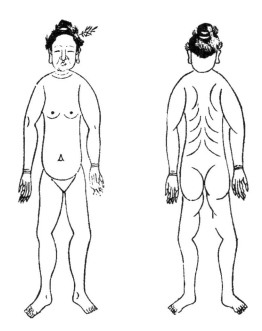

그림 1 『원전장』형부 권5 「검험법식」의 첨부 그림, 대덕大德 8년(1304)[38]

수정 보충된 『세원록상의洗冤錄詳議』 등에서는 '정배인형'을 첨부하고 있어 이를 통해 우리는 송 가정 4년(1211)의 모습을 추정해 볼 수 있다.

송대 검험 문서들은 원대에 이르러 더욱 정비되는 모습을 보이는데, 상술한 대로 『원전장』에 수록된, 대덕大德 8년(1304)에 반포된 '검시법식檢屍法式' 또는 지대至大 원년(1308) 왕여가 『무원록』을 편찬할 때 실었던 '시장식屍帳式'은 송대 검험 문서인 험장, 격목 그리고 '정배인형'이 합쳐진 것이라 볼 수 있다.[39] 이에 우리는 『원전장』과 『무원록』에 실린 '정배

---

38   도판 출처: 陳高華, 張帆 等 點校, 『元典章』, 中華書局, 天津古籍出版社, 2012, 1480-1481쪽.

39   余德芹, 「元朝法醫檢驗制度初探」, 『貴陽中醫學院學報』2009-1, 9-10쪽. 이 논문은 송대의

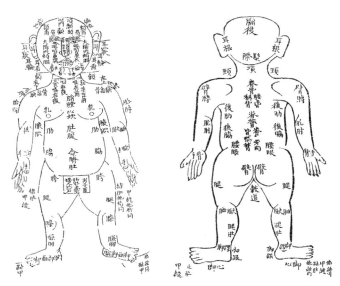

그림 2 『신주무원록』권상「격례·시장식」, 지대至大 원년(1308)[40]

인형'을 밑바탕으로 삼고『세원집록』의 '사봉시수四縫屍首'의 각 항목을 대입하여 송대 시행되었을 것으로 추정되는 '정배인형'을 추정해 낼 수 있다.

우선, 〈그림 1〉은『원전장』에 실린「검시법식」에 첨부된 도판으로 이역시 '정배인형'의 한 형태일 수 있겠다. 그러나 이는 매우 소략한 형태이다. 至大 원년(1308) 왕여가『무원록』을 편찬할 때 실었던 '시장식屍帳式'에는 좀 더 상세한 '정배인형'(〈그림 2〉)이 실려 있어 우리의 주목을 끈다.

험장, 격목, 정배인형이 원대에 이르러 하나의 형식으로 통합되는 경향을 간략히 언급하였을 뿐이다. 양자의 연속성과 차이성에 대해서는 상세한 연구가 필요할 것으로 보인다.

40 도판 출처:『신주무원록』, 124, 130쪽.

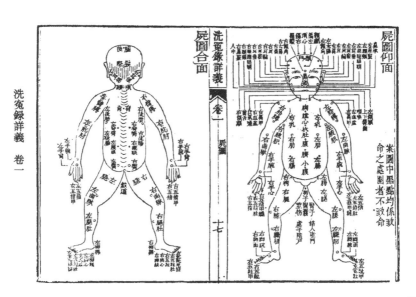

그림 3　『세원록상의』「검험정배인형도」, 광서光緖 3년(1877) 호북번서중간본湖北藩署重刊本[41]

　〈그림 2〉에서 주의할 점은, 원대 '검시법식檢屍法式(또는 시장식屍帳式)'의 본문 내용을 보면 역시 '사봉시수四縫屍首'에 해당하는 사체의 부위에 대해 하나하나 언급하고 있는데, 『세원집록』과는 달리 앙면仰面, 합면合面, 즉 앞, 뒷면으로만 나누어 언급하고 있고, 좌, 우 측면에 대한 언급이 없다.[42] 좌, 우 측면은 앞면을 설명할 때 모두 나열하고 있어서, 이 역시 송대 험장이 원대 '검시법식(또는 시장식)'으로 변화되는 과정에서 정리된 것이라 보인다. 즉, 4면을 2면으로 줄인 것이다. 이에 따라 원대 〈그림 2〉의 '정배인형'은 '앙면'과 '합면'으로 분류되어 '사봉시수四縫屍首'를 하

41　도판 출처: 『洗冤錄詳義』, 續修四庫全書本, 347쪽.

42　『元典章』, 1480-1481쪽; 『신주무원록』, 124-133쪽.

나하나 적고 있다.

그런데 주목할 것은 청대 『세원집록』을 바탕으로 청대의 당시 상황에 맞는 내용과 관련 판례를 보충하여 출판된 『세원록상의洗冤錄詳議』에서 첨부한 '정배인형'은 원대 『무원록』의 '정배인형'과는 사뭇 달라 우리의 주목을 끈다(〈그림3〉).

청대 편찬된 『세원록상의』는 송대의 『세원집록』의 내용을 기반으로 수정 보충한 것으로 여기에 첨부된 '검험정배인형도'는 원대 '검시법식(시장식)'에 비해 『세원집록』의 내용과 훨씬 더 부합하고 있는 부분들이 있다. 이 도판은 비록 광서光緒 3년(1877)에 판각된 판본에 실린 것이지만, 송대 사용된 '정배인형'을 복원하는 데는 적지 않은 정보를 제공해준다.

우선, 『세원록상의』에 첨부된 것은 '검험정배인형도檢驗正背人形圖'라는 명칭으로 소개되어 있는데, 이는 송대 서사도의 건의로 시행되었을 때의 정식 명칭인 것으로 추정가능하다. 물론 서사도는 그의 상소문에서 '정배인형'이라 칭하고만 있지만 『문헌통고』의 관련 기록을 보면, "가정 4년(1211) 조詔를 내려 호남 및 광서에서 판각 인쇄한 '검험정배인형도檢驗正背人形圖'를 여러 노路의 제점형옥사提點刑獄司에게 반포하라"고 기록되어 있다.[43] 즉, 당시 조정이 반포한 조에서는 '검험정배인형도檢驗正背人形圖'라고 칭하였던 것으로 보인다.

또한 그 내용을 보면, 역시 '시도앙면屍圖仰面'과 '시도합면屍圖合面'으

---

43 馬端臨, 『文獻通考』 권167 「刑制」, "嘉定四年, 詔頒湖南·廣西刊印「檢驗正背人形圖」 於諸路提刑司.", 新興書局影印本, 1950, 考1455.

로 둘로 나뉘긴 했지만 '시도앙면屍圖仰面', 즉 앞면에 쓰인 명칭들을 보면 '좌, 우 측면'을 명확히 표기하고 있으며, 이에 대한 내용도 매우 상세함을 알 수 있다. 이는 원대 '검시법식(시장식)'의 본문 내용 및 도판에서 '앙면仰面'과 '합면合面'의 두 부분을 기준으로 인체 부위를 설명해 놓은 것과는 확연히 다른 것으로서, 분명 좌, 우측에 대한 세심한 기록을 하고 있음을 볼 수 있다.

또한, '검험정배인형도'에는 "그림에서 검은색 점은 모두 치명지처致命之處이며, 고리점은 불치명不致命이다"라고 쓰여 있다. 이는 『세원집록』「검시」에서 '치명致命'이라 밝힌 부분과 거의 흡사하다. 송자는 『세원집록』에서 다음과 같이 언급한 바 있다.

◆ 정심頂心, 신문囟門, 양액각兩額角, 양태양兩太陽, 후하喉下, 흉전胸前, 양유兩乳, 양협륵兩脅肋, 심心, 복腹, 뇌후腦後, 승침乘枕, 음낭陰囊, 곡도穀道는 모두 중요하고 치명적인 곳이다(부인婦人의 경우 음문陰門과 두 내방奶膀을 본다). 이 중에 만약 한 곳이라도 중요한 곳에 상흔이나 손상된 곳이 있다
◆ 면, 혹 치명적이지 않아도 곧 오작仵作에게 지정하여 읊게 한다.[44]

여기서 나열한 "중요하고 치명적인 곳"을 살펴보면, 『세원록상의』에 수록된 '검험정배인형도'의 검은 점과 거의 일치한다. "중요하고 치명적인 곳"에 대한 주목 및 이를 강조한 것 역시 『세원록상의』의 주된 바탕이 『세원집록』이었다는 사실을 말해 주고 있는 듯하다.

---

44   『洗冤集錄』권2「驗屍」, 43쪽.

어찌되었든 가정嘉定 4년(1211) 서사도는 '정배인형'의 시행을 언급하면서 "검험을 한 후 상흔을 읊을 때, 무리로 하여금 그 표시한 도판을 함께 보게 하라"고 하였고, 송자의 『세원집록』「검시」에는 오작항인作作行人에게 말해야 하는 순서를 하나하나 열거하였으며,[45] 또한 검험을 할 때 살펴야 하는 '사봉시수'의 각 부위의 명칭을 나열하였는데,[46] 이들 신체의 각 명칭을 원대 '시장식屍帳式'의 도판 자료 및 청대 『세원록상의』에 수록된 '검험정배인형도'의 인체 모형에 그대로 기입을 하게 되면, 송대 서사도가 건의하였을 당시 시행되었을 것으로 추정되는 '정배인형'의 모습을 쉽게 상상할 수 있을 것이다.

『세원집록』의 기록을 근거로 할 때 서사도 건의 당시 오작은 사체의 4면을 앞, 좌, 우, 뒤의 순서로 읊었을 것으로 보이며,[47] 이를 통해 추정컨대 송대의 '정배인형'은 2면 기준인 원대 '시장식'보다는 형식면에서 『세원록상의』에 수록된 4면 기준인 '검험정배인형도'와 더욱 유사할 것으로 보이며, 양자를 비교해 보면 각 신체 부위에 명시된 명칭의 수가 송대는 좀 더 적었을 것이라는 것 외에 큰 차이는 없을 것으로 추정할 수 있다. 무엇보다도 원, 명, 청대에 걸쳐 사용되는 '정배인형'의 기본 형태가 이미 남송 후기부터 사용되었다는 사실은 매우 자명해 보인다.

남송 가정嘉定 4년(1211)은 북송 초부터 검험 결과의 보고서로 쓰인 '험장' 및 순희淳熙 원년元年(1174) 시행된 '격목'과 더불어 '정배인형'이 시

---

45 『洗冤集錄』 권2 「驗屍」, 43쪽.

46 『洗冤集錄』 권2 「驗屍」, 43쪽.

47 69쪽, 주 21) 인용문에서 오작이 읊는 순서 참조.

행된 시기로, 이 세 문서의 결합이 곧 원대 '검시법식檢屍法式(또는 시장식屍帳式)'으로 발전되는 것으로 볼 때, 이 시기는 매우 중요한 시기라 여겨진다. '정배인형'은 도판으로 검험결과를 보여 줌으로써 검험결과를 더욱 용이하게 공개하여 부정의 개입 여지를 차단하고, 글을 모르는 망자의 가족 및 증인들이 더욱 쉽게 검험 결과를 이해할 수 있게 하여 검험절차를 더욱 공정하고 개방적으로 운영하는 데 큰 역할을 했을 것이다. 원대 및 명, 청 시대까지 활용되는 '정배인형'은 송대 이미 그 기본적인 형태를 이루었을 것으로 보이며, 이후 시대로 갈수록 표기하는 신체 부위의 명칭이 좀 더 세밀해지고 정교화되는 정도의 발전을 보인 것으로 이해할 수 있다. 또한 청대 『세원집록』을 바탕으로 보충 수정된 『세원록상의』 등은 『세원집록』의 내용과 더욱 부합하는 면이 있기에 여기에 실린 '검험정배인형도'가 『무원록』에 실린 도판에 비해 송대 '정배인형'의 구체적 형태와 더욱 유사할 가능성도 배제할 수 없다.

4 무빙복검장無憑覆檢狀: 검험 불가의 상황 보고

송대 검험 제도를 운영하는 과정에서 파견 검험관은 여러 가지 이유로 도저히 검험을 할 수 없는 각종 상황에 맞닥뜨리게 되었다. 중요한 것은 이런 경우에도 보고서를 올려 검험을 할 수 없다는 결과를 소속 기관에 보고해야 했다. 즉 송 조정은 검험을 할 수 없는 결과 보고 역시 문서로 이루어지게 함으로써 검험제도의 운영을 정확히 하고자 했으며, 이 규정은 대체로 남송 후기에 정비된 것으로 보인다.

이와 관련하여 먼저 『세원집록』의 「조령條令」에 실린 한 규정을 주목할 수 있다.

◆ 파견을 받아 검험을 하러 갈 때, [명을 받은 후 도착까지] 거리와 기간이 오
   래 걸리지 않은 상황인데도 쉬이 사체가 부패하여 검험을 못한다고 말
   한다면 검험을 해야 하는데도 하지 않은 죄로 처벌한다(순우淳祐 연간 심의
◆ 결정한 것이다).[48]

　사체가 부패하여 검험을 하지 못한다고 헛되이 보고를 하는 것에 대
한 처벌 규정을 담고 있는 이 규정은 이종理宗 순우淳祐(1241-1252) 연간
제정된 것이다. 그러니 『경원조법사류』에는 수록되어 있지 않으며, 『송
회요집고』는 『이종회요理宗會要』를 수록하고 있지 않기에 오직 『세원집
록』에서만 볼 수 있는 규정이다. 송자는 『세원집록』 「조령」에서 순우 연
간의 첨가된 규정을 수록하여 지방관들이 이를 유념하도록 하게 한 것
이다. 이 규정을 통해 남송 말기 함부로 검험 불가라 칭하는 검험 관원
들에 대한 단속과 정비가 있었음을 알 수 있다. 『세원집록』은 검험불가
의 보고에 대한 지침을 곳곳에 하고 있는데, 아마도 남송시기 정비된
내용이라 볼 수 있겠다.

　대체로 검험을 할 수 없는 상황은 사체의 부패 정도가 심한 경우였
다. 간혹 불에 탄 경우 사체가 존재하지 않아 검험할 수 없는 경우도 있
었다. 당시 조정은 각각의 상황에 대한 규정을 두었을 수 있지만, 명확
한 법률 규정은 보이지 않는다. 다만 『세원집록』의 기록을 통해 어떤 경

48　『洗冤集錄』 권1 「條令」, 3쪽.

우든지 "검험을 할 수 없다(無憑檢驗)"는 보고를 올려야 했음을 알 수 있다. 『세원집록』은 이와 같은 상황에 대한 상세한 기록을 하고 있다.

먼저 초검일 때를 보면, 『세원집록』은 초검은 '검험 불가'의 보고를 해서는 안 된다고 강조했다. 즉 "초검은 '사체가 부패하여 검험에 임할 수 없다'라고 칭할 수 없고 반드시 치명적인 사인을 확정해야 한다"고 언급하였다.[49] 그러나 초검이라 하더라도 화재를 당해 사체가 남아 있지 않은 경우는 갖추어 보고할 수 있었다.

◆ 만약 시체가 불에 다 타서 재만 남아 뼈도 남지 않았다면 항인行人과 이웃들로 하여금 증명을 쓰게 한다. "이 시체는 화재로 탔거나 혹은 다른 이의 방화로 태워졌거나 하여 골육이 존재하지 않아 확실히 검험을 할
◆ 수 없다"라고 쓴다. 그리고 갖추어 보고한다.[50]

화재로 인해 사체가 남지 않아 검험이 불가한 경우 역시 장狀을 갖추어 보고하는데, 항인行人 및 이웃들로 하여금 그 상황을 써서 증명하게 하였다. 또한 그 내용 역시 "골육이 존재하지 않아"라고 구체적 내용까지 포함하며, 이 보고가 문서로 이루어진다는 점이 중요해 보인다.

복검의 경우는 초검에 비해 사체가 부패하여 검험이 불가한 경우가 더욱 많았던 것으로 보이며, 이와 관련한 언급은 『세원집록』에도 자세히 보인다.

---

49   『洗冤集錄』권2「初檢」, 39쪽.

50   『洗冤集錄』권4「火死」, 115쪽.

- 복검을 할 때, 시체가 여러 날이 지나 머리와 얼굴이 붓고 팽창하고, 피부와 머리카락이 없어지고 혀와 입이 뒤집어져 나오고 눈이 튀어나왔고, 구더기가 생겨 확실히 부패하여 손을 쓸 수 없다면, … '복검불가의
- 보고서(無憑覆檢狀)'를 작성해 보고한다.[51]

초검과 달리 복검의 경우는 흔히 검험불가의 상황이 종종 발생하였기에 '무빙복검장無憑覆檢狀'을 자주 올려야 했을 것이다. 중요한 것은 "머리와 얼굴이 붓고 팽창하고, 피부와 머리카락이 없어지고 혀와 입이 뒤집어져 나오고 눈이 튀어나왔고" 등을 상세히 써야 했던 것이다. 이 증상들은 전형적인 부패의 증거들로 아마도 이러한 내용이 '무빙복검장'에 하나하나 갖추어 있어야 했던 것으로 보인다.

'무빙복검無憑覆檢'을 보고하는 순서와 그 내용을 더욱 구체적으로 보면 아래와 같다.

- 무릇 [파견명령이 쓰인] 첩牒을 받아 다른 현에 복검을 하러 가야 하는 경우, 먼저 첩牒을 받은 시간, 출발 시간을 적은 장狀을 준비하여 소속 관사에 올린다. … 만약 시간이 흘러 시체가 부패하여 검험을 할 수 없다면 오작항인作作行人 등에게 공동으로 장狀을 써서 설명하게 한다. 시체의 머리, 이마, 입, 눈, 코, 인후 등에서 아래 위로 심장, 배, 아랫배, 손, 발 등 부위까지 온몸이 팽창 부패하여 구더기가 생겨 이미 검험할 수 없다고

51　『洗冤集錄』권2「覆劍」, 41쪽.

◆ 쓴다.[52]

　먼저, 복검의 경우 의례로 하는 "첩牒을 받은 시간 및 출발 보고서(承牒時辰, 起離前去事狀)"를 갖추어 올린다. 그리고 이는 복검 불가의 상황을 보고할 경우 늑장을 부렸거나 일부러 상황을 피한 것이 아님을 증명할 수 있는 역할을 했을 것이다. 그 다음으로, 부패하여 검험을 할 수 없는 상황에 대해, 오작항인仵作行人들에게 장狀을 쓰게 하여 설명해야 했다. 그리고 그 구체적 내용은 험장에서 각 부위에 대해 쓰는 것과 마찬가지로 머리부터 발끝까지의 사체의 부위를 하나하나 열거하여 확인시킨다. 머리부터 손과 발까지 부패한 정도를 쓰게 하여 검험불가를 증명하는 것이다. 이러한 과정은 복검의 과정에서 복검관이 늑장을 부리거나 소홀히 임하는 상황을 막게 하고, 검험 불가의 상황도 가능한 한 근거를 가지고 문서화하여 결과 보고를 하게 하려는 목적이었다.

　또한, 복검의 과정에서 여러 가지 이유로 사체가 오래되어 부패정도가 심할 경우 『세원집록』은 함부로 '무빙검험無憑檢驗'의 보고를 올리는 것보다는 "사실에 근거해 보고하는 것이 낫다"라고 하며 다음과 같은 기록을 하였다.

◆ 이 사체는 현재 백골로 손, 발, 머리는 온전하나 피부와 근육, 위와 장이 없다. 검험을 했을 때, 죽은 지가 오래되어 어떤 이유로 죽음에 이르렀는지 밝힐 수 없다. 모든 사체는 감히 바로 돌려주어 묻을 수 없어 관에 보

52　『洗冤集錄』 권5 「驗隣縣尸」, 151쪽.

고하고 시행한다. 공인公人들에게 속임 당해 무빙검험無憑檢驗으로 하지
◆ 말도록 한다.[53]

공인公人은 당시 서리들을 말하며 함부로 '무빙검험無憑檢驗'이라 결
론 내리기보다는 오히려 사실대로 보고하라는 내용이 우리의 주목을
끈다. 사체의 상태가 검험을 하더라도 사인을 밝히기 어려운 상황이라
하더라도 사실에 근거하여 보고하는 정도의 문서를 올리라는 것이다.
이는 '무빙검험'이라 섣불리 결정해 사체를 바로 묻는 상황을 경계하는
조치일 것이다. 검험과정에서 가장 경계하는 것은 사체를 매장해 모든
증거를 더 이상 조사할 수 없게 되는 경우로서 복검의 완료가 명확해진
후에야 사체를 묻게 하였다. '무빙복검장無憑覆檢狀'을 올리면 그 다음
절차는 매장을 해야 했기에, "사실에 근거해 보고하게(据直申)"하여 이로
써 경솔하게 매장을 하는 것을 경계하려 한 것이다.

송대는 검험의 모든 결과를 문서로 보고하게 했고, 초검, 복검 모두
검험이 불가한 경우 장狀을 써서 올렸다. 주목할 점은, 이러한 보고를
올릴 때도 사체의 부위를 중심으로 구체적으로 어느 정도 부패해서 검
험이 불가한지 써야 했던 것이다. 검험을 할 수 없는 상황에 대해서도
문서로서 보고하게 하여 늑장을 부리거나 일부로 검험을 하지 않는 상
황과 구분하게 했다. 또한 공인公人들에 속임 당해 함부로 '무빙검험無
憑檢驗'의 결론을 내리지 못하도록 하는 당부를 하여 신중을 기하게 하
였다. 이는 또한 서리 등의 부정의 개입을 막고 모든 검험절차를 주현

53　『洗冤集錄』 권5 「驗隣縣尸」, 151쪽.

이 장악하게 하려는 조정의 조치가 반영된 것으로, 검험의 결과 보고가 함부로 운영되는 것을 막기 위한 '험장'류 문서의 역할을 정확히 보여 주는 대목이다.

5 맺음말

북송 진종 함평 3년(1000)부터 반포된 일련의 검험과 관련한 조칙은 검험제도의 정비를 가져왔고, 남송시기에 이르면 검험 제도는 일련의 체계를 이루게 되는데, 이러한 제도 정비의 과정에서도 검험 결과의 보고 단계에 대한 정비가 두드러졌다. 결과 보고 단계에 대한 지속적인 정비는 이전에 서리와 오작항인作行人 등에 의해 이루어진 검험 업무를 가능한 주현州縣 기관에서 제도적으로 장악하게 하는 의도를 반영한다. 곧 주현 기관이 검험 관원을 직접 파견하여 검험의 수행과 그 결과 보고를 책임지게 하고, 이로써 사형죄 판결의 근거가 되는 검험 결과 보고의 투명성을 확보하고자 했다. 이러한 노력은 검험 결과를 다양한 '문서'로 보고하게 하는 형식으로 실현된다.

　검험결과 보고의 투명성을 확보하고자 한 시도는 '험장'류 문서의 발전으로 나타난다. 검험관으로 문관文官을 파견해야 하며, 무관武官을 보낼 경우 사리분별력 있는 '식자무관識字武官'을 파견해야 한다는 규정 등은 이러한 검험결과 보고의 중요성을 염두에 둔 결과일 것이다.[54] '험장' 과 '정배인형' 및 '무빙복검장' 등을 포함하는 '험장'류 문서의 발전은 더

54　『宋會要輯稿』「刑法六・檢驗」, "曉事識字," "諳曉世務," "有心力人," 705쪽.

욱 상세한 결과의 보고 및 투명한 검험결과의 신속한 확보를 위한 노력의 결과였다.

———————

함평 3년(1000) 주현 기관에게 검험의 업무를 책임지게 하면서 검험결과는 험장으로 주현 기관에 보고되었고, 선화 6년(1124) 험장에 파견 시간과 보고 시간을 명확히 기입해 당일 내 즉시 보고하라는 조치를 통해 검험결과 보고의 제대로 된 시행을 단속했다. 그럼에도 불구하고 검험 과정에서 지방관들의 태만과 소홀이 해결되지 않자 순희 원년(1174) 격목을 시행해 제점형옥사가 주현의 검험 업무를 더욱 통제하게 하여 검험 당일 험장의 정확한 제출을 증빙문서로 보장하게 하였고, 검험 업무의 전 과정을 소속 제점형옥사가 점검할 수 있게 하였다. 또 가정 4년(1211) 정배인형을 추가해 험장의 내용을 보완하여 검험결과의 공정성을 담보하도록 하였고, 끝으로 순우 연간(1241-1252)에는 거짓으로 검험불가를 보고하는 검험관에 대한 처벌 규정을 추가함으로써 검험불가 보고에 대한 경계도 게을리하지 않았다.

양송시기 검험 제도 운영은 현장의 문제점을 해결하는 일련의 문서화 과정이었고, 이 문서화 과정에서 현장의 문제점을 목도하고 이를 해결하고자 노력했던 제점형옥과 같은 지방관들의 활약이 돋보인다. 아울러 이러한 문서화 과정은 원대에 이르러 '검시법식(시장식)'으로 완성되는 것으로 보인다. 송대 검험 문서의 발전 과정에서 '격목'은 검험 절차의 제대로 된 운영, 즉 검험관의 파견 및 검험 업무 수행의 전 과정이 제대로 이루어지도록 보장하는 것이었고, '험장'류 문서의 발전은 검험의 결과 보고 단계에서 그 보고 내용과 형식에 대한 수정과 보완을 통해 투명성과 신속성을 확보하는 것으로, 양자의 절묘한 결합은 곧 원대 '검시법식(시장식)'으로 이어진 것이다.

이로써 보건대 송 조정은 검험의 업무를 주현 및 제점형옥사에게 담당하게 하였고, 이것의 구체적 실현이 곧 문서 행정의 발전이라는 결과로 나타났다. 검험의 '절차'와 '보고'를 각각 문서화하여 검험 제도를 더욱 체계화시켰다는 점에서, 다시 말해 주현 기관이 '험장'류 문서를 통해 검험의 실무를 담당하여 결과 보고를 관리하고, 제점형옥사가 '격목'을 통해 결과 보고를 포함한 검험의 전 절차를 통괄하는 것이 제도적으로 확립되었다는 점에서 송대는 검험 제도의 발전에 매우 중요한 시기였음을 알 수 있다.

송대 검험 관련 지식의
정리와 체계화: 송자_{宋慈}의
『세원집록_{洗冤集錄}』을 중심으로

남송(1127-1279) 순우淳祐 7년(1247) 당시 호남제점형옥湖南提點刑獄을 맡고 있었던 송자宋慈(1186-1249)는 여러 저서에 산재해 있는 또는 구전되어 오던 검험 관련 지식을 정리하여 책으로 펴내어 지방관들이 검험을 할 때 참고할 수 있도록 하였는데, 이것이 바로 『세원집록洗冤集錄』이며 이는 당시까지 축적된 검험 관련 지식을 정리한 결과물이라 할 수 있다.[1] 앞에서 살펴본 바와 같이 송대는 사법 판결의 과정에서 검험 절차가 중요해진 시기이며, 검험 관원의 제대로 된 검험 시행을 유도하는 다양한 법규가 만들어진 시기이기도 하다. 『세원집록』은 이러한 변화된 시대 분위기에 적응하기 위해 지방관이 그들의 시각으로 검험 현장에서 필요한 검험 관련 지식을 정리한 것이다.

송자의 『세원집록』은 당시 한 지방관이 그들의 시각에서 검험에 필요한 지식을 어떻게 구성하고 체계화하였는지 잘 보여 준다. 기존의 검험 관련 지식에 관한 연구는 송대 의학사 연구에서 검험과 직접적 관련

---

1 지금 전해지는 『洗冤集錄』의 판본으로는 북경대학도서관 소장의 元代 판각본 『宋提刑洗冤集錄』이 있으며, 통행본은 『宋提刑洗冤集錄』(叢書集成初編, 中華書局, 1985)이 있다. 이 외에 高隨捷, 祝林森 등은 元刊本을 저본으로 『洗冤集錄譯註』(上海古籍出版社, 2008)를 출판하였다.

이 있는 소위 '법의학' 지식을 주로 다루는 경향이 있었다.[2] 그러나 『세원집록』의 내용을 살펴보면, 가장 첫머리에 검험을 시행하는 데 필요한 법률 규정을 싣고 있고, 그 연후에 검험에 필요한 각종 지식, 예를 들면 사체 처리 방법과 검험의 방법 및 각종 사인에 대한 판별 기준 등을 싣고 있다. 이어 마지막으로 「구사방救死方」이라는 편명 아래 구급 의학 처방을 싣고 있다. 아마도 당시 송자가 보기에 검험과 직접적 관련이 있는 지식 외에 검험 관련 법률지식 및 구급 의학 지식 등이 검험관원이 갖추고 있어야 할 지식에 포함되어 있었던 것으로 보인다. 여기에서는 먼저 『세원집록』의 권두에 수록된 「조령條令」을 분석하고, 그 연후에 『세원집록』의 주된 내용이라 할 수 있는 실제 검험에 필요한 지식을 어떻게 분류하고 체계화하였는지 살펴보며, 마지막으로 권말에 실려 있는 「구사방」을 분석하여 당시 검험 관원이 갖추어야 할 검험 관련 지식의 전반을 살펴보고자 한다. 이러한 고찰을 통해 검험관원으로서 각 지방관이 참고할 수 있는 또는 알아야 하는 검험 관련 지식을 체계화한 남송 말 한 제점형옥의 노력을 엿볼 수 있다.

---

2   Derk Bodde, "Forensic Medicine in Pre-Imperial China," *Journal of the American Oriental Society*, Vol.102, No.1, 1982; Peng Hua, J. M. Cameron, and Jia Jing Tao, "Forensic Medicine in China: Its History to the Present Day," *Medicine, Science and the Law*, vol.27, No.1, 1987; Lu GD, Needham J., "A history of forensic medicine in China," *Medical History*, Vol.32, No.4, 1988; Louis Kuo Tai Fu, "Sung Tz'u(1186–1249) and Medical Jurisprudence in Ancient China," *Journal of Medical Biography*, Vol.12, No.2, 2004. 이 논문은 중국 전통 법의학의 발전을 언급하면서 송자의 생애와 『세원집록』의 의의 등을 설명함으로써 중국 법의학 발전에서 송대가 가지는 의미를 개괄적으로 다루었다. 이 외에 張哲嘉, 「"中國傳統法醫學"的知識性格與操作脈絡」, 『中央研究院近代史研究所集刊』 44, 2004; 최해별, 「宋·元 시기 '檢驗지식'의 형성과 발전: 『洗冤集錄』과 『無冤錄』을 중심으로」, 『중국학보』 69, 2014 등 참조.

I

검험 관련 법률지식의 정리
—『세원집록洗冤集錄』「조령條令」을 중심으로

여러 차례 제점형옥을 역임했던 송자는 지방관이 검험을 시행할 때 필요한 각종 지식과 정보를 모아 『세원집록』을 편찬하였는데, 그 가장 앞부분에 「조령」을 실어 당시 지방관이 숙지하고 있어야 할 검험 관련 법률을 한곳에 모아 놓았다. 이를 통해 우리는 당시의 지방관이 현행 검험 관련 법률을 어떻게 재구성하였는지 관찰할 수 있다.

「조령」은 당시까지 현행되고 수정·보완된 검험과 관련한 법률 규정의 대략적 면모를 이해할 수 있게 한다. 상술한 바 있듯이 중국 역사상 검험과 관련한 전통은 『예기禮記』의 기록에서부터 찾아볼 수 있으며, 진대秦代는 관련 죽간 자료를 통해 구체적 옥사와 검험의 정황까지 확인할 수 있다.[1] 이후 『당률소의唐律疏議』와 『송형통宋刑統』에서 많지는 않지

---

1   중국 역사상 검험과 관련한 전통은 『禮記·月令』의 기록인 "命理瞻傷, 察創, 視折, 審斷, 決獄訟, 必端平"에서부터 찾아볼 수 있으며, 秦代는 호북성 雲夢 睡虎地에서 출토된 죽간 자료(「賊死」, 「經死」, 「穴盜」) 등을 통해 구체적 검험의 사례까지 확인할 수 있다. 중국 역사상

만 검험과 관련한 구체적 법률 조항들이 보이기 시작한다. 주목할 점은 송대부터 검험 제도의 운영과 관련한 법규가 대거 확인되며 이를 통해 송대 검험제도가 정비되는 과정을 확인할 수 있다는 것이다. 현재 남아 있는 『송회요집고宋會要輯稿』의 기록을 근거해 볼 때, 대략 북송 진종眞宗 함평咸平 3년(1000)부터 관련 법규의 입법이 본격적으로 진행되어 검험의 시행에 관한 규정이 보충 완비되었다. 『송회요집고』는 이를 「형법육刑法六·검험檢驗」에 정리하였다.[2] 또한 북송부터 남송 경원慶元(1195-1201) 연간까지의 법률을 이해할 수 있는 가태嘉泰 2년(1202) 완성된 『경원조법사류慶元條法事類』 역시 검험 관련 규정을 정리하여 「검시檢屍」에 수록하였다.[3] 순우淳祐 7년(1247) 완성된 『세원집록』의 「조령」은 이들 자료에 수록된 법률 규정들을 대부분 반영하고 있으며, 이 외에 그 이후 반포된 규정 및 그가 보기에 지방관이 숙지해야 한다고 여기는 당시의 현행 법규들을 한데 모아 놓았다.[4] 우리는 「조령」을 통해 남송 말기까지 정비된 검험 관련 법률 규정의 전모를 파악할 수 있으며 아울러 관련 법률 지식의 수집과 정리 과정에서 당시 사법 현장에 있었던 지방관의 입장이 어떻게 반영되었는지 파악할 수 있다.

의 검험 및 검험제도와 관련한 통사적 연구로 賈靜濤, 『中國古代法醫學史』, 北京群眾出版社, 1984; 閻曉君, 『出土文獻與古代司法檢驗史研究』, 文物出版社, 2005 참조.

2   徐松輯, 『宋會要輯稿』 「刑法六·檢驗」, 中華書局影印本, 1957. 여기서는 馬泓波가 点校한 『宋會要輯稿·刑法』, 河南大學出版社, 2011, 700-710쪽 참조.

3   謝深甫, 『慶元條法事類』, 燕京大學圖書館藏刊本, 1948. 여기서는 戴建國이 点校한 『中國珍稀法律典籍續編』 第一冊 『慶元條法事類』, 黑龍江人民出版社, 2002, 798-804쪽 참조.

4   『洗冤集錄』 권1 「條令」, 3-6쪽.

본 장은 『세원집록』의 「조령」을 분석함으로써 남송 말기 현장의 경험이 풍부했던 한 지방관이 정리한 송대 검험 관련 법률의 구성과 내용 및 그 특징에 대해 고찰해 보고자 한다. 송자는 순희嘉熙 3년(1239) 광동廣東 제점형옥을, 가희嘉熙 4년(1240) 강서江西 제점형옥을, 순우淳祐 5년(1245) 광서廣西 제점형옥을, 순우淳祐 7년(1247) 호남湖南 제점형옥을 각각 맡은 바 있다. 유극장劉克莊(1187-1269)은 그의 묘지명에서 "소송을 해결할 때 청명淸明하게 했고 일을 결단할 때는 강직하고 과단성이 있었다"고 묘사했다.[5] 또 송자 스스로는 "다른 장점은 없으나 유달리 옥사는 세심히 또 세심히 살폈고, 조금이라도 태만하거나 경솔히 한 일이 없다"고 한 바 있다.[6] 「조령」의 조항들은 옥사를 처리한 경험이 많고 '청명淸明'하다고 알려진 송자가 보기에 검험 현장의 관원이 가장 기본적으로 알고 있어야 할 법률 규정을 모은 것이다. 송자가 「조령」을 편찬하면서 참고한 법전은 무엇이고 그가 정리한 법률 조항의 구성과 내용에는 어떤 특징이 있는지 또 그가 중시했던 것은 무엇인지 등을 살펴보면 검험과 관련한 중앙의 법률이 지방의 사법 '현장'에서 어떻게 받아들여지고 또 그 법률 지식이 어떻게 현장의 기층 단계로 '전파'되었는지 이해할 수 있을 것이다.

　　송자가 수록한 「조령」은 모두 29개 조항들로 이루어져 있으며, 그 출처를 추적해 보면 대략 가태嘉泰 2년(1202)에 완성된 『경원조법사류』(이하 『사류』로 약칭)의 「검시」를 참조하여 이를 모두 수록하였고, 이 외에 송

5　　劉克莊, 『後村先生大全集』 권159 「宋經略墓誌銘」, 四部叢刊本.

6　　『洗冤集錄』 「序」, 1쪽.

자가 중요하다고 여기는 규정들을 추가 보충하였다. 송자가 추가 보충한 내용을 면밀히 분석해 보면 당시 조정에서 정리한 『사류』의 「검시」와 어떤 차이가 있는지 알 수 있을 것이며 이를 통해 현장 관원의 시각을 확인해 볼 수 있을 것이다. 「조령」은 분명 현장에서의 수요를 더욱 반영하였을 것이기에 당시 지방관이 검험 업무와 관련되어 어떤 긴장을 느꼈는지도 관찰할 수 있을 것이다.

송대 검험과 관련한 기존 연구에서는 검험 제도나 실제 검험을 실시할 때 필요한 지식에 관한 연구가 이루어져 왔지만 『세원집록』「조령」자체에 주목하거나 지방관의 시각에서 그들이 어떻게 당시 검험 관련 법률 지식을 확보하고 이해했는지 등에 대한 연구는 부족한 편이다. 본 장에서는 먼저 『세원집록』「조령」의 각 조항의 출처를 추적하고 그 구성과 내용을 살펴본 연후에 송자가 관찬 법전인 『사류』「검시」의 규정 외에 따로 추가한 내용을 집중적으로 살펴보고자 한다. 이를 통해 당시 지방관이 필요로 하는 검험 관련 지식 속에 법률 지식이 상당히 중요했음을 알 수 있을 것이며, 동시에 그들이 어떻게 당시 검험 관련 '법률 지식'을 정리·재구성하고 전파하였는지 알 수 있을 것이다. 더 나아가 당시 검험 현장의 지방관들이 느끼는 긴장은 무엇이었고 이를 해소하기 위해 어떤 노력을 했는지 알 수 있을 것이다.

1 『세원집록洗冤集錄』「조령條令」의 구성과 내용 —

『세원집록』「조령」의 29개 항목의 출처를 추적해 보면 『사류』「검시」에서 가져온 것이 18개 항목으로 전체의 62%를 차지한다. 18개 조항을 구체적으로 살펴보면『사류』「검시」와 그 순서 및 내용 등이 거의 일치하여 송자가 『사류』「검시」를 참조하여 그대로 가져온 것임에 의심할 여지가 없어 보인다. 나머지 11개의 조항은 송자가 다른 법전과 여러 조칙을 참고하여 관련 규정을 가져온 것이다. 대략 38%의 내용이『사류』「검시」외에 그가 추가한 것이다.

「조령」의 내용을 살펴보면 크게 세 가지로 분류할 수 있다. 첫째, 검험의 과정에서 검험 관원 및 관련 관원들이 법률 규정을 어긴 것에 대한 처벌로, '위제違制'로 논해야 하거나 위법적 상황에 대한 처벌 규정이다. 이와 관련된 조항은 29개 중 총 10개이다. 그리고 10개의 조항 중 5개는『사류』의 「검시 · 칙勅」에서 가져온 것이며 그 외의 것은 송자가 『송형통』이나 다른 조칙들을 참고한 것이다.

둘째, 검험 과정에서의 행정적 업무 및 운영상의 절차와 관련한 규정이다. 검험관 파견 규정 및 초검과 복검의 절차 그리고 관련 문서 작성 등에 관한 것이다. 이와 관련된 규정은 총 14개로 이 중 12개의 항목을 『사류』의 「검시 · 영令」에서, 1개의 항목을 『사류』의 「검시 · 칙勅」에서 가져왔다. 나머지 한 조항은 송자가 추가한 것으로 그 출처를 확인하기 어렵다.

셋째, 검험관이 사인死因을 판별하거나 사법관원이 최종 판결을 할 때 필요한 법률 지식이다. 주로 특정 죄목에 대한 처벌 규정이거나 형량을 확정할 때 꼭 알아야 하는 법률 지식이다. 이와 관련한 규정은 5개로 모두 송자가 추가한 것이다. 두 개의 항목은 출처를 확인하기 어려우며 3개의 항목은 송자가 『송형통』과 그 이후 추가된 세부규정 등을 참조한 것이다.

표 1 『세원집록』「조령」의 내용

번호	분류	내용	출처	비고
1	A	검시를 해야 하는데 하지 않은 경우 등 '위제(違制)'로 처벌	『사류』잡칙	
2	A	(거짓으로) 사체가 부패하여 검험을 못한다고 한 경우	순우(淳祐) (1241~1252)	√
3	A	검험 접수를 받고도 검험관을 청하지 않은 경우 등	『사류』잡칙	
4	A	타지에서 검험 요청했는데 관원이 없다고 한 경우 등	『사류』잡칙	
5	A	항인(行人)이 뇌물을 받은 경우	『사류』잡칙	
6	B	친하거나 원한 관계인 관원을 파견하지 않음	『사류』직제령	
7	B	임기 후 승진을 기다리는 자는 파견 보내지 않음	『사류』직제령	
8	B	주는 사리참군을, 현은 현위를 검험관으로 파견 등	『사류』직제령	
9	B	감당관(監當官)이 성 밖으로 검험갈 경우 수력(手力) 오인(伍人)이 직반	『사류』이졸령	
10	B	죽기 전 시마(緦麻) 이상 친(親)이 곁에 없었을 때 검험한다 등	『사류』잡령	
11	B	복검을 해야 하는 경우의 절차	『사류』잡령	
12	B	황하(黃河), 강(江), 호수를 건너야 하는 현에 파견요청하지 않음	『사류』잡령	
13	B	가까운 현에 요청하지 않고 먼 현에 했을 경우의 조치	『사류』잡령	
14	B	가까운 현의 관원이 가지 못하는 경우의 조치	『사류』잡령	
15	B	초, 복검의 『검시격목』 작성 방법과 절차	『사류』잡령	
16	B	면검(免檢)의 요건	『사류』잡령	
17	B	관원이 병으로 죽은 경우의 면검 요건	『사류』잡령	
18	B	현의 관원이 다 파견 가더라도 한 사람은 남게 하다	알 수 없음	√
19	A	'위제(違制)'로 논할 때는 실수를 감안하여 감형하지 않음	알 수 없음	
20	A	감림주사(監臨主司)가 뇌물을 받았을 경우	『사류』직제칙	
21	C	독물을 마시거나 타인에게 마시게 한 후 무고(誣告)한 자 처벌	알 수 없음	√
22	C	시마(緦麻) 이상 친(親)이 병사했는데 다른 이를 무고(誣告)한 자 처벌	알 수 없음	√
23	A	검험을 사실대로 하지 않은 경우(檢驗不實)의 처벌	『송형통』	√
24	A	다른 사체로 거짓 고한 망고(妄告), 망인(妄認), 망감자(妄勘者)의 처벌	紹熙2년(1191)詔	√
25	C	'타물(他物)'로 구타한 자 (타물의 정의)	『송형통』	√
26	C	'타물'의 범위에 대한 세칙	『신명형통』	√
27	C	'보고(保辜)'에 관한 규정 및 세칙	『송형통』	√
28	B	검험관은 문관(文官)으로, 없을 경우 식자무신(識字武臣)으로 파견	『사류』잡칙	
29	A	검험의 부실(不實) 또는 실당(失當)의 경우 각거(覺擧) 원면(原免) 적용 불가	嘉定16년(1223)勅	√

번호: 「조령」의 29개 항목에 대해 순서대로 매긴 번호(필자 첨가)

A: 검험관 또는 지방관이 검험 규정을 어긴 경우에 대한 처벌

B: 검험의 행정 및 운영상 규정

C: 사인의 확정과 최종 판결에 필요한 법률 지식

※ 비고: 『사류』에는 없으며 송자가 추가한 규정에 √ 표시

이렇게 볼 때 송자가 수집한 검험관련 법률 규정은 크게 칙勅, 영令, 율律로 구성이 되며, 구체적 내용과 출처를 표로 나타내면 〈표 1〉과 같다.

「조령」의 29개 항목 가운데 검험의 행정 및 운영상의 규정을 언급한 것은 거의 대부분 『사류』의 「검시」에서도 「직제령」, 「잡령」, 「이졸령」에서 가져왔다. 그리고 그 내용이 전체 「조령」에서 차지하는 비중도 가장 크다. 29개의 조항 중 14개 조항으로 거의 반을 차지한다. 무엇보다도 검험의 행정 업무와 운영에 관한 것이기에 지방관들이 가장 필수적으로 알아야 할 내용이기도 하다.

이러한 행정 및 운영상의 규정에 관한 조항들은 대체로 진종眞宗 함평咸平 3년(1000)부터 반포된 것으로 남송 후기까지 수정 보완을 거쳐 완성된 검험제도의 대략적 체계를 반영한다. 주지하다시피, 송대는 검험의 업무를 주현州縣이 관장하고 이를 제점형옥사提點刑獄司에게 통괄하게 하였으며, 이것의 구체적 실현이 문서 행정의 운영으로 나타났다. 송대는 검험의 '절차'와 '결과보고'를 문서화하여 검험제도의 운영을 체계화시켰으며, 주현 기관이 '험장'류 문서를 통해 결과보고를 수행하고 제점형옥사가 격목을 통해 검험의 모든 절차를 통괄하는 방향으로 발전되었다. 송자는 이에 관한 규정을 『사류』 「검시」의 「직제령」, 「잡령」, 「이졸령」을 그대로 수록함으로써 지방관들로 하여금 참고하게 하였다. 송자가 따로 추가한 것은 18번 조항 한 건으로 현의 관원이 모두 다 파견 가더라도 한 명은 남겨야 한다는 조항이다.[7]

---

7 이 조항은 『事類』에는 수록되어 있지 않으며, 현에 적어도 관원 한 명은 남게 하라는 원칙은 8번과 11번 조항에서도 나오는 규정이다. 아마도 小注로 언급된 "비상시기라 모두 자리를 비웠다면 州에서 관원을 파견해 임시로 대리하게 한다"는 내용이 이후 추가되었기에 宋慈

주목할 점은 행정 운영상의 규정과 관련하여 『사류』의 「검시」를 보면 위에서 설명한 12개의 「령」 외에 「식」이 포함되어 있는데 「조령」은 이를 누락시켰다. 『사류』의 「검시·식」의 '잡식雜式'에서는 '초검시격목'과 '복검시격목'을 수록하고 있으나[8] 송자는 이를 「조령」에 싣지 않은 것이다. 물론 15번 조항에서 '검시격목'에 관한 규정을 언급하고 있지만, 「식」에 나와 있는 격목 자체는 싣지 않고 있다. 이는 아마도 규정대로 격목의 형식이 전국에 배포되어 사용되고 있어 굳이 「조령」에서 이를 실을 필요가 없었기에 나타난 결과라 추정된다. 각 지역에서 이미 배포되어 고정된 형식으로 사용되고 있는 격목을 지방관이 알아야 할 법률 목록에 추가할 필요는 없었을 것이다. 「조령」의 내용이 당시 사법 현장의 현실에 맞게 취사선택되었음을 엿볼 수 있는 부분이다.

　　무엇보다도 행정과 운영상의 규정은 『사류』의 「검시」 외에 송자가 추가한 것이 거의 없는 것으로 보아 대략 『사류』가 편찬된 가태 2년(1202) 무렵에는 검험제도가 거의 완정한 체계를 가지고 운영되었다고 보아도 무방하며 『사류』 「검시」의 내용만으로도 충분했다는 것으로 보인다. 그런데 이에 반해 검험관원의 위법적 상황과 관련된 규정은 송자가 추가한 조항이 5건이나 있으며, 송자는 『송형통』 등의 관련 규정을 추가하였고 이 외에 『사류』 편찬 이후 송자의 시대까지 추가 반포된 두 건의 조칙도 포함시켰다. 또한 사인의 확정이나 판결에 필요한 검험관련 법률 지식은 대부분 『송형통』의 규정과 후에 추가된 관련 세칙들을 가져

는 이를 명시하고자 이 조항을 삽입한 것이 아닌가 한다. 『洗冤集錄』 권1 「條令」, 4쪽.

8　　『慶元條法事類』 권75 「驗屍·式」, 801-803쪽.

왔다. 이렇듯 『사류』 외의 규정들은 당시 지방관이 사법 현장에서 알고 있어야 할 것으로 송자가 특별히 추가한 것이기에 더욱 의미가 깊다.

송대의 검험 관련 법률은 조칙 등을 통해 지속적으로 수정·보완되고 있었고, 이것이 가태 2년(1202) 『사류』 「검시」를 통해 한 번 정리되었던 것이며, 그 후로도 지속적인 보완이 있었다. 기층의 사법 현장에서 관련 업무를 담당한 검험관원 및 지방관들은 새로 수정·보완된 법에 대한 숙지가 필요했고, 흩어져 있는 각종 관련 규정들을 모두 숙지한 후 적절하게 집행해야 했다. 송자는 이를 돕기 위해 지방관이 볼 검험 참고서에 「조령」을 따로 실어 편찬한 것이 아닌가 한다. 그렇다면 송자가 추가한 법률 규정을 좀 더 면밀히 살펴볼 필요가 있겠다.

그가 보충한 11개의 조항은 송대 검험관원의 위법 행위에 대한 규정과 사인 판단이나 판결에 필요한 법률 지식 부분이다. 이와 관련한 내용은 각각 검험 결과에 문제가 있을 경우에 관한 처벌 규정, 무고誣告 사건의 처리와 관련된 규정 그리고 구타·살상 사건에서의 '타물他物'과 '보고保辜'에 관한 규정으로 나누어 살펴볼 수 있다.

2 검험결과의 부정不定·부당不當·부실不實에 대한 처벌

송자는 「조령」을 편찬하면서 『사류』의 「검시」를 참조하여 이를 수록하였지만, 이 외에 다른 조칙이나 법전을 참조하여 보충을 가하였다. 그가 보충한 부분에서 가장 먼저 눈에 띄는 것은 검험관이 검험한 결과, 즉 사인死因을 확정하는 것과 관련하여 문제가 발생했을 때에 관한 처벌 규정이다.

당시의 법률은 검험결과의 확정과 그 정확성에 대해 매우 엄밀한 규정을 두고 있었다. 우선 「조령」의 제일 첫 번째 조항이자 『사류』 「검시」의 첫 번째 조항이기도 한 규정을 보면 아래와 같다.

◆ 무릇 사체에 대해 검시를 해야 하는데 하지 않은 경우(초검, 복검 동일하다), 혹은 파견 명을 받은 후 두 시가 지났는데도 출발하지 않은 경우(밤은 계산하지 않으며, 아래 조항도 이에 따른다), 혹은 친히 현장에 가서 사체를 보지 않은 경우, 혹은 죽음에 이른 주된 사인死因을 확정하지 못한 경우[不定], 혹은 확정했으나 타당하지 않은 경우[不當](사고사를 병사라고 한다거나, 머리 손상을 입어 죽은 것을 옆구리 손상이라고 한 경우 등을 이른다), 각각은 모두 위제違制로 다스린다. 험장驗狀을 근거로 죄를 이미 판결하여 원래 지은 죄보다 무겁게 처벌한 경우나 원래 지은 죄보다 가볍게 처벌한 경우, 이 경우는 자수[自首]나 스스로 깨닫고 밝혔다고[覺擧] 죄를 경감하거나 면해주는 원칙을 적용시키지 않는다. 사건의 진상이 규명되기 어려운 사안이라 사인을 확정했는데 타당함을 잃었다면[失當] 장일백杖一百에 처하며,
◆ 이인吏人과 항인行人 모두 같은 처분을 받는다.[9]

검시를 해야 하는데 하지 않은 경우 및 그에 상당하는 경우를 '위제違制'로 논한다는 것인데, 소위 '위제'란 당률의 규정을 참조하면 다음과 같다. 즉, 제서制書를 시행하는 데 어긋난 자는 '도이년徒二年'에 처하며

9   『洗冤集錄』권1「條令」, 3쪽.

과실이면 '장일백杖一百'에 처한다는 것이다.[10] 즉, 검시를 해야 하는데 하지 않은 경우 및 이에 상당하는 경우를 모두 위제로 분류한다는 것이며, '도이년徒二年'에 처하는 것으로 볼 수 있다. 그런데 위제로 논하는 사안 중에 '죽음에 이른 주된 사인을 확정하지 못한 경우(不定要害致死之因)' 및 '확정했으나 타당하지 않은 경우(定而不當)'가 포함되어 우리의 주목을 끈다. 게다가 잘못된 결과로 이미 잘못된 판결을 내려 처벌이 이루어진 경우는 '자수(自首)' 또는 '스스로 깨닫고 밝혔다(覺擧)'고 죄를 경감하거나 면해 주지 않는다는 것이다. 송 조정이 검험관의 제대로 된 검험 시행과 그 결과의 정확성에 대해 얼마나 중시했는지 알 수 있는 대목이다. 다만 진상규명이 어려운 사안인 경우에 한해 결과가 '타당함을 잃은 경우(失當)' 곧 '장일백杖一百'에 처한다는 것이다. 장일백의 형량으로 보아 이는 아마도 고의가 아닌 과실임을 인정해 준 것이다.

주목할 점은 송자가 위의 규정을 수록하고, 위제違制의 처벌과 관련하여 다음과 같은 규정을 추가하였다는 것이다.

◆ 무릇 위제違制로 논한다고 칭한 경우 과실로 논하지 않는다(『형통刑統·제制』에 이르기를, "제를 받드는 것을 말하며 시행하는 데 어긋난 자는 도이년徒二年에 처하며, 만약 고의로 어긴 것이 아니며 과실로 본 뜻을 잃은 자는 장일백杖一百에 처한다"

---

10 『宋刑統』 권9 「職制律」 "諸被制書有所施行而違者"條, "諸被制書有所施行而違者, 徒二年. 失錯者, 杖一百(失錯, 謂失其旨)." "疏議"曰: "被制書謂奉制有所施行, 而違者, 徒二年. 若非故違而失錯旨意者, 杖一百," 中華書局, 1984, 157쪽; 『唐律疏議』 권9 「職制」, 中華書局, 1983, 197쪽.

◆　고 하였다).[11]

　　위제로 논죄하는 경우 고의가 아닌 과실이라 하더라도 감형하지 않
는다는 뜻이다. 당률은 위제를 다스리는 데 있어서 고의와 과실로 나누
어 과실의 경우 감형하였고, 송자 역시 소주小注의 형식으로 이를 명시
하긴 했다. 그런데 분명 위제는 '과실로 논하지 않는다'는 규정을 추가
한 것이다. 위에서 언급된 「조령」의 첫 번째 조항을 보면 위제에 해당
하는 경우를 열거하였는데, 이 중 '검시를 해야 하는데 하지 않은 경우',
'파견 명을 받은 후 두 시가 지났는데도 출발하지 않은 경우', '친히 현장
에 가서 사체를 보지 않은 경우'에 관해서는 원문에서 과실 인정 여부를
언급하지 않았기에 송자의 추가 규정과 굳이 위배되지는 않는다. 그런
데 문제는 "사건의 진상이 규명되기 어려운 사안이라 사인을 확정했는
데 타당함을 잃었다면(失當) 장일백杖一百에 처하며"라고 한 부분이다.
'진상규명이 어려운 사안'에 한 해 검험 결과의 '실당失當'에 대한 과실을
인정하고 감형하겠다는 뜻이다. 그렇다면 송자가 추가한 '과실로 논하
지 않는다'는 규정과 모순된다. 즉, '과실로 논하지 않는다'고 하는 추가
규정은 분명 검험결과의 실당失當에 대한 처벌을 염두에 둔 것일 가능
성이 크며 이에 대한 처벌이 엄격해진 그간의 변화를 반영하는 것으로
설명할 수 있겠다.

　　그도 그럴 것이 검험결과의 정확성 여부와 관련된 과실 인정 여부는
사실 북송 시기부터 논의가 있어 왔던 주제였다. 진종眞宗 천희天禧 2년

11　『洗冤集錄』권1「條令」, 4쪽.

(1018)의 상황은 이를 잘 보여 준다.

* 천희天禧 2년 5월 13일, 권지개봉부權知開封府인 악황목樂黃目은 이르기를, "사고사나 여러 살상 사건의 사체는 초검과 복검의 관원이 결정하여 치사 부위를 찾으면 사건은 해결됩니다. 혹 작은 부분에서 상혼의 부위를 다르게 말한 경우 달리 잘못된 것이 없고 관건이 된 치명적 부위에 관계되지 않는다면, 그저 '위제실과죄違制失科罪'로 따르게 하십시오. 만약 경솔하고 판단이 적절하지 못하여 치명적 부위에 출입出入이 생기면 위제違制로 처벌하여 주십시오." 황제가 이를 따랐다. 이보다 앞서 개봉부의 관사에서 쇠칼로 살상된 사체를 검험하였는데, 다른 관에서 복검을 한 후 '추달箠撻'로 인한 죽음이라 판단하였다. 초검관은 잘못으로 죄를 받아 '위제'로 도삼년徒三年의 처벌을 받았다. 이때에 이르러 황목이 그
* 형명刑名이 중하다 말하며 법률로 그를 다스렸다.[12]

황목黃目은 검험 결과 사인을 판단하는 데 있어 작은 실수라면 '위제실과죄違制失科罪'로 처벌하고 치사 원인을 결정함에 치명적 사인에 차이가 난 큰 잘못을 저지른 경우는 위제로 논하자고 주청을 올렸고 진종은 이를 따라 주었다. 이는 개봉부 관사에서 있었던 한 검험관원의 사례가 계기가 된 것으로 과실 인정 여부의 기준이 과실의 정도 즉 과실이 치명적 사인 자체와 관련 있는지 여부에 따라 결정되었다.

이러한 원칙이 어떤 변화를 겪었는지는 알 수 없지만 가태 2년(1202)

---

12 『宋會要輯稿』「刑法六·檢驗」, 701쪽.

에 출간된 『사류』의 규정은 기준에 약간의 변화가 나타난 것이다. 즉 『사류』에서는, "사건의 진상이 규명되기 어려운 사안이라 사인을 확정했는데 타당함을 잃었다면(失當) 장일백杖一百에 처하며"라고 하였다. 즉 기준이 과실의 정도가 아니라 사안의 난이도로 바뀐 것이며 진상규명이 어려운 사안에 한해 '실당失當'을 과실로 인정해 주는 것이다.

송자는 「조령」에서 『사류』의 규정을 그대로 수록하면서도 위제는 '과실로 논하지 않는다'는 규정을 추가한 것이다. 이는 위제의 경우 과실여부에 상관없이 모두 '도이년徒二年'에 처한다는 뜻으로 보인다. 1202년에 편찬된 『사류』에는 없는 기록이 1247년 편찬된 「조령」에 실린 것은 그간의 변화를 반영하는 것이 분명해 보인다. 즉, 북송시기 과실의 정도에 따라 감형을 적용한 것에서 『사류』는 (과실이 크더라도) 어려운 사안일 경우 과실에 대한 감형을 인정하고 있었는데 송자가 추가한 규정에 의하면 과실로 인정하지 않는다는 것이다. 송자가 이 규정을 어떤 조칙이나 법전에서 참고하여 수록한 것인지 알 수는 없지만 검험의 운영에서 검험관에 대한 규율이 더욱 엄격해진 당시 상황을 반영한다고 볼 수 있다.

검험결과에 대한 규율이 엄격해지는 경향은 '자수를 하거나 스스로 깨닫고 밝히면 죄를 경감하거나 면해 주는 사례(自首覺擧之例)'에 실당失當을 포함시킬지 여부와 관련한 논의에서도 볼 수 있다. 당시 율에서는 "다른 사람이 고발하려는 것을 알고 자수한 자는 이등二等의 감형을 허한다"고 하였고,[13] "죄를 범했지만 발각되기 전에 자수한 자는 그 죄를

---

13 『宋刑統』권2「名例律」, 22쪽; 『唐律疏議』권2「名例」, 39쪽.

용서한다"고 하였으며,[14] "공무에 과실을 범한 후 스스로 깨닫고 밝힌(覺擧) 자는 그 죄를 용서한다"고 하였다.[15] 그러나 「조령」의 첫 번째 조항에서는 잘못된 검시 결과를 도출하여 '이미 원래 죄보다 무겁게 처벌한 경우나 원래 죄보다 가볍게 처벌한 경우'에 이르렀을 때는 '자수각거지례自首覺擧之例'에 포함시키지 않는다고 분명히 밝혔다.

그런데 이 규정은 송자가 『세원집록』을 편찬했을 당시까지 지속적으로 논란이 있었던 모양으로 송자는 『사류』 이후 이루어진 논의의 결과물인 가정嘉定 16년(1223)에 새로 반포된 칙을 추가하고 있다. 먼저 『송회요집고』의 「형법일刑法一・격령格令」에는 가정嘉定 14년(1221)의 다음과 같은 기록이 나온다.

◆ 가정嘉定 14년 11월 4일, 신료臣僚들이 아뢰기를, "… 검험관이 죽음에 이른 주요 사인을 확정하지 못하면 위제로 논하는데 이 법은 지엄합니다. 근자에 초검과 복검의 결과가 사실에 어긋나면['失實'] 곧 이에 깨닫고 밝혀['覺擧'] 마침내 구차히 면죄를 구합니다. 신이 생각하건대 … 검험에서 죽음에 이른 사인을 확정하지 못하면['不定'] 각거覺擧의 영을 적용해서는 안 됩니다. 형부刑部에 자세히 논의하게 하십시오." 황제는 이를 따
◆ 랐다.[16]

---

14 『宋刑統』 권5 「名例律」, 70쪽; 『唐律疏議』 권5 「名例」, 101쪽.

15 『宋刑統』 권5 「名例律」, 82쪽; 『唐律疏議』 권5 「名例」, 114쪽.

16 『宋會要輯稿』 「刑法一・格令」, 131쪽.

검험관이 주요 사인을 확정하지 못하면(不定) 위제로 논한다는 법을 강조하며, 결과가 '실실失實'의 경우에도 '각거覺擧'하여 면죄를 구하는 당시 상황을 비판하고 있다. 이에 신하들의 건의는, 검험에서 사인을 확정하지 못한 경우(不定) 자체에 대해서도 각거覺擧의 규정을 적용해서는 안 된다는 것이다. 당시 영종寧宗(1194-1224 재위)은 논의가 필요하다는 건의를 받아들였고 관련된 논의는 형부에서 진행되었던 것으로 보인다. 그 결과가 가정 16년(1223) 다시 칙이 내려졌고, 송자는 「조령」의 제일 마지막에 이 칙을 첨가하고 있다.

◆ 가정嘉定 16年 2月 18일의 칙勅이다. "신료들이 주를 올리길, '검험을 하여 죽음에 이른 주된 사인을 정하지 못할 때 법은 지엄합니다. 그러나 초검과 복검이 사실과 어긋나면[失實] 깨닫고 밝혀[覺擧] 마침내 구차히 면죄를 구합니다. 바라건대 황제께서 형부에 명을 내려 자세히 살피게 하여 따라야 할 것을 반포하여 주십시오.' 형부 대리시 장관 및 부장관들은 자세히 의논하기를, '검험 결과가 타당하지 않은[不當] 경우 각거覺擧하면 죄를 면해 주는 것은 본래 있던 현행의 조법條法이다. 지금 검험 결과가 사실과 다른데도[不實] 곧 이에 각거覺擧하여 마침내 구차히 면죄를 구하고 있다. 지금 [다음과 같이] 자세히 살피니, 관원이 검험을 하는데 '부실不實' 혹은 '실당失當'한 경우 각거覺擧하면 죄를 용서하는 법의 적용을 허락하지 않는다.' 나머지는 모두 예전의 법에 따라 시행한다. 황제의 뜻을
◆ 받들어 이를 따른다."[17]

---

17 「洗冤集錄」 권1 「條令」, 6쪽.

당시 검험관들 중 실실失實의 결과를 내놓았을 경우 각거覺擧하여 구차히 면죄를 받고자 하는 자들이 있자 가정 14년(1221)에 문제가 불거져 신료들은 형부의 논의를 요청했고, 형부에서는 이를 금지하는 결론을 도출한 것이다. 결국 영종은 가정 16년(1223) 칙을 내려, 검험하여 부실不實 혹은 실당失當한 경우 각거覺擧하면 죄를 용서한다는 법의 적용을 허락하지 않는다고 공포했다.

주목할 것은 형부의 '상의詳議' 내용에서 "검험 결과가 부당不當한 경우" 각거覺擧하면 죄를 면해 주는 것은 본래 있던 '현행의 조법條法'이라고 한 점이며 "지금 검험 결과가 부실不實한데도 깨닫고 밝혀 마침내 구차히 면죄를 구하고 있다"고 한 점이다. 즉 부당不當의 경우는 각거覺擧의 원칙이 적용되었는데, 부실不實의 경우까지 이를 요청하는 경우가 생기자 가정 16년(1223)의 칙은 이 두 경우 모두 '각거원면覺擧原免' 규정을 적용하지 않는다는 것으로 공포한 것이다.

정리해 보면, 가태 2년(1202) 이전의 규정을 반영하는 『사류』「검시」는 부당不當의 경우 '치죄이출입자致罪已出入者'에 한해 각거覺擧의 규정을 적용하지 않는다고 하였고, 그러니 처벌의 집행이 이루어지기 전이라면 각거覺擧의 원칙이 적용되었다는 것으로 이해할 수 있다. 이는 "검험 결과가 부당不當한 경우" 각거覺擧하면 죄를 면해 주는 것은 본래 있던 '현행의 조법條法'이라고 한 칙의 언급과 부합한다. 그런데 실실失實의 경우도 각거覺擧하여 면죄를 청하는 상황이 나타나자 가정 14년(1221) 신료들은 위제의 법이 지엄하다는 것을 강조하며 검험결과의 부정不定부터 '각거의 영'을 적용하면 안 된다고 요청하였다. 최종적으로 반포된 칙에서는 부정不定은 언급하지 않았으나 부실不實을 포함한 실당

失當의 경우 모두 '각거원면覺擧原免' 법을 적용하지 않은 것으로 확정된 것이다.

검험관의 결과보고에 대해 부정不定, 부당不當, 부실不實 등이 세밀하게 나누어져 당시 조정은 그에 따른 처벌 정도를 상세히 논의하고 결정하였다. 부당不當의 경우 부분적으로 각거覺擧의 규정을 적용하였던 가태 2년(1202)의 분위기에서 가정 14년(1221) 부정不定에도 이를 적용하지 말아야 한다는 논의가 있었고 최종적으로 가정 16년(1223) 부실不實과 실당失當에 대해 이를 금지하는 처벌 규정이 등장하였던 것이다. 이는 『사류』편찬 이후에도 계속하여 검험관의 결과 확정과 보고에 관한 규정이 수정 보강되었던 당시의 상황을 반영한다.

이 칙은 가정嘉定 16年(1223)의 규정이므로 『사류』에는 나와 있지 않으며, 『송회요집고·검험』에도 나와 있지 않다. 『송회요집고·검험』은 가정 6년(1213)의 것이 마지막 기록이다. 이러한 검험관의 결과 확정과 보고에 대해 엄밀한 규정을 적용하는 당시의 변화상을 송자는 「조령」에 실음으로써 지방관들로 하여금 현실의 긴장된 분위기를 알리고자 했던 것이 아닐까.

송자는 확실히 검험관에게 적용되는 위제의 항목에서 『사류』에는 언급되지 않은 규정들을 추가하여 검험 관원들이 참고할 수 있게 하였고, 이 중에서도 검험결과의 부정不定, 부당不當, 부실不實의 경우에 대해 주목한 것으로 보인다. 과실의 인정 여부에 따른 감형과 각거覺擧에 따른 면죄의 적용을 둘러싼 당시의 논의를 한껏 반영했다. 이와 관련하여 송자는 다시 '검험부실檢驗不實'에 대한 처벌 규정을 추가하고 있다. 만약 검험 관원 또는 관련 지방관이 『사류』「검시」의 내용만 참고한다면 부정不定과 부당不當의 경우 위제로 논하여 대략 '도이년徒二年'에 처해진다는 것을 알 수 있는데, 검험부실檢驗不實의 경우에 대해서는 어떤 처벌을 받는지 알 수 없다. 아마도 이에 대해서는 『송형통』이하 이미 시행되고 있던 규정이 있었을 터이며, 『사류』를 편찬할 때는 따로 정리해야 할 이유가 없었기 때문에 관련 규정을 수록하지 않았을 것이다. 이에 송자는 「조령」에서 다음과 같은 조항을 추가하였다.

◆ 무릇 질병 및 사망·상해가 있다고 사칭하였는데, 이에 명을 받고 검험을 하였으나 사실대로 하지 않은 자는 각각 속인 바에 따르되 1등을 감한다. 만약 실제로 질병과 사망 및 상해가 있는데 사실대로 검험하지 않은 자는 '고입인죄故入人罪(고의로 사람의 죄를 씌운 죄)'로 논한다(『송형통宋刑統·의議』에서 이르기를, "앞의 조문에서 질병을 사칭한 경우는 장일백杖一百에 처하므로 검험을 하는 데 사실대로 하지 않았으면 속인 것과 동일하게 1등을 감하여 장구십
◆ 杖九十에 처한다").[18]

송자는 검험부실檢驗不實에 대한 처벌 규정을 『송형통』에서 가져와 첨가하였다. 아마도 『송형통』의 규정이 당시까지도 계속 적용되었던 것으로 보인다. 이 규정은 누군가 질병, 사망, 상해를 사칭했을 때 사실대로 검험하지 않는 경우와 사칭하지도 않았는데 검험관이 사실대로 검험하지 않은 경우로 나누어 설명하고 있다. 아울러 송자는 『송형통』의 '의議'에서 설명된 해석을 덧붙이고 있다. 즉 질병을 사칭한 경우 '장

18　『洗冤集錄』권1「條令」, 5쪽.

일백杖一百'이므로 이를 사실대로 검험하지 않았다면 그 검험관은 '장구 십杖九十'에 처해지는 것이다. 그리고 사칭의 경우가 아닌 상황에서 검험을 사실대로 하지 않은 경우는 '고입인죄故入人罪'로 논해지는 것이다.[19] 이 규정은 『사류』「검시」에서는 언급될 이유가 없는 내용이나 지방관이 알아야 할 중요 규정이기에 송자는 이를 「조령」에 실은 것이다.

검험부실檢驗不實과 관련하여 송자가 「조령」에서 추가한 또 하나의 규정이 있다. 이 역시 검험 결과와 관련된 것이다.

◆　파견을 받아 검험을 하러 갈 때, 시간이 많이 지난 상황이 아닌데도 함부로 사체가 부패하여 검험을 못한다고 칭한다면 검험을 해야 하는데도
◆　하지 않은 죄로 처벌한다(순우淳祐 연간 심의 결정한 것이다).[20]

검험할 때 함부로 사체가 부패하여 검험을 못한다고 칭하는 것에 대한 처벌 규정을 설명한 것으로 이는 곧 '검험을 해야 하는데 하지 않는 경우'(즉, 위제)로 처벌한다는 것을 명시하고 있다. 이는 이종理宗 순우淳祐 연간(1241-1252)에 정해진 것으로 『사류』「검시」에는 없는 규정이었으나 송자는 이 규정을 「조령」에 실은 것이다. 무엇보다도 첫 번째 위제와

19　『宋刑統』의 '疏議'에서는 '故入人罪'에 대해 다음과 같이 기록하고 있다. 질병 및 상해를 사칭한 것이 아닐 때, "使者가 검험하여 '질병 및 상해가 없다'고 하면 곧 고의로 사람을 徒, 杖罪로 씌운 것이다. 만약 실제 사망하였는데 검험하여 '죽지 않았다'고 하였다면 함부로 2년의 徒罪를 씌운 것이다. 억울하게 杖罪로 씌운 경우는 장죄를 받고 억울하게 도죄로 씌운 경우는 도죄로 처벌하는 것은, 각각 前人에게 가중한 죄의 법에 따라 처벌하는 것이다. 아직 집행되지 않았으면 1등을 감한다." 402쪽.

20　『洗冤集錄』권1「條令」, 2쪽.

관련된 조항 바로 뒤에 실어 보기에 편하도록 하였다는 점도 주의할 만하다. 순우 7년(1247)에 출판된 「조령」이 순우 연간(1241-1252)에 추가된 규정을 싣고 있으니 당시 기준으로 매우 최근 반포된 것까지도 수록하여 정리하고 있음을 알 수 있다.

결론적으로, 송자는 검험 결과의 부정不定, 부당不當(실당失當), 부실不實에 대한 처벌 규정을 상세히 보충하였다. 『사류』에서는 부정不定, 부당不當을 위제로 논하며, "치죄이출입자致罪已出入者"에 한해 각거의 규정을 적용하지 않는다고 밝혔고, 진상 규명이 어려운 사안에 한해 실당失當한 경우 '장일백杖一百'으로 감형한다는 내용만 언급하였다. 송자는 이 외에 추가로 그 후에 나타난 칙과 당시 현행되고 있던 『송형통』의 관련 규정을 언급했다. '검험부정檢驗不定'을 다스리는 법의 지엄함을 강조하는 신하들의 상주를 언급하고, 실당失當과 부실不實 모두 각거의 규정이 적용되지 않게 한 가정 16년(1223)의 새 조칙을 추가하였다. 또 검험부실檢驗不實의 처벌 규정을 『송형통』에서 가져와 추가하였으며, 마지막으로 이종 순우 연간(1241-1252)에 내려진 '함부로 사체 부패를 칭해 검험을 못한다고 한 경우'의 처벌 규정까지 추가하였던 것이다.

부정不定, 부당不當(실당失當), 부실不實에 대한 처벌 규정의 추가는 송자가 「조령」을 엮을 때 치중한 것이 무엇인지 엿보게 한다. 즉, 검험 관원은 사인을 정확하게 판단하고 사실대로 보고 해야 한다는 것이다. 이는 또한 검험을 했는데도 잘못된 판단을 하거나 사인을 거짓으로 보고하는 것이 당시 검험관이 저지르는 가장 흔한 실수며 범죄였음을 반영하기도 한다. 그는 이를 경계하기 위해 현행했던 율의 규정과 그리고 『사류』「검시」에 포함되지 않은 그 이후 추가로 반포된 조칙을 「조령」에 실은 것이다. 전체 「조령」에서 그가 추가한 11개의 조항 중 4개의 항목이 검험 결과의 보고와 관련된 것이니 송자가 「조령」을 통해 지방관들에게 당부하였던 것은 검험결과의 정확한 도출과 보고였던 것임을 알수 있다.

3 무고誣告사건의 처리: 망고妄告·망인妄認·망감妄勘에 대한 처벌 −

검험관의 검험 결과 보고와 관련된 규정 외에 송자가 추가한 규정 중 눈에 띄는 것은 무고誣告 사건의 처리에 관한 규정이다. 아마도 당시 지방관들이 흔히 맞닥뜨리게 되는 소송 사안이 무고 사건이기에 또 무고를 판별하는 데 검험의 과정은 필수적이었기에 송자는 「조령」에 이와 관련된 규정을 실었던 것으로 보인다. 그 구체적 내용은 무고한 자의 '망고妄告'에 대해, 또 이에 따른 검험관의 '검험부실檢驗不實'에 대해, 아울러 유족이 이 결과를 거짓 묵인하는 '망인妄認'에 대해, 이를 바탕으로 판관이 거짓으로 수사하는 '망감妄勘'에 대해 차례로 당시의 법률 규정을 정확히 부기하고 있다. 이 네 가지 규정은 『사류』의 「검시」에는 없는 것이다.

먼저 송자는 독물毒物과 관련한 무고의 규정을 추가하였다.

◆ 무릇 독물毒物을 스스로 마시거나 혹은 다른 이에게 주어 마시게 한 후 다른 사람을 무고하여 그 죄가 사형에 이르지 않는다면 일천 리 밖으로 유배를 보낸다. 만약 독을 먹은 자가 이미 죽었고 그 상황을 알고도 다른 이를 무고한 자는 사람들이 그를 체포하는 것을 허락하며 그에게는

◆ 50관貫의 상금을 내린다.[21]

　이 규정은 검험 자체와 관련된 규정은 아니며 독물 사건과 관련하여 지방관이 판결을 할 때 유용한 법률 지식이다. 독물 사건이기에 검험은 필수 절차였을 것이며, 사건을 판결하는 데 핵심이 되는 규정이기에 송자는 이를 「조령」에 실었다. 이 규정의 원출처 또는 반포 시기 등과 관련해서는 관련 기록을 찾기 어려우며, 『송형통』에도 보이지 않은 규정이라 송대 이후 등장한 것으로 보인다.

　무엇보다도 『세원집록』에서 송자는 "남방의 백성들은 매번 작은 다툼이 있을 때마다 스스로 목숨을 자진하여 상대를 무고하기를 도모하는 자들이 많았다"고 언급한 바 있으며,[22] "광남廣南 사람들은 작은 일로 다투고 화가 나면 사람을 무고하려고 스스로 호만초胡蔓草를 먹는다"고 하였다.[23] 이는 그가 남쪽에서 여러 차례 제점형옥을 역임하면서 알게 된 사실일 것이며, 이에 남쪽 지역의 판관들에게 꼭 필요한 법률 지식이라 추가하였을 것으로 보인다.

　그 다음으로 송자는 무고 사건의 처리와 관련된 또 다른 규정을 추가하였다.

◆ 무릇 시마緦麻 이상의 친족이 병환으로 죽었는데, 함부로 다른 이유를

21　『洗冤集錄』 권1 「條令」, 5쪽.

22　『洗冤集錄』 권2 「疑難雜說下」, 34쪽.

23　『洗冤集錄』 권4 「服毒」, 121쪽.

들어 다른 사람을 무고한 자는 무고법誣告法을 따르며(구타당하여 죽었다고 한 경우 등이며 그래서 관청이 그 말을 근거로 검험을 하게 된 경우를 이른다), 음비 蔭庇로 죄를 논할 수 없다. 또한 [스스로] 무고의 잘못을 바로 잡았을 때 감 등하는 원칙을 적용시키지 않는다. 시마 이상 친족이 서로 무고하거나, 인력人力과 여사女使가 병환으로 죽었는데 그 친족이 함부로 다른 이유 를 들어 주인집을 무고한 경우 모두 이와 같이 한다(존장尊長이 비유卑幼를 무고했을 때 음비蔭庇와 속贖으로 감등하는 것은 본법의 규정대로 따른다).[24]

시마緦麻 이상의 친족이 병환으로 죽었는데 다른 사람의 구타 등으로 인해 죽었다고 무고한 경우와 시마 이상 친족 간의 무고 및 인력人力과 여사女使가 병환으로 죽었는데 주인집을 무고한 경우 등에 대한 처벌 규정을 다루었다. 그 출처는 확인할 수 없으나 『송형통』에서 보이지 않 는 내용이라 이 역시 송대 이후 제정된 규정일 것이다. 병환으로 죽은 것인지 구타 등으로 인한 타살인지 판별할 때 모두 검험의 과정을 거쳐 야 했으며 검험관의 결과보고가 사건 판결에 핵심적 영향을 미칠 것이 기에 이와 관련된 규정을 「조령」에 실은 것으로 추정된다.

무고와 관련한 위의 두 규정 바로 아래 추가한 규정은 무고와 관련하 여 검험관의 검험에 관한 것이다. 이는 바로 앞에서 언급했던 검험부실 檢驗不實에 대한 『송형통』의 규정으로, 질병, 사망, 상해를 사칭한 것과 관련하여 검험을 부실不實하게 하였거나 혹은 사칭하지 않았는데도 검 험관이 부실不實하게 검험하였을 경우에 대한 처벌과 관련한 규정이다.

---

24   『洗冤集錄』 권1 「條令」, 5쪽.

내용상 위의 무고의 규정과 무관하지 않기에 그 아래 배치한 것으로 보인다.[25]

주목할 만한 것은 송자는 이 규정 바로 아래 다음과 같은 규정을 추가로 언급하고 있다는 것이다.

◆ 무릇 사체에 대해 비록 검험을 하였으나 거짓으로 다른 사체를 가지고 고하여 논한 것으로 관사官司가 이를 믿고 추국하기에 이른 경우 무고법 誣告法에 따른다. 친족이 죽은 장소에 와서 거짓으로 [망자를] 안다고 하면 장팔십杖八十에 처한다. 무고를 당한 자가 감옥에서 죽음에 이르렀다면 3등을 더하여 처벌한다. 만약 관사官司가 거짓으로 수사하였다면 입인

◆ 죄법入人罪法에 따른다.[26]

이 규정은 바로 위에서 언급했던 검험부실檢驗不實에 대한 『송형통』의 처벌규정과 더불어 좀 더 보충된 내용을 가하고 있기에 주목할 만하다. 또 『사류』에는 없는 규정이기에 「조령」의 특징이 돋보인다. 구체적인 내용은 다른 사체를 가지고 거짓으로 고소하여 수사가 진행된 경우에 관한 것인데, 먼저 고소한 자를 '무고법'에 따라 처벌한다는 것이며, 거짓으로 망자를 안다고 말한 친족에 대해서도 '장팔십杖八十'의 처벌을 내렸다. 게다가 무고를 당한 자가 죽음에 이르렀다면 3등을 더한다는 규정도 덧붙였다. 또 관사官司 역시 거짓 수사를 했다면 '입인죄법入人罪

---

25 『洗冤集錄』권1「條令」, 5쪽.

26 『洗冤集錄』권1「條令」, 5쪽.

法'에 따른다는 것이다. 즉 망고妄告, 망인妄認, 망감자妄勘者에 대한 규정을 추가로 설명함으로써 지방관들이 참고할 수 있도록 한 것이다.

송자가 첨가한 이 규정은 사실 소희紹熙 2년(1191)에 조詔로 반포된 규정이며, 송자는 이를 적극적으로 「조령」에 수록하였다. 『송회요집고』 「형법일刑法一·격령格令」에 보면 다음과 같은 기록이 있다.

- 소희紹熙 2년 8월 3일 조詔를 내렸다. "칙령국勅令局에서 분명하게 법을 정하여 금하였다. 사체에 대해 비록 검험을 하였으나 거짓으로 옆에 있는 다른 사체를 가지고 관에 고소한 것이라 죄가 없는 이를 고문하여 허위자복을 받기에 이르러 이로 인해 그가 감옥에서 죽게 된 경우 무고죄인법誣告罪人法에 따른다. 그 가족들 중 거짓으로 [망자를] 안다고 한 자는 불응위중不應爲重으로 다스린다. 죽음에 이른 경우 도형徒刑으로 더한다.
- 수사를 맡은 관사는 고입인죄故入人罪에 따른다."[27]

소위 '칙령국勅令局'에서 정리 반포된 칙에 의하면,[28] 망고妄告, 망인妄認, 망감자妄勘者에 대한 처벌 규정이 상세히 정해졌으며 형량은 위의 「조령」의 내용과 일치한다. 송자는 분명 이 칙을 참조한 것으로 보인다. 망고妄告에 대해서는 '무고죄'로, 망인妄認에 대해서는 '해서는 안 되는

---

27 『宋會要輯稿』「刑法一·格令」, 123쪽.

28 소위 '勅令局'은 '勅令所'를 의미하며 송대 전문적으로 '編勅'을 담당했던 기구이다. 송대 '編勅' '勅令所' 등에 관해서는 梅原 郁, 『宋代司法制度研究』, 第5章 唐宋時代の法典編纂 – 律令格式と勅令格式, 創文社, 2006, 823–838쪽 참조.

조항 가운데 무거운 죄(不應爲重)'를 따라 '장팔십杖八十'에 처하며,[29] 망감妄勘에 대해서는 '고입인죄故入人罪'에 따르게 했다. 그런데 『송회요집고』는 이러한 칙이 내려진 배경까지도 설명하고 있어 더욱 흥미롭다.

◆ 한 신료가 이르기를, "처주處州 사람 하강何强은 집안의 인력人力인 하념사何念四를 꾸짖었는데, 달리 때린 실상이 없는데도 홀연히 도망가서 다른 곳으로 가 버렸다. 하윤승何閏勝이라는 자는 개울가 둑에서 누군지도 모르는 사체를 가지고 마침내 하강을 무고하여 그 노복을 때려 죽였다고 하였다. 검험하니 진짜로 치명적 상흔이 있었고, 그 아버지도 거짓으로 [하념사가] 맞다고 하였다. 관사는 그를 구금하여 수사하였고, 핍박하여 허위로 자백하게 하니 하강은 마침내 감옥에서 죽었다. 후에 하념사는 살아 있는 상태로 돌아왔다. 하강이 감옥에서 죽지 않았더라도 반드시 법에 걸려 죽었을 것이다. 옥사를 다루는 관리가 적당한 사람이 아니니, 추국하고 판결하는 과정에서 진실로 자세히 살피는 것에 도달할 수 없는 것이다! 지난번에 신료들이 청하여 대리시에 보내 자세히 살피게 하였는데, 당시는 '검험부실조법檢驗不實條法'만을 엄하게 집행한다는 공문만 내렸고, 망고妄告, 망인妄認, 망감자妄勘者에 대해서는 시행하지 않으니 그 억울함이 넘치는데 어찌 해결할 바가 없을 수 있겠는가? 청하건

◆ 대 개정을 하여 주십시오." 그래서 이 조를 내린 것이다.[30]

---

29 『宋刑統』 권27 「雜律」, "諸不應得爲而爲之者"條, "諸不應得爲而爲之者, 笞四十. 事理重者, 杖八十," 447쪽; 『唐律疏議』 권27 「雜律」, 522쪽.

30 『宋會要輯稿』 「刑法一·格令」, 123쪽.

하윤승何閏勝은 길에 버려진 사체를 들고 관아로 가서 하강何强이 그 집의 인력人力인 하념사何念四를 죽인 것이라 무고하였다. 관에서는 검험을 하였고, 하념사의 아버지도 하념사라 거짓으로 인정하였고, 관리들도 이에 근거해 거짓 수사를 하여 결국 하강은 감옥에서 죽었다. 이러한 사건을 계기로 조정에서는 위의 조를 내린 것이다.

그런데 이 신료의 말에 의하면 그전에 신료들이 대리시에 청하여 논의를 요청하였지만 당시는 '검험부실조법檢驗不實條法'만을 엄하게 적용한다는 것에 그쳤고 그래서 억울한 사건이 넘쳐난다는 불평이었다. 이에 소희 2년(1191)에 이르러 검험부실檢驗不實 외에 망고妄告, 망인妄認, 망감妄勘에 대한 처벌을 규정하게 된 것으로 보인다. 송자는 이를 「조령」에 실어 당시 지방관들이 숙지하도록 했다.

이러한 무고 사건의 처리와 관련된 처벌 규정은 송자가 추가한 것으로 검험부실檢驗不實의 검험관에 대한 처벌 외에 무고한 자, 동조한 유족들 및 관원에 대한 처벌까지 차례로 적고 있다는 점에서 그 의미가 매우 크다. 또 무고 사건에 관련된 자들을 모두 처벌하는 광종光宗 소희紹熙 2년(1191)의 엄밀해진 당시 분위기를 반영한다. 무엇보다도 무고 사건은 당시 판관들의 세밀한 수사와 판결을 요했던 사안으로 더군다나 검험 결과가 판결의 핵심을 좌우하기에 송자는 이를 「조령」에 수록하여 지방관들로 하여금 참고할 수 있게 하였던 것이다. 현장의 필요를 적극 반영한 조치라 할 수 있겠다.

4 구타·살상 사건의 타물他物과 보고保辜에 대한 규정

송자가 『사류』「검시」의 규정 외에 「조령」에서 추가한 부분 중 마지막으로 주목해야 할 부분은 구타·살상 사건의 '타물他物'과 '보고保辜'에 대한 법률 규정이다. '타물他物'은 구타를 할 때 손과 발 외에 사용된 도구를 이르는 법률용어이며, '보고保辜'는 구타 사건 발생 후 시간을 두고 피해자를 지켜본 후 일정 기간 내에 죽으면 살인으로 간주하는 것을 말한다. 이와 관련된 내용 역시 『사류』의 「검시」와는 다른 「조령」의 특징을 여실히 보여 주는 부분이다. 구타 살상 사건은 지방관이 늘 맞닥뜨리게 되는 소송 사건이었을 터이고, 검험의 결과가 최종 판결에 매우 중요한 영향을 미치기에, 또 특히 타물의 범위나 보고에 관한 규정은 판관이 판결을 내릴 때 반드시 알고 있어야 할 규정이기에 송자는 이에 관한 규정을 따로 수록한 것으로 보인다.

우선 「조령」에서 등장한 타물과 관련된 규정은 다음과 같다.

* 『형통刑統·소疏』는 "다른 물건[他物]으로 사람을 구타한 자는 장육십杖六十에 처한다"고 하였다(피가 나면 상해傷害이다. 손발이 아닌 나머지 모든 것을 '타물

* 他物'이라고 한다. 만약 병기라도 날을 사용한 것이 아니면 또한 같다).[31]

이 규정은 송자가 『송형통』의 규정을 그대로 가져온 것이다. 『송형통』의 규정을 보면, 율소律疏의 원문에서 "상해傷害하였거나 다른 물건

---

31   『洗冤集錄』 권1 「條令」, 5쪽.

으로 사람을 구타한 자"라고 하였는데 「조령」은 "상해傷害하였거나"를
생략했지만 소주小注에서는 "피가 나면 상해傷害이다"라고 써서 원문대
로 실었다.[32] 이렇게 『송형통』의 원문과 차이가 나는 이유는 송자가 '타
물'의 범위에 집중하고 있었기 때문으로 보인다. 즉 손발이 아니면 모
두 '타물'임을 명시한 것이다.

그 다음 규정은 『송형통』 이후에 추가된 '타물'에 관한 규정을 덧붙이
고 있다. 역시 『사류』에는 보이지 않는 조항이라 우리의 주목을 끈다.

◆　『신명형통申明刑統』에는 "화혜靴鞋로 사람을 차서 상처를 입히면 관사官司
　　의 검험과 결정을 따라, 딱딱한 신발의 경우 이를 타물他物로 보며, 만약
◆　딱딱한 신발이 아닌 경우 타물他物의 사례로 보기 어렵다"고 하였다.[33]

신발을 신은 채로 사람을 차서 상처를 입힌 경우를 어떻게 보느냐에
관한 규정이다. 즉 관사의 검험과 판단에 따라 딱딱한 신발인지 여부로
'타물' 여부를 판단하는 것이다. 그런데 주목할 것은 이 규정의 출처가
『신명형통申明刑統』이라는 점이다.

송 초, 『송형통』이 편찬되고 난 이후부터 송 조정은 『송형통』에 대해 보
충 설명과 해석을 가한 『신명형통』을 제정하였다. 태조 개보開寶(971-983)
연간 그리고 철종 원부元符(1098-1100) 연간 『송형통』에 대해 "신명정정

32　『宋刑統』 권21 「鬪訟律」 "諸鬪毆人者"條, "傷及以他物毆人者, 杖六十," "見血爲傷. 非手足
　　者, 其餘皆爲他物, 卽兵不用刃, 亦是," 325쪽.

33　『洗冤集錄』 권1 「條令」, 5쪽.

申明訂正"하여 92조목條目을 만들고 『신명형통』이라 칭했다.[34] 개보 연간의 것은 자료가 산일되어 현재 알 수 없고, 원부 연간의 것은 관련 기록이 남아 있다. 그 후 고종 소흥紹興(1131-1162) 연간 『소흥신명형통紹興申明刑統』을 제정했고, 효종 순희淳熙 11년(1184)에는 『소흥신명형통紹興申明刑統』에 대해 수정을 가하고 '순희수칙신명淳熙隨勅申明'을 첨가하여 이를 새롭게 편찬하였다.[35] 현재 분산되어 남아 있는 『원부신명형통元符申明刑統』의 내용을 통해 보건대, 『신명형통』은 『송형통』에 대해 해석을 가하고 보충과 변용에 대한 내용을 부가하고 있다.[36]

송자가 「조령」에서 추가한 『신명형통』의 기록은 원부 연간의 것으로 추정 가능하다. 이는 『세원집록』 본문의 내용에서 근거를 찾을 수 있다. 『세원집록』의 「타물수족상사他物手足傷死」에는 원부元符 연간 칙勅을 내려 이루어진 『신명형통』을 인용하면서 '화혜靴鞋'와 관련한 위의 조항을 그대로 언급하고 있다.[37] 즉, 원부 연간 이루어진 『신명형통』에서 화혜靴鞋의 성질에 따른 타물 판단에 관련된 추가 규정이 있었고, 송자는 이를 「조령」에 언급하면서 검험관 등 지방관이 정확히 판단할 수 있도록 하였던 것이다.

타물의 범위는 검험관이 검험을 할 때 필수적으로 갖추어야 했던 지식으로 보인다. 송자는 이를 매우 중시했는데, 『세원집록』에 「타물수족

---

34 王應麟 『玉海』 권66 「律令下·熙寧編勅」, 江蘇古籍出版社, 上海書店 影印本, 1987, 1260쪽.

35 王應麟 『玉海』 권66 「律令下·紹興申明刑統」, 1263쪽; 『宋史』 「효종본기」, 681쪽.

36 송대 『申明刑統』과 관련하여 謝波, 「宋代法律形式"申明"考析」, 『史學月刊』 2010-7, 28-29쪽 참조.

37 『洗冤集錄』 권4 「他物手足傷死」, 99쪽.

상사他物手足傷死」라는 편명으로 관련 내용을 따로 두었다는 점에서 잘 드러난다. 여기에는 "수족手足이 아닌 나머지 모든 것은 타물이다"라는 당률의 규정부터 "무릇 사람을 이빨로 문 경우 '타물법'에 따른다"고 하는 투송칙鬪訟勅을 인용하였고, 아울러 '딱딱한 신발'과 관련된 『신명형통』의 규정 및 "이마, 팔꿈치, 무릎, 그리고 머리로 쳐서 죽음에 이른 경우 타물 상흔으로 간주한다"는 규정, 더 나아가 "무릇 타물이란 쇠로 만든 채찍, 자, 도끼머리, 칼등, 나무방망이, 말채찍, 장작, 벽돌, 돌, 기와, 거친 천으로 만든 신(粗布鞋), 밑바닥 창을 기워 덧댄 신(衲底鞋), 가죽신(皮鞋), 짚신(草鞋) 등이다"라는 규정도 더하고 있다.[38] 이러한 기록들은 '타물'의 범위가 항상 애매모호하여 판단에 오류가 많이 나자 당률의 모호한 규정을 세분화한 것이며, 송대 전반에 걸쳐 개정되고 보충된 규정을 송자가 「조령」을 통해 그리고 「타물수족상사」 편을 통해 한자리에 모은 것이다. 사법 현장의 필요를 인식한 송자의 노력이 돋보이는 부분이며, 『세원집록』은 확실히 현장에 있는 지방관들이 참고할 만한 검험 '참고서'였다고 볼 수 있다.

그 다음으로 송자가 「조령」에 추가한 규정은 '보고保辜'에 관한 규정이다. 이 역시 '타물'과 더불어 수사나 검험의 과정에서 논쟁이 되는 부분이기에 따로 추가하여 실은 것으로 보인다.

◆ 무릇 보고保辜는 손, 발로 사람을 구타하여 상해를 입힌 경우 10일의 기한을 두고, 다른 물건으로 사람을 구타하여 상해를 입히면 20일의 기한

---

38 『洗冤集錄』 권4 「他物手足傷死」, 99쪽.

을 두며, 칼날 혹은 끓는 물, 불로 사람을 상해한 경우 30일의 기한을 둔다. 또 눈에 상처를 내거나 지체肢體를 부러뜨리거나 어긋나게 한 것 및 뼈를 부순 경우 50일의 기한을 둔다. 기한 내에 죽었다면 각각 살인죄에 따라 논한다(무릇 이로 사람을 문 경우 '타물법'에 따른다. 보고 기한 내에 유산을 한 자는 유산 후 따로 30일의 기한을 더 둔다. 원래의 구타로 인한 상처의 기한과 합쳐 50일을 넘기지 않게 한다). 기한이 지난 뒤나 비록 기한 내일지라도 다른 이유로 죽었다면 각각 본래의 구상법毆傷法에 따른다(다른 이유라 함은 다른 병이 생겨 죽은 것을 말한다. 가령 다른 사람을 구타하여 머리에 상처가 났는데 풍風이 두창頭瘡으로 들어가 풍風으로 인해 죽음에 이르게 된 경우 등은 역시 살인죄로 논한다. 만약 두창頭瘡으로 인해 풍風을 얻은 것이 아니라 '다른 이유'로 죽었다면 각각 본래의 구상법毆傷法에 따른다).[39]

사람을 구타할 때 사용한 도구에 따라 '보고保辜' 기한을 두어 기한 내에 죽으면 살인죄로 논하고 기한을 넘긴 후에는 구타상해죄로 처벌한다는 규정이다. 사용한 도구에 따라 '보고' 기한이 늘어나며 대체로 『송형통』의 규정과 남송 송자의 「조령」에서 언급한 규정이 크게 다르지 않다. 즉, 손발로 구타한 경우 10일, '타물'로 구타한 경우 20일, 칼날, 끓는 물, 불 등을 사용할 경우 30일, 눈을 다치게 하거나 지체를 부러뜨리거나 뼈를 손상시키면 50일의 규정을 두는 것이 다르지 않다. 다만 '눈을 다치게 한 경우'는 당률이나 『송형통』의 규정에서는 보이지 않으며 「조령」에만 보이는 부분이라 흥미롭다.

39 『洗冤集錄』 권1 「條令」, 5쪽.

또 주목할 것은, 송자는 「조령」에서 당률이나 『송형통』의 기록에는 없는 소주小注를 첨가하고 있다는 것이다. 크게 두 가지 내용을 포함한다. 첫째는 역시 타물의 범위에 해당하는 것으로 "이로 사람을 문 경우 '타물법'에 따른다"는 것이다. 이는 앞서 「수족타물상사」의 내용을 언급할 때 나왔던 것이며, '투송칙'을 인용한 것이다. 이 칙이 언제 반포된 것인지는 알 수 없으나 송자는 분명 『송형통』 이후 추가된 칙의 규정까지 반영하고 있는 것이다. 즉, 이로 문 경우는 타물로 간주하고 보고保辜 기한을 '20일' 둔다는 것이다.

둘째, "보고 기한 내에 유산을 한 자는 유산 후 따로 30일의 기한을 더 둔다"는 규정이다. 이 규정은 그 출처를 찾기가 어렵다. 다만, 여성의 유산과 관련한 부분은 검험에서도 매우 주의를 요하는 부분이기에 『세원집록』은 「부인婦人」의 편명을 따로 두어 이와 관련된 주의사항을 명기하였고,[40] 이에 '보고' 기한과 관련한 규정에서도 추가된 세부 규정을 모두 반영하여 지방관으로 하여금 정확히 숙지하게 했던 것이다.

무엇보다도 사인을 정확히 판단하는 것이 검험관의 최대 의무였다면, '보고' 규정은 숙지하고 있어야 할 기본 사항이었다. 위 조항의 마지막에 추가된 소주小注는 『송형통』 "소의疏議"에서 보이는 기록으로 보고 기한 내라 하더라도 다른 이유로 죽은 경우 '구타상해법'을 따른다는 내용이다. 이를 명시한 것은 그만의 이유가 있었다. 즉, 소위 '다른 이유(他故)'를 판단하는 것이 쉽지만은 않은 일이었다. 송자는 의심이 가고 진상 규명이 어려운 사안들, 즉 '의난疑難'의 경우를 모아 「의난잡설」 편에 실

---

40 『洗冤集錄』 권2 「婦人」, 49쪽.

어 특별히 주의를 요하는 내용을 썼는데, 이 중에는 보고 기한과 다른 이유(他故)의 판별에 대한 내용이 적혀 있다.

* 종종 사람들은 서로 싸워 구타를 하고 각자 돌아갔다. 돌아간 후 어떤 사람은 근처의 강이나 못가로 가서 머리나 얼굴의 피를 씻고 어떤 사람은 물을 마셨는데 그런데 막 서로 때리고 맞아서 아직 피곤하여 또 어떤 사람은 취하여 서로 때린 후에 머리가 어지러워 물에 빠져 익사하였다. … 그 사체에 구타로 인한 상흔이 분명히 있더라도 이것을 치명적 상처라고 결정 내려서는 안 되며, 다만 하나하나 험장驗狀에 써 넣고 '낙수치명落水致命'으로 정하는 것이 가장 좋다. 구타의 상처가 비록 아주 중요한 곳이더라도 여전히 보고의 기한이 있다. 법은 비록 보고의 기한 내 및 기한 외에 다른 이유로 죽은 경우, 본래의 구상법毆傷法에 따른다고 하였다(주: 다른 이유란 따로 다른 병으로 죽은 것을 말한다). 지금 이미 물에 빠져 죽었는데, 비록 상처가 있다고 하더라도 사실 다른 이유로 죽은 것이 분명하다. 일찍이 한 검험 관원이 죽은 자의 머리에 상흔을 발견하고는 '맞아서 혼미하여 자기도 모르게 넘어져 물에 빠졌다'고 확정했다. 그런데 맞은 상처 난 곳을 '치명致命'이라 했다. 이에 범인으로 잡힌 자의 [진술]번복
* 이 끊임없었다.[41]

구타를 당해 상해를 입은 후 물에 빠져 죽은 사체에 대한 검험을 할 때 구타상해로 죽은 것인지 물에 빠져 익사한 것인지 잘 판단해야 한다

---

41   『洗冤集錄』 권1 「疑難雜說上」, 26–27쪽.

는 내용이다. 즉, 구타상해의 흔적이 분명해도 보고 기한을 두고 판별해야 하는데, 보고 기한 내라도 다른 이유로 죽은 경우는 살인죄 적용이 안 되므로 이를 잘 살피라는 것이다. 구타살상의 경우 사인을 판명하는 것은 매우 어려우며 여러 가지 요소들이 작용하기에 송자는 이를 특별히 당부한 것이다.

또 「타물수족상사」 편에서는 "만약 보고 기한 외에 죽었다면, 반드시 상처를 검험하여 머리에 난 상처인지 또 상처에 풍風을 얻어 치명적이라 죽은 것인지 밝혀야 한다"고 지적했다.[42] 보고 기한이 지난 후에 죽었더라도 그것이 머리에 난 상처로 죽음에 이르렀다면 그것이 처벌에 미치는 영향이 컸기에 이를 특별히 당부한 것으로 보인다.

이렇듯 구타 살상 사건과 관련해서는 사용한 도구(他物)에 따라 그 보고保辜 기한이 달라 이에 다양한 도구 즉 타물他物(딱딱한 신발 및 이로 문 것 포함)의 범위에 대한 규정을 자세히 알아야 하고, 아울러 여성이 유산을 한 경우 보고 기한을 연장한다는 규정도 알아야 하기에, 또 기한 내이지만 다른 이유(他故)로 죽었을 경우는 살인죄를 적용하지 않기에 사인 판별에 특히 주의를 기울여야 하며, 더군다나 다른 이유라 하더라도 머리에 난 상처에 풍風을 얻어 죽은 경우는 다른 이유(他故)에 들어가지 않기에 검험관은 이와 관련된 정확한 법률지식을 갖추고 있어야 했다. 이에 송자는 「조령」에서 특별히 소주小注를 추가하여 관련 규정을 명시하였고, 이와 더불어 「의난잡설」이나 「타물수족상사」 등 편에서도 이에 관한 세부 사항들을 적었던 것이다. 이 부분은 관찬인 『사류』의 「검

---

42 『洗冤集錄』 권4 「他物手足傷死」, 99쪽.

시」에는 전혀 나오지 않는 규정들이기에 더욱 의미 있으며, 곧 「조령」이 『사류』의 「검시」와 달리 현장에서 필요한 법률 지식을 더 많이 수록했음을 알 수 있다.

송자는 검험관 (및 지방관)이 알아야 할 법률 지식에서도 그들의 위법 사항이나 행정 운영과 관련된 것 외에 검험을 실행하고 검험 결과를 확정하는 데 있어서 또 최종 판결을 하는 데 필요한 중요한 규정들을 덧붙였다. 특히 '타물'과 '보고' 규정은 판결에 있어서 관원들이 필수적으로 알아야 했던 것이기에 더욱 유용했을 것이다. 이들 규정은 기본적으로 『송형통』의 원칙이 이어져 왔다. 다만 송자는 『송형통』의 규정 외에 세부적으로 추가된 규정을 『신명형통』이나 '투송칙'을 참조하여 추가로 「조령」에 수록하였다. 당시 지방관들은 당률로부터 이어져 온 원래의 규정과 그 이후 추가된 규정을 한자리에서 한눈에 살펴볼 수 있었기에 송자의 「조령」은 사법 현장의 수요를 정확히 고려한 것임을 알 수 있다.

5 맺음말

송자는 『세원집록』의 앞머리에 「조령」을 실어 검험과 관련된 당시 현행 법률 규정을 한데 모아 검험관이 검험을 시행하고 사법 관원이 판결을 할 때 유용하게 참고할 수 있도록 하였다. 주된 내용은 관원들의 위법('위제' 포함)과 관련한 사항에 대한 처벌규정을 실었고(9개), 그 다음으로 검험의 시행과 관련한 행정 및 운영에 관한 규정을 두었으며(14개), 마지막으로 검험관과 사법 관원이 사인死因을 판단하고 형량을 결정할 때 특별히 알아야 하는 법률 지식에 관해 실었다(6개).

「조령」의 원출처를 추적한 결과 가태 2년(1202) 출간된 『사류』의 「검시」편에 수록된 조항이 18개로 62%를 차지하며 나머지는 『송형통』과 『신명형통』 또는 북송부터 송자가 살았던 시기까지 반포된 조칙 등이 었다. 무엇보다도 검험제도의 시행과 운영에 관한 규정은 『사류』의 「검시」를 그대로 실었고 나머지 부분 즉 검험관원의 위법 행위에 대한 처벌규정이나 제대로 된 검험 및 판결을 위해 필요한 법률 지식은 송자가 『송형통』 및 『신명형통』 그리고 수시로 반포된 여러 조칙 등을 참고하여 보충한 것이었다.

송자가 「조령」에서 추가한 항목들은 대부분 검험관원의 위법 행위 그중에서도 검험 결과의 오류나 거짓에 대한 처벌에 관한 내용이며 또 검험과 판결을 진행할 때 필요한 무고誣告, 타물他物, 보고保辜 등에 관한 법률 지식이었다. 이것은 당시 지방관이 참고할 수 있었던 법전인 『사류』의 「검시」와 비교할 때 『세원집록』의 「조령」이 가지는 특징으로 「조령」이 특정 목적을 가지고 관련 법률 지식들을 수집한 것임을 보여준다. 즉 현장에서 검험을 시행하는 검험관과 각 지방의 사법 현장에서 판결을 내리는 사법 관원이 주 독자층으로 그들이 현장에서 필요로 하는 법률 지식을 모은 것이다. 이는 관찬 법전이라 볼 수 있는 『사류』의 「검시」와는 성격을 달리하는 것으로 현장의 수요를 한껏 반영한 결과이다.

검험 결과에 관하여 치명적 사인을 확정하지 못했다거나(不定) 결정하였는데 타당하지 않거나(不當) 혹은 거짓으로 결과를 고한 경우에(不實) 대한 처벌 규정을 상세히 첨가한 것은, 검험관원은 검험결과를 정확하게 확정하고 사실대로 보고해야 한다는 것에 더욱 엄격해진 현실의 요구와 긴장을 반영한다. 그는 이와 관련하여 『사류』 편찬 이후 반포된 가정 16년(1223)과 순우(1241-1252) 연간의 칙을 추가하기도 하였다. 또 지방관들이 늘 마주해야 하며 사건 해결에 검험의 절차와 결과가 특히 중요한 '무고' 사건과 구타·살상 사건의 처리에 대한 법률 규정을 수록하여 망고妄告, 망인妄認, 망감妄勘에 대한 변화된 처벌규정을 정확히 숙지하도록 하고, 타물他物, 보고保辜의 원칙과 세칙들을 상세히 반영하여 이를 정확히 이해하도록 했다. 송자의 「조령」은 검험의 행정 및 운영상의 효율은 물론 검험관의 정확한 검험 결과 보고와 사법 관원의 정확한 판결을 도모했던 '사찬' 법전이었던 셈이다.

송자의 「조령」은 남송 시기 지방관들의 법률 지식이 어떻게 구성되었는지 그 구체적 면모를 보여 준다. 검험 관련 법률 지식을 기준으로 추정해 보면, 남송 말기 지방관들은 대체로 『사류』에서 관련 법률 지식을 얻었으며 이것이 기본이 되었던 것으로 보인다. 그 외에 『송형통』으로 전해지는 당률의 전통을 기준으로 그 이후에 추가된 『신명형통』 등이 그들의 법률 지식을 구성하는 부분이었다. 마지막으로 송대 수시로 반포되어, 특히 『사류』 편찬 이후에도 반포되어 편칙編勅을 거친 여러 조칙들이 그들의 법률 지식을 구성했다. 당시의 칙은 현실의 변화상을 그대로 반영하는 것이기에 가장 민감하게 주목했던 요소였을 것이다. 본 논문을 통해 비록 검험 관련 법률 지식에 한한 것이지만 특정 영역에서 남송시기 지방관이 어떻게 관련 법률 지식을 얻고 현장의 필요에 맞게 재구성했는지 그 구체적 모습을 파악할 수 있었다.

검험관원에 대한 규율 중에서도 부정不定, 부당不當, 부실不實에 대한 처벌 규정을 강조하고 있거나 정확한 판결을 위한 무고誣告 사건 처리와 구타·살상 사건 처리에 관한 법률 지식을 더욱 보강하고 있었다는 점은 송자가 추구했던 것이 무엇인지를 명확히 보여 준다. 곧 정확한 사인死因 판단과 이를 기반으로 한 공정한 판결이었다. 여기서 송자가 『세원집록』과 같은 검험 참고서를 편찬하게 된 동기도 설명이 된다. 즉 제대로 된 검험 시행과 판결을 위해 그들에게 검험에 관련된 기본 지식을 알게 하는 것이다. 송 조정이 사법 판결에서 검험의 절차를 점점 더 중시하고 이에 따라 검험 운영상의 제도적 완비가 이루어지며 검험관에 대한 요구가 엄밀해지는 추세에 대해 지방 차원의 대응과 모색이 필요했을 것이며 『세원집록』은 이러한 대응과 모색의 결과물이 아닌가 생각한다. 그중에서도 「조령」은 제대로 된 검험 행정 및 운영을 모색하는 것은 물론 검험관의 정확한 검험 결과 도출과 이를 기반으로 한 사법 관원의 정확한 판결까지 모색한 남송시기 지방관의 고민과 노력이 돋보인다.

II

검험지식의
집적과 체계화

남송 시기 여러 지역의 제점형옥을 역임한 바 있는 송자(1186-1249)는 인명사건의 수사와 판결에 있어서 검험의 절차가 무엇보다도 중요함을 알고 있었고, 지방관이 이를 잘 수행할 수 있기 위해 검험 참고서인 『세원집록』을 출판했다. 그러므로 이 책이 가장 중점을 두고 있는 부분은 실제 검험을 시행하는 데 유용한, 사체를 처리하고 사인을 판별하는 데 필요한 '검험지식'이었다.[1] 그는 당시 산재해 있는 검험지식을 수집하고 정리하는 과정에서 경험을 중시했고, 사법 현장에서의 경험에 근거한 지식의 체계화를 시도한 듯 보인다.

송대 검험지식과 관련한 기존의 연구는 적지 않다.[2] 이 장에서는 구

---

1 본 장에서는 실제 검험을 시행하는 데 필요한 지식을 '검험지식'이라 지칭하며, 이는 제2부에서 전반적으로 다루는 '검험 관련 지식', 즉 검험 관련 법률 지식이나 검험 관원이 알아야 할 구급의학 지식 등을 포함하는 넓은 개념과 구분하여 사용하고자 한다.

2 구체적 연구성과는 98쪽, 주 2) 참조.

체적 검험지식 자체의 분석에 중점을 두기보다는, 먼저 송자가 『세원집록』의 서문에서 밝힌 편찬 경위를 분석하면서 어떤 취지와 기준 아래 검험지식을 정리하였는지 분석한 연후 몇 가지 그 지식의 연원을 추적할 수 있는 사례를 통해 송자가 기존의 산재한 지식을 정리한 그 구체적인 모습을 관찰한다. 아울러 당시 검험 지식이 사법 현장에서 맞닥뜨리게 되는 죽음(死因)을 어떻게 분류하여 검험 지식을 체계화하였는지 살펴볼 것이다. 마지막으로 『세원집록』의 검험지식이 그 이후 원대에 이어 명·청시기 및 다른 동아시아지역까지 전승되는 것을 간단히 설명함으로써 송자의 『세원집록』에서 진행한 검험지식의 정리와 체계화가 어떤 의미를 가지는지 살펴보고자 한다.

1 '경력(更歷)'의 중시

『세원집록』의 편찬 배경 및 경위를 설명하고 있는 송자의 자서自序의 내용을 분석해 보면, 송자의 집필 의도와 그가 기록한 검험 지식의 '출처'를 추정해 볼 수가 있다. 그 서의 전문은 아래와 같다.

◆ 옥사는 대벽大辟보다 중한 것이 없고, 대벽은 처음의 정황보다 중한 것이 없으며, 처음의 정황을 알기 위해서는 검험보다 중한 것이 없다. … ① 근래 주현州縣에서 모두 그 일을 초관初官에게 맡기고 무관에게 맡기니, '경력更歷'이 많지 않고 함부로 시도하여 거듭 오작作作에 의해 속임을 당하고 이서吏胥의 간교함에 꼬여 사실과 다르게 변경시키니 모호하여 문책할 수도 없다. 비록 영민한 자가 있어 한 마음 두 눈으로 보더라

도 그 지혜를 사용할 수 없으니, 하물며 멀리서 바라보기만 하고 친히 가서 만져 보지 않고 코를 막고 달갑게 여기지 않는 자는 오죽할까! ② 나는 네 번이나 형옥의 일을 맡았고, 다른 장점은 없으나 유달리 옥사는 세심하게 또 세심하게 살폈고, 조금이라도 태만하거나 경솔히 한 일이 없다. 만약 속임이 있다는 것을 안다면 끝까지 반박하며 싸우고, 혹 의심이 생겨 해결되지 않으면 반드시 반복하여 심사숙고하니 오직 걱정했던 것은 성급히 진행해 죽은 자가 헛되이 많이 손상되는 것을 염려했다. ③ 매번 옥사가 잘못되는 것을 생각해 보니 대부분이 그 시작에서 잘못되어 그런 것이며 검험의 오류는 모두 '역시歷試'의 미천함에서 온다. ④ 마침내 근래까지 대대로 전해 오는 여러 책들, 즉 『내서록內恕錄』이하 여러 책들을 모아 중요한 것을 추려 고증하고 바로잡아 나의 의견을 더해 하나의 책으로 편하여 『세원집록洗冤集錄』으로 이름하고, 호남헌치湖南憲治에서 출간하여 내 동료들에게 보여 검험에 참고하도록 한다. 이는 의사가 고법古法을 토론하는 것과 같아 맥락표리脈絡表裏를 먼저 확실히 이해하여 일단 이에 따라 침을 놓게 되면 고치지 못할 병이 없을 것이다. 즉 원망함을 잘 풀어 주면, 이는 곧 의사가 죽은 자를 일으켜 살리는 것과 같은 효용을 가진다.

순우淳祐 정미년丁未年 가평절嘉平節 전 십일十日, 조산대부朝散大夫, 신제직비각新除直秘閣, 호남제형충대사행부참의관湖南提刑充大使行府參議官 송자宋慈 혜보惠父가 서를 쓰다.

⑤ 현명한 사대부 중 혹 보고 들은 것과 직접 경험한 것들 중 이 책에서 수록하지 못한 것이 있다면, 바라건대 편지를 써서 나에게 보내 주면 미

◆ 비한 것을 보충할 것이다. 송자가 삼가 쓰다.[3]

　송자는 인명 사건의 판결에서 검험의 중요성을 강조한 후, ① 부분에서 검험 현장의 문제점을 지적하고 있어 이 책의 출판 배경을 간접적으로 드러낸다. 먼저 초임관 또는 무관에게 검험 업무를 맡기는 문제를 지적하였다. '경력이 많지 않음'과 '함부로 시도함' 등으로 오작 등에게 속임 당할 것을 염려하고 있다. 아울러 파견 관원이 직접 검험을 하지 않는 당시 현장의 문제점을 지적했다. 이러한 문제점을 경계하고 보완하는 것이 바로 『세원집록』 편찬의 목적이 될 것이다.

　②의 내용은 저자 스스로 이 책의 편찬자로서의 자격을 설명하고 있는 듯하다. 무엇보다도 그가 가지고 있는 의학 지식에 대한 언급 등이 아니라 관련 업무에서의 '경력'을 첫째로 꼽고 있다. "네 번이나 형옥의 일을 맡았던" 그의 경력을 강조한 것이다. 앞에서 경력의 미천함을 운운한 것과 일맥상통하는 부분이다. 이어서 "옥사는 세심하게 또 세심하게 살폈다"고 하여 그의 또 다른 장점을 언급했다. 검험 관련 저서를 편찬하는 자로서의 자격을 꼽는 데 있어서 그는 옥사를 세심히 살피는 그의 장점을 들었던 것이다. 이러한 그의 자기 이해는 이 책의 내용이 상당 부분 그의 경력 그리고 실제 경험을 바탕으로 한 것임을 짐작할 수 있게 해 준다.

　③ 부분은 책의 출판 목적을 구체적으로 밝혔다. "검험의 오류는 모두 경력의 미천함에서 온다"라고 하여 검험에서 가장 중요한 것을 '경

3　　高隨捷, 祝林森, 『洗冤集錄譯註』(이하 『洗冤集錄』), 上海古籍出版社, 2008, 1쪽.

력'이라고 파악했던 것이다. 결국 경력의 미천함을 보완할 수 있도록 경력이 풍부한 그가 검험 관련 지식을 모아 책을 편찬한 것이다.

④ 부분은 그가 참고한 책들을 제시하고 있다. "『내서록內恕錄』 이하 여러 책들을 모으고", "나의 의견을 더해" 『세원집록』을 편찬한 것이다. 『내서록』은 현재 전해지지 않아 그 구체적 내용을 알 길이 없고 그 이하 '여러 책들'이 어떤 책을 의미하는지 역시 알 수 없지만 당시까지 전해 오는 검험지식에 그의 경험을 통해 얻어진 견해들을 더하였다고 하니 관련 저서들과 그의 제점형옥사로서의 경험을 통해 얻은 지식이 책의 주된 내용을 구성하고 있는 것이다.

무엇보다도 ⑤의 내용을 보면 그의 경력에 대한 중시 및 그것이 곧 책의 주된 내용을 구성하고 있음이 더욱 명확히 드러난다. 그는 '현명 한 사대부들'에게 그들의 경험 중 얻은 지식에서 추가할 것이 있는지 공 개적으로 관련 정보를 구하고 있다. 관련 정보를 '의사'에게 구하는 것 이 아니라 그와 같은 사대부들, 즉 법관의 경력이 있는 현명한 사대부 들에게 구했다는 것은 당시 검험지식의 수집 과정을 파악하는 데 중요 한 단서가 된다.

위의 내용을 종합해 보면, 공통된 핵심 내용은 검험 관원의 '경력'에 있어 보인다. 경력이 미천한 자들이 종종 검험관으로 파견되는 현장의 문제점을 지적하고, 검험의 오류는 경력의 미천함에서 온다는 그의 인 식, 그리고 경력이 풍부하다 자처할 수 있는 그의 네 번의 형옥 업무 역 임에 대한 강조 등은 그가 검험에 있어서 경력을 가장 중시했고 아울러 『세원집록』의 편찬 목적은 다른 관원들의 경력의 미천함을 보완하는 것임을 설명해 준다. 더 나아가 『내서록』과 그 이하 관련 책들을 참고한 것 외에 그의 경험에서 얻은 검험 지식이 『세원집록』의 주된 내용을 구성하며 그리고 현명한 사대부들의 경험이 이후 보완될 내용의 잠정적 출처가 되는 것이다. 이렇듯 지방 관원으로서 검험에 대한 '경력'의 강조는 『세원집록』에 반영된 당시 검험 지식이 검험 현장에서의 경험으로 축적된 결과물임을 이해할 수 있게 해 준다.

송자가 『세원집록』을 편찬할 당시의 상황을 생각해 보면, 지방관이 참고할 만한 '체계를 갖춘' 검험 참고서가 없었던 것으로 보이며 다만 이 책 저 책에 산재해 있는 검험지식과 지방관들의 경험에서 얻어진 산발적으로 전해지는 지식들이 단편적으로 각지 지방관들에게 활용되었을 것이다. 이런 상황에서 그는 검험관의 현장 '경력'을 제일 중요한 요소로 꼽았으며 무엇보다도 이러한 '경력'의 수집과 정리를 통해 '경력'이 미천한 자들을 도우려 했을 것이고 이러한 배경 속에 송자는 산재한 검험지식을 모아 편목을 갖춘 책을 편찬하였던 것이다. 이에 당시까지의 산재했던 검험지식이 비로소 어느 정도 체계를 갖추게 된 것으로 이해할 수 있겠다.

그렇다면 그가 모은 검험지식은 대체로 어떤 것들이고 어떻게 수정·보충하여 정리된 것일까?

2 검험지식의 집적

송자는 『세원집록』에서 지방관이 검험을 할 때 알아야 할 다양한 내용을 담았다. 그 가장 첫 부분은 검험과 관련된 다양한 법규를 모아 「조령 條令」에 실었고, 그 다음으로 검험할 때의 주의사항 및 판결이 어려운 사안을 다룰 때의 유의사항 등을 '총론' 형식으로 「검복총설檢覆總說」과 「의난잡설疑難雜說」에 실었으며, 그 다음으로 초·복검의 유의사항, 사체 처리와 검험의 방법, 각종 사인死因에 따른 검험 내용, 판별 기준 및 주의사항 등을 '각론'으로 싣고 있다(각종 사인死因의 목차는 〈표 2〉 참조).

송자는 그의 서에서 "근래까지 대대로 전해 오는 여러 책, 즉 『내서록』이하 몇 권의 책들을 수집하여 중요한 것을 모아 추려 정리하고 바로잡은 후 나의 의견을 더해"라고 하였다. 여러 책을 참고하고 또 이를 수합하고 수정한 후 자신의 견해를 더하여 책으로 편찬하였던 것이다. 『내서록』이 어떤 내용이고 아울러 그 "그 이하 몇 권의 책들"이 어떤 책을 이르는 것인지 정확하지 않으므로 『세원집록』에 반영된 검험지식 중 어느 부분이 전하여지는 책에서 참고한 것인지 어느 부분이 송자 자신의 견해인지 구분하기는 쉽지 않다. 다만 지금까지 전해지는 책들 중 당시의 송자도 보았을 것으로 추정할 수 있는 저서의 관련 내용을 찾아 『세원집록』과의 비교를 통해 그 대략적인 면모를 추정해 볼 수 있을 것이다. 그중 송대 선화宣和 6년(1124) 진사進士가 되어 남송南宋(1127-1279) 초 관직 생활을 했던 정극鄭克이 춘추 전국 시기부터 북송까지의 명판례들을 모아 당시 지방관들이 참고할 수 있도록 편찬한 『절옥귀감折獄龜鑑』은 송자가 참고한 저서에 포함되었을 가능성이 크다. 혹은 적어도 송자가 『세원집록』을 편찬하기 이전 당시 사람들의 검험 지식의 수준을 보여 준다고 말할 수 있다. 다행스럽게도 『절옥귀감』이 수록한 송대의 명판결 중 인명사건과 관련한 판결에서 검험이 언급되는 사례가 있으므로 당시 사람들의 검험지식의 수준을 엿볼 수 있다.

우선, 검험을 시작할 때 사체를 처리하는 방식에 관한 내용이 등장한다. 검험 담당자는 사체를 씻고 상처 부위가 잘 드러나게 하도록 기본적인 처리를 하게 되는데, 당시는 일반적으로 술지게미(糟) 등으로 사체를 씻는 방법이 있었던 것 같다. 이에 관해 정극은 『절옥귀감』에서 다음과 같은 판결을 수록하였다.

* 태상박사太常博士 이처후李處厚가 여주廬州 신현愼縣을 맡고 있을 때이다. 일찍이 사람을 때려죽인 자가 있었는데, 처후가 가서 검시를 하였다. 술지게미덩이(糟藏)와 석회수(灰湯)로 엷게 발랐는데도 상처가 보이지 않았다. 어느 한 노부老父가 보기를 구하더니, "읍의 옛 서리로 있을 때, 상처를 검험할 때 흔적이 보이지 않으면 적유赤油를 입힌 우산을 햇빛 아래 [상처에] 비추고 물로 사체를 씻으면 상흔이 곧 드러났다." 처후가 그 말대로 하니 상흔이 완연하게 드러났다. 이때부터 강江, 회淮 지역에서는 종종 그 방법을 썼다.[4]

이처후李處厚는 인종仁宗(1022-1063 재위) 시기 진사進士로, 이 기록은 사실 북송 심괄沈括(1031-1095)이 쓴 『몽계필담夢溪筆談』에 나와 있는 기록을 정극이 그대로 옮긴 것이다. 『몽계필담』은 대략 11세기 후반에 쓰인 것으로 추정된다. 11세기 후반 이미 술지게미와 석회수를 이용하여 사체를 씻는 방법을 사용하고 있었고, 아울러 '적유赤油'를 먹인 우산을 햇빛 아래 비추어 상처를 보는 방법도 막 사용되고 있었던 것으로 보인다. 정극이 이 기록을 『절옥귀감』에 그대로 실은 것은 지방관들로 하여

---

4   鄭克, 『折獄龜鑑』 권6 「證慝・李處厚沃屍」, 381쪽.

금 이를 참고하도록 하기 위함이었을 것이다.

13세기 중반 출간된 송자의 『세원집록』은 이러한 검험지식들이 얼마나 더 세밀하게 발전하였는지를 보여 준다. 그는 사체를 씻는 것에서부터 상처가 보이지 않을 때의 여러 가지 방법을 언급하였다.

◆ 사체를 검험할 때 및 뼈가 손상된 곳을 검험할 때 상처의 흔적이 드러나지 않는다면, 술지게미나 식초를 사용하여 사체에 뿌리고 덮은 후 밖에 내다 놓고 새로 기름칠 한 비단이나 명유우산明油雨傘으로 보고자 하는 부위를 덮고, 햇볕을 쪼이며 우산을 넘어 보면 상처가 곧 드러난다. 만약 흐리고 비가 오는 날은 익은 숯을 가져와 쪼이는데 이것은 좋은 방법이다. [이러한 방법을 사용했는데도] 혹 다시 숨겨지고 보기 어렵다면, 백매白梅를 찧어 빻은 후 보고자 하는 부위에 펴 바른다. 다시 [우산이나 술지게미로] 가리고 펴서 본다. [이렇게 했는데도] 여전히 다 보이지 않는다면 다시 백매의 과육을 취해 파(葱), 산초(椒), 소금, 술지게미를 넣고 한 곳에서 갈아 동그란 모양으로 만든 후 불에 구워, 가장 뜨겁게 달군 후 상처 부위에 지지고 먼저 사용한 종이를 대어 보면 곧 그 상처가 드러난다.[5]

11세기 후반 심괄에 의해 기록으로 남게 되었다가 12세기 남송 초 정극이 이를 판결집에 실었을 때의 기록에 비해, 순우淳祐 7년(1247) 송자는 더욱 풍부한 내용을 적고 있다. 술지게미를 언급한 것은 같지만 석회수가 아닌 식초를 언급하고 있고, 기름칠 한 비단이나 명유우산明油

---

5   宋慈, 『洗冤集錄』 권2 「驗尸」, 44쪽.

雨傘을 언급하였다. 또 해가 없는 날의 경우를 생각하여 달구어진 숯을 사용할 것을 권하고 있다. 이와 더불어 그럼에도 불구하고 상처가 보이지 않을 경우에 대한 대비를 보충하고 있다. 즉, 백매白梅를 사용할 것과 백매에 파, 산초, 소금, 술지게미를 갈아 불에 달구어 상처에 지져 비춰 보는 방법도 추가하였다.

실제로 술지게미나 식초는 당시 사체를 씻는 매우 기본적인 재료로 사용되었고, 일반적인 상처는 이 방법만으로 드러나지만 이 정도로 드러나지 않는 상처에 대한 처리 방법은 지방관이 검험을 할 때 필요한 아주 중요한 정보일 것이다. 이에 송자는 "항인行人이 그저 술과 식초를 뿌린 후 [검험]한 것을 믿어서는 안 된다. [그러면] 상처가 보이지 않는다"[6]고 강조하였고, 아울러 "파, 산초, 소금, 백매 등을 많이 준비해 두어 상처가 난 곳이 보이지 않을 때를 대비해 그것으로 덮고 싸서"[7] 보이도록 해야 한다고 강조했다. 그리고 단계별로 술지게미와 식초, 기름 바른 비단이나 우산, 찧은 백매, 그리고 백매와 산초, 소금, 술지게미 등을 섞어 불에 달군 것을 사용할 것을 차례대로 권하고 있다. 그가 추가한 내용은 아마도 당시 그가 참고했던 여러 책들 혹은 그가 경험에서 얻게 된 방법이었을 것이다. 11세기 후반에서 13세기 중반에 이르는 사체 처리 방식에 대한 검험지식의 축적이 여실히 드러나는 부분이다.

그 다음으로 칼 등 흉기로 인한 살상 사건은 흔히 있었던 일로 지방관이 자주 검험을 해야 하는 사안이었다. 송자는 사법 현장에서 자주

---

6   宋慈, 『洗冤集錄』 권1 「檢覆總說上」, 16쪽.

7   宋慈, 『洗冤集錄』 권2 「驗屍」, 43쪽.

사체를 검험해야 하는 경우를 몇 가지로 분류하여 언급하였는데, 그중 "칼로 살상하는 경우"를 가장 처음으로 꼽고 있다.[8] 주지하다시피 송대는 상처의 깊이와 모양 및 범인이 사용한 흉기와 관련하여 검험한 결과를 모두 험장에 상세히 써야 했다. 이에 상처를 검험하는 것은 매우 중요한 사안이었다. 칼로 인한 상처를 검험하는 것과 관련하여 『절옥귀감』은 다음과 같은 내용을 싣고 있다.

◆ 전유제錢惟濟는 강주絳州의 지주를 맡았다. 한 백성이 뽕잎을 따고 있었는데 도적이 이를 강탈하려다가 얻지 못하자 이에 스스로 그 오른쪽 팔을 상처내고 살인으로 그를 무고하였다. 관에서는 판별을 할 수가 없었다. 유제가 [도적을] 불러 심문하면서 바로 앞에서 밥을 먹게 하였다. 도적은 왼손으로 숟가락을 들고 먹었다. 이에 [유제가] 그에게 말하기를 "다른 사람이 칼을 찌를 때는 윗부분이 깊고 아래는 가볍다. 지금은 아래가 깊고 위가 가볍다. 바로 왼손으로 오른쪽 팔을 찌른 것이다." 이에 무고한 자가 자복하였다.

[안案] 이것은 그 상처가 아래가 깊고 위가 가벼운 것을 가지고 스스로 칼로 찌른 것임을 안 것이다. 다만 오른쪽에 상처가 있는 것이 의심되었는

---

8   『洗冤集錄』 권1 「疑難雜說上」, "무릇 사체를 검험해야 하는 경우로는 刀刃殺傷, 他物鬪打, 拳手毆擊, 혹은 自縊 또는 勒殺, 혹은 投水나 被人溺殺, 혹은 病患으로 죽음에 이른 경우 등에 불과하다. 그러나 勒殺은 自縊과 유사하고, 溺水는 投水와 유사하며, 鬪毆는 保辜 기한 내에 죽어도 실제로 病患으로 죽은 경우도 있다. 인력과 여사는 매질을 당한 후 주인집에서 自害하거나 自縊하는 경우도 있다. [사망에 이르는] 이유는 수없이 많으며, 모두 疑難의 안건이 된다. 때에 맞춰 조사하고 관찰할 때 절대 경솔하게 해서는 안 되며, 아주 작은 실수라도 그 결과는 매우 크다," 26쪽.

데, 이에 그에게 밥을 주어 그 손을 본 것이다. 무고한 정황이 드러나니
◆ 저가 어찌 불복하겠는가![9]

이 사건은 칼(刀物)로 인한 사건인데, '자해自害'인지 타인에 의한 '살상
殺傷'인지 판별하는 것이 관건이었다. 이에 전유제는 그 상처를 검험하
였다. 다른 사람이 찌른 경우 일반적으로 "윗부분이 깊고 아래는 가벼
운데(上重下輕)", 지금의 상처가 "아래가 깊고 위가 가벼운(下重上輕)" 것이
이상하여 자해自害임을 눈치챘고, 오른쪽 팔에 상처 낸 것이 이상하여
밥을 먹게 해 본 결과 왼손잡이임을 알아낸 것이다. 당시 전유제는 지
방관으로서 칼날로 인한 살상 관련 검험 지식을 가지고 있었고, 이로써
명판결을 내려 정극이 이를 『절옥귀감』에 수록하였던 것이다. 아울러
정극은 '안'을 통해 "상처가 아래가 깊고 위가 가벼운 것을 가지고 스스
로 칼로 찌른 것임을 안 것"이라고 정리하였다. 이는 상처의 윗부분과
아랫부분의 깊이를 통해 자해와 살상을 판별하는 방법이다.
　이 내용을 송자가 참고하였을지 여부는 확인할 수 없으나, 그는 『세
원집록』의 「자형自刑」부분에서 관련된 내용을 명기하고 있어 양자를 비
교할 수 있다.

◆ 그 상처는 시작되는 부분이 깊고 끝 부분이 가볍다(만약 왼손으로 칼을 쥐어
　상처를 냈다면 인후의 오른쪽 아래 손을 댄 부분이 깊고, 왼쪽 칼을 거둔 쪽이 얕다.
　그 가운데는 오른쪽만 못하다. 대개 칼을 댄 곳이 가장 깊으며 점점 통증이 와 손이 오

9　『折獄龜鑑』, 141–142쪽.

그라들어 이에 상처가 얕아지는 것이다. 왼손은 반드시 물건을 쥐고 있는 것 같으니
◆ 이런 경우이다. 오른손 역시 그러하다).[10]

정극이 소개한 판결과 안案 그리고 송자의 설명을 비교해 보면 아래와 같은 차이가 있다. 먼저 정극이 "그 상처가 아래가 깊고 위가 가벼운 것(下重上輕)"이라고 정리한 것을 송자는 "그 상처는 시작되는 부분이 깊고 끝 부분이 가볍다(起手重, 收手輕)"라고 표현했다. 위, 아래보다는 상처가 난 위치에 따라 다른 상황을 고려하여 '시작되는 부분(起手)'과 '끝 부분(收手)'으로 더욱 정확하게 표현하였다. 아울러 소주小注를 달아 사용하는 손이 오른손인지 왼손인지에 따라 다른 상황을 명기하였고, 또 상처의 '경중輕重'을 상처의 '심천深淺'으로 더욱 구체적으로 설명하였다. 또 상처의 중간 위치가 처음 위치보다 깊지 않음을 분명히 밝혔다. 또한 상처의 깊이가 차이가 나는 이유를 명시하여 "통증으로 손이 오그라들어" 나타난 결과라 적고 있다. 끝으로 상처를 낸 왼손의 모양까지 덧붙였다.

자해에 대한 설명을 통해 우리는 송자가 기존의 검험지식을 어떻게 정리하였는지 또는 정극의 시대에서 송자의 시기가 되면 검험 지식이 어떻게 보충 정리되었는지 구체적으로 이해할 수 있다. 즉, 각종 다양한 상황에 모두 부합하도록 용어를 더욱 정확하게 사용하고, '경중輕重' 등 의미가 모호한 것을 '심천深淺'으로 정확하게 명시하였으며, 각종 경우의 수(오른손, 왼손 사용에 따라)에 대해 검험 내용을 구체적으로 부연 설

10 『洗冤集錄』권4「자형」, 105쪽.

명하였다. 또한 그러한 현상이 나타나게 된 원인까지 덧붙였으며, 그 외에 관련 사체에서 유사하게 나타나는 특이점들을 보충하였다. 이러한 수정과 보충이 바로 기존의 지식을 정리하고 바로잡아 송자 자신의 견해를 덧붙인 구체적인 모습이 아니었을까.

사건을 판결할 때 상처의 검험에서 중요한 증거를 찾을 수 있었기에 상처의 검험은 매우 중요했다. 그런데 당시 사람들은 일부러 상처를 내기도 했고, 또 상처가 난 듯 위장하여 무고하기도 했다. 위의 사례가 '자해'인지 '살상'인지를 구분하는 기준에 관한 것이었다고 한다면, 아래는 위장된 상처에 관해 판별하는 것이다. 정극은 『절옥귀감』에서 다음과 같은 내용을 기록하고 있다.

◆ 상서尚書 이남공李南公이 장사현長沙縣을 맡고 있었을 때이다. 싸운 자가 있었는데, 갑이 강하고 을이 약했다. 각각 청적색 상흔이 있었다. 남공은 불러 앞으로 오라고 하고 손으로 가리켜 문질렀다. 이르기를, "을의 것은 진짜이고 갑의 것은 가짜다." 심문하니 과연 그러하였다. 대개 남방에는 거류欅柳나무가 있는데, 잎으로 피부에 문지르면 청적색으로 마치 맞아서 생긴 상처와 같다. 그 껍질을 벗기어 피부 위에 두고 불로 지지면 몽둥이로 맞은 상처와 같아 물로 씻어도 지워지지 않는다. 그러나 맞아서 생긴 상처는 혈이 뭉쳐져 딱딱하고, 꾸며진 것은 그렇지 않다. 남공은 이로써 그것을 판별한 것이다.

[안] 싸워서 구타한 소송은 상처가 그 증거가 되는데 이렇게 위장해도 어

찌 판별할 수 없겠는가. 특별히 적어 두는 바이다.[11]

　정극이 '안'에서 말한 바와 같이 구타 소송사건에서는 상처가 주된 증거가 되기에 이를 위장했을 때는 특히 제대로 검험을 해야 했다. 이에 정극은 일부러 이 사안을 실었던 것이다. 거류나무 껍질로 위장한 것은 청적색 상흔으로 진짜 상처와 유사하지만 만져 보면 혈이 뭉친 흔적이 없어 딱딱하지 않아 꾸며진 것을 단번에 알 수 있다는 것이다. 이와 관련된 사항을 송자 역시 『세원집록』에서 적고 있다.

남방의 백성들은 매번 작은 다툼이 있을 때마다 스스로 목숨을 자진하여 상대를 무고하기를 도모하는 자들이 많았다. 먼저 거류나무 껍데기를 [피부에] 덮어 씌워 상처를 만들면 [자진한] 사후에는 다른 흉기에 의해 상처 입은 것처럼 되니 무엇으로써 이를 검험할 수 있는가? 다만 그 상처의 안을 자세히 보면, 가운데 반드시 짙은 흑색이 있고, 그 주위에 청적색이 나타나며 흩어져 하나의 상처를 이루며, 부은 흔적이 없으니, 이는 생전에 거류나무 껍질로 덮어 생긴 상처이다. 대개 사람이 살아서 피가 흐르면, 거류나무 껍질과 더불어 엉켜 상처가 된다(만약 손으로 눌렀을 때 상처 부위가 부어 있으면 곧 거류나무로 펴 발라 된 상처는 아니다). 만약 사후 거류나무 껍질로 덮은 것은 [상처가] 청적색으로 멀리 흩어지는 현상이 없고, 그저 약간의 흑색이 있을 뿐이다. 손으로 눌렀을 때 딱딱하지 않으면, 그 상처는 사후에 [거류나무 껍질을] 펴 발라 생긴 것이다. 대개 사람이

11　『折獄龜鑑』 권6 「證慝·李南公捏痕」, 380쪽.

사후에는 혈맥이 흐르지 않아 거류나무는 그 효과를 나타낼 수 없다. 다시 자세히 원래의 정황을 살펴야 하며, 사체의 상처가 어디에 길고 짧은 것이 있는지 [사용한] 흉기의 크기와 부합하는지 살펴, [검험에] 임하여 그것을 판단하면 반드시 착오는 없을 것이다.[12]

거류나무는 남방에서 주로 서식하기에 송자의 기록에서도 아마 '남방 백성들은'이라고 하였던 것 같다. '청적색'이라고 상처의 색깔을 언급한 것과 상처를 만져 보아 부은 흔적이 없으면 거류나무로 만든 위장한 상처라고 한 것은 위의 기록과 같다. 그러나 이 두 가지 외에 송자는 이 상처가 생전에 만든 것인지 사후에 만들어진 것인지 분류하여 설명을 더하고 있다. 즉 생전의 상처는 피와 반응하여 가장 가운데가 흑색이고 점점 주변으로 청적색이 나타난다는 것 그리고 사후에 만들어진 상처는 그저 가운데 약간의 흑색이 있을 뿐이라고 언급하였다. 아울러 이러한 차이가 나타나게 된 원인을 혈맥이 흐르는지 유무과 관련하여 거류나무와 피가 반응하여 된 것이라고 상세히 설명하고 있다. 송자가 알고 있고 기록하였던 검험 지식은 그 이전 시대보다 더욱 세밀해져 생전 혹은 사후 위장된 상처가 어떻게 서로 다른지 그 이유가 무엇인지 언급하고 있었고, 이것은 분명 인명사건 수사에 요긴한 검험지식이었을 것이다. 아울러 송자는 이렇게 위장된 상처가 있을 경우 사체의 어딘가에 진짜 상처가 있는지 확인해야 하며 범인이 사용한 흉기와 상처가 부합하는지 등 상세히 검험하여야 한다고 충고를 아끼지 않았다.

---

12 『洗冤集錄』권2「疑難雜說下」, 34쪽.

남송 초에 출간된 판결집 『절옥귀감』은 당시까지의 지방관들이 이해하고 있던 검험 지식의 구체적 면모를 부분적으로나마 보여 준다. 정극이 위의 세 판결을 수록한 이유는 아마도 지방관들에게 관련된 검험지식을 알려 주기 위함이었을 것이다. 이후 시간이 흘러 13세기 중반 남송 말에 이르면, 송자는 이와 같은 여러 책들에서 산발적으로 전해지는 이야기 및 그의 현장에서의 경험 등을 바탕으로 검험지식을 더욱 세밀하게 수정하고 보충하여 체계화된 검험 전문 참고서를 편찬하였던 것이다. 물론 어디까지가 기존의 책에서 가져와 수정 보충한 것이고, 어디까지가 그의 경험에서 얻은 지식인지 명확히 구분할 수 없다. 중요한 것은 송자는 누군가의 경험에서부터 시작되어 기록되어 온 지식들을 한곳에 모으고 그의 경험을 더해 목차를 정해 정리하였다는 점이다. 아울러 그의 사례를 통해, 제대로 된 검험을 진행하기 위해 당시 형옥을 담당했던 지방관들이 검험지식의 수집과 정리 면에서 어떠한 노력을 기울였는지 가늠해 볼 수 있다.

3 『세원집록洗冤集錄』의 사인死因 분류 I —사법현실의 수요

『세원집록』에 수록된 검험지식과 관련한 내용을 살펴보면, 초검과 복검의 방법 및 사체처리 방식과 기타 검험 시 필요한 주의사항을 수록했고, 그 다음 각론으로서 여러 가지 죽음의 항목에 대해 그 사체의 특징을 하나하나 설명하고 정확한 사인死因의 판별 기준에 대해 상세히 설명하였다. 『세원집록』의 사인에 대한 분류는 당시의 검험지식이 각종 죽음을 어떻게 분류하고 체계화하였는지 보여 주기에 주목할 만하며,

표 2 『세원집록』의 사인(死因) 분류

	사인(死因)		사인(死因)		사인(死因)
1	자액(自縊)	9	복독(服毒)	17	우마답사사(馬踏死)
2	피타륵사가작자액 (被打勒死假作自縊)	10	병사(病死)	18	거륜찰사(車輪拶死)
3	익사(溺死)	11	침구사(針灸死)	19	뇌진사(雷震死)
4	타물수족상사 (他物手足傷死)	12	수장사(受杖死)	20	호교사(虎咬死)
5	자형(自刑)	13	질사(跌死)	21	사충상사(蛇蟲傷死)
6	살상(殺傷)	14	탑압사(塌壓死)	22	주식취포사(酒食醉飽死)
7	화사(火死)	15	외물압색구비사 (外物壓塞口鼻死)	23	축답내손사(築踏內損死)
8	탕발사(湯潑死)	16	경물은점사(硬物癮痁死)	24	남자작과사(男子作過死)

이러한 분류 체계가 형성된 배경을 살펴보면 당시 검시 지식의 구축 과정에 대한 심도 있는 이해도 가능하리라 여겨진다.

송자는 대략 자액自縊과 익사溺死 등 24개의 사인을 나열하며 각각의 사례에 대해 상세한 설명을 진행하였다(〈표 2〉 참조).

그렇다면 송자는 어떤 이유로 당시 검험 관원이 대면하게 되는 죽음을 위 표에서 열거된 24개 항목으로 분류하게 된 것일까? 『세원집록』의 사인 분류에 대해 언급한 기존의 연구를 살펴보면, 『세원집록』과 원대 『무원록無冤錄』의 사인 분류 체계를 비교하여 송원대 검시지식의 발전 과정을 언급하였고,[13] 『세원집록』의 마지막 부분에 실린 구급의학 지식을 수록한 「구사방救死方」의 항목을 다루면서 전체 사인 분류와의 관계

---

13 최해별, 「宋・元 시기 '檢驗지식'의 형성과 발전: 『洗冤集錄』과 『無冤錄』을 중심으로」, 86-90쪽.

를 언급한 바 있으며,[14] 또 『세원집록』의 사인 분류 체계가 이후 18세기까지 이어지고 또 동아시아 각지에도 전해져 쓰이게 되었음을 증명한 바 있다.[15] 그러나 정작 송자가 『세원집록』 편찬 당시 어떤 배경하에 24개의 사인으로 죽음을 분류하게 되었는지에 대해서는 깊은 논의가 필요해 보인다.

송자는 서문에서 "『내서록』 이하 몇 가지 책에서 모으고 정수를 골라 정리하고 바로잡아 나의 의견을 더해 하나로 편찬하였다"고 하였기에,[16] 분명 당시까지 전해지는 관련 저서의 내용들을 참고하였을 것으로 보인다. 그러나 『내서록』은 지금 전해지지 않아 그 내용을 알 수가 없고, '그 이하 몇 가지 책' 역시 구체적 내용을 알 수 없기에 우리는 그가 행한 사인 분류의 유래를 정확히 알기는 어렵다. 다만 그 이후 편찬되는 원대 『무원록』 및 『평원록』이나 명·청 시기 등장한 '세원'이라 이름한 검험 참고서를 보면 『내서록』 등의 저서를 참고했다는 언급은 보이지 않으며, 『세원집록』의 내용이 주로 그 기본을 형성하고 있고 사인 분류 역시 『세원집록』의 것을 크게 벗어나지 않는다.[17] 이를 통해 보건

---

14 최해별, 「南宋 시기 '檢驗' 官員이 알아야 할 구급의학 처방: 『洗冤集錄』 「救死方」을 중심으로」, 『동양사학연구』 134, 2016, 189-190쪽. 이와 관련한 내용은 다음 장인 III. 참조.

15 최해별, 「13-18세기 동아시아 '檢驗(檢屍)' 지식의 전승과 변용: 死因 분류체계와 死因 규명에 관한 지식을 중심으로」, 245-246쪽.

16 宋慈 著, 高隨捷·祝林森 譯注, 『洗冤集錄譯註』 序, "內恕錄』以下凡數家, 會而粹之, 厘而正之, 增以己見, 總爲一編," 上海古籍出版社, 2008, 1쪽.

17 최해별, 「13-18세기 동아시아 '檢驗(檢屍)' 지식의 전승과 변용: 死因 분류체계와 死因 규명에 관한 지식을 중심으로」, 248, 267-268쪽. 이 논문에서는 『洗冤集錄』의 사인분류 체계가 동아시아 검시지식의 사인 분류 체계의 뼈대가 되었다고 언급하면서도 그 분류 체계의 유래나 배경을 검토하지 못하였다.

대, 『세원집록』은 그 이후 검험지식 체계의 전승에도 중요한 골간을 형성하였던바 그 사인 분류의 배경을 고찰해 보는 것은 중국 더 나아가 동아시아 전통 검시 지식의 형성을 파악하는 데도 의미가 있어 보인다.

그가 참고했거나 참고했을 가능성이 있는 관련 저서가 남아 있지 않은 상황에서 여러 가지 가능성을 검토할 수 있지만 『세원집록』의 사인 분류 배경은 크게 두 가지 영역으로 나누어 살펴볼 수 있겠다. 하나는 사법 현장에서의 수요, 즉 현실에서 자주 맞닥뜨리게 되는 검험 사안을 중심으로 당시의 법률 규정 등 사법 현실의 요구를 반영한 결과라는 측면이다. 다른 하나는 검험이 필요한 경우를 설명하면서 송자가 분류한 죽음 즉, '병사病死'와 '비리치사非理致死'의 분류와 관련하여[18] 당시 의학 지식과 관련이 있었을 가능성을 타진해 볼 수 있다. 먼저 사법 현실의 요구를 반영한 측면을 살펴보자.

1) 법률 규정과 관련하여

송대 검시 결과는 인명과 관련된 사건에서 재판관이 형량을 결정할 때 중요한 근거로 작용하였으므로 당시 범행 도구나 범행 방법에 따라 서로 다른 형량을 규정한 법률 규정의 영향을 받았을 것으로 보인다. 송대는 당률을 계승한 『송형통宋刑統』이 근간이 되었으므로 『송형통』의 관련 규정을 상세히 살펴보는 것은 송대 검시 지식의 구성, 특히 사인 분류를 이해하는 데 상당한 도움이 될 것으로 보인다.

가장 먼저, 율의 규정 중에서도 「투송률鬪訟律」을 보면 쌍방이 싸우다

---

18 『洗冤集錄』 권4 「病死」, 125쪽.

가 구타한 죄를 논하고 있는데 「투송률」의 몇 가지 중요한 원칙들은 검시 지식의 주요 구성 부분이 되었다.

- 무릇 싸우다 사람을 구타한 자는 태형 40대에 처한다(손이나 발로 사람을 치는 것을 말한다). 상해傷害하였거나 다른 물건으로 사람을 구타한 자는 장형 60대에 처한다(피가 보이면 상해傷害이다. 손발이 아닌 그 나머지를 다른 물
- 건이라고 한다. 병장기라도 날을 사용하지 않으면 또한 같다).[19]

손이나 발로 사람을 치는 것과 피가 보인 상해나 손발이 아닌 다른 물건으로 구타한 경우 형량이 달라지므로 검시를 할 때 분명히 해 두어야 할 것은 손과 발인지 다른 물건인지 또는 피가 보였는지 여부를 판단하는 것이 중요했을 것이다. 이들 항목은 분류 체계 안에 '타물수족상사他物手足傷死'의 항목으로 구성되었다. 또,

- 무릇 싸우다 병장기의 날로 사람을 쳤거나 쏘았는데 맞지 않은 경우 장형 100대에 처한다(병장기의 날은 활(弓)·화살(箭)·칼(刀)·창(矟)·창(矛)·작은 창(矟) 등에 속하는 것을 이른다. 구타한 죄가 무겁다면 구타한 법法에 따른다).[20]

- 끓는 물이나 불로 사람을 상해傷害하였다면 도형 1년에 처한다.[21]

---

19 竇儀等 撰, 吳翊如 点校, 『宋刑統』권21 「鬪訟律」, 中華書局, 1984, 324쪽; 長孫無忌等 撰, 劉俊文 点校, 『唐律疏議』권21 「鬪訟」, 中華書局, 1983, 383쪽.

20 『宋刑統』권21 「鬪訟律」, 326쪽; 『唐律疏議』권21 「鬪訟」, 385쪽.

21 『宋刑統』권21 「鬪訟律」, 325쪽; 『唐律疏議』권21 「鬪訟」, 384쪽.

수족이나 타물이 아닌 병장기의 날이 도구가 될 경우 그리고 끓는 물과 불로 상해를 가한 경우 형량이 또 달라지므로 이 역시 주의해야 하는 부분이었다. 이들 사례는 각각 '살상殺傷', '화사火死', '탕발사湯潑死' 등으로 분류되었다.

더욱이 이러한 구타나 상해 이후 그 결과 사람이 죽었다면 또한 그 형량이 달랐다. 즉,

◆ 무릇 싸우다 사람을 구타하여 죽인 자는 교수형絞首刑에 처한다. 칼날로 혹은 고의로 사람을 죽인 자는 참수형斬首刑에 처한다. 싸움으로 인한 것 이라도 병장기의 날을 사용하여 사람을 죽인 경우 고의로 사람을 죽인
◆ 것과 같다.[22]

특히 칼날을 사용한 경우 고의가 아니어도 고의로 죽인 것과 같은 형량으로 판결해야 하므로 사인을 규명하는 검시관원으로서는 칼날인지 여부를 중요하게 판단해야 했을 것이다.

이와 같이 각종 구타와 살상에 대해 당시 재판관들은 법률 규정에 부합하는 형량을 내려야 했을 것이므로 『세원집록』에서는 '타물수족상사', '살상', '화사', '탕발사' 등의 세부 항목을 두고 그에 관한 검시 지식을 구비하였던 것이 아닐까 추정할 수 있다.[23]

---

22   『宋刑統』권21 「鬪訟律」, 328쪽; 『唐律疏議』권21 「鬪訟」, 387쪽.

23   송·원시기 타물, 수족, 살상과 관련한 법률 규정의 변화와 검시 지식의 구체적 내용의 분석에 관해서는 다음 논문을 참조할 수 있다. 최해별, 「宋·元 시기 '檢驗지식'의 형성과 발전: 『洗冤集錄』과 『無冤錄』을 중심으로」, 93–99쪽.

더구나 당시 규정에는 상술한 바 있는 보고保辜의 원칙이 있었다. 즉,

- 무릇 보고保辜는 손발로 사람을 구타하여 상해를 입힌 경우 기한이 10
일, 다른 물건으로 사람을 구타하여 상해傷害를 입힌 경우 20일, 칼날이
나 끓는 물이나 불로 사람을 상해한 경우 30일, 지체肢體를 부러뜨리거
나 뼈를 부순 경우 50일이다(구타나 상해 그 어느 하나라도 보고保辜한다. 다른
- 조문의 구타나 상해傷害 및 살상殺傷은 각각 이에 준한다).[24]

보고는 구타와 상해를 한 경우 일정한 기간을 지켜보는 것을 말하는
데 만일 그것이 원인이 되어 기간 내 죽게 되었다면 살인죄를 적용하는
것을 이른다. 재판관으로서는 살인죄 적용 여부 등을 판결해야 했으므
로 게다가 손발, 다른 물건, 칼날, 끓는 물, 불 등으로 구타나 상해를 가
했을 때 보고 기한이 모두 달랐기에 검시 또는 검험을 통한 판별이 중
요했을 것이다. 『세원집록』의 관련 부분에는 "만약 보고 기한을 넘어서
죽은 경우" 등에 대한 주의사항을 적고 있기에[25] 사법관원들은 보고 기
한이 서로 다른 여러 죽음에 대해 분별하여 알고 있어야 했을 것이다.[26]
이 외에 당시 법률이 처벌을 규정하고 있는 타인에게 해를 가하는 몇

---

24 『宋刑統』권21 「鬪訟律」, 329쪽; 『唐律疏議』권21 「鬪訟」, 388~389쪽.

25 『洗冤集錄』권4 「他物手足傷死」, 99쪽.

26 宋慈는 『洗冤集錄』권1 「條令」에서 검시관원이 알아야 할 당시의 법률 규정을 수록하고 있
는데, 대체로 검시 관원이 알아야 할 행정에 관한 규정이 대부분이다. 그러나 유독 '타물'과
관련해서 처벌 규정 및 타물의 범위 더 나아가 보고 규정 등의 율을 그대로 수록하고 있다.
검시관원에게 관련 법률 지식이 얼마나 중요했는지를 보여 주는 대목이다. 이와 관련하여
앞의 I. 내용 참조.

가지 방법들은 마찬가지로 『세원집록』의 사인 분류에서도 확인이 된다. 예를 들면,

* 무릇 물건을 다른 사람의 귀·코의 공교孔竅 속에 넣어 지장을 주었다면 장형 80대에 처한다. 고의로 사람에게서 입고 쓰고 마시고 먹을 것을 없
* 애 이로써 사람을 살상殺傷하였다면 각각 투살상죄鬪殺傷罪로 논한다.[27]

이 규정은 다른 사람의 귀와 코 등의 구멍에 무엇을 넣는 경우를 설정하고 있는데, 당시 이러한 범죄가 종종 있었음을 말해 주며 이러한 요인으로 『세원집록』에도 '외물압색구비사外物壓塞口鼻死'의 사인을 분류한 게 아닌지 추정할 수 있겠다. 동시에 "입고 쓰고 마시고 먹을 것을 제거하여"라는 부분은 「병사」에 수록된 '동사凍死' 및 '기아사飢餓死' 등을 떠올리게 한다.

송대 율에는 독약에 관한 규정도 빼놓지 않고 있다.

* 무릇 독약毒藥을 남에게 먹인 자나 판매한 자는 교수형에 처한다(사람을 살해할 만한 것을 이른다. 비록 독약이라도 병을 치료할 수 있으므로, 구매한 자가 사람을 독살하려 했더라도 판매한 자가 알지 못했다면 처벌하지 않는다). 매매했으나
* 사용하지 않았다면 유형流刑 2천 리에 처한다.[28]

---

27 『宋刑統』권18「賊盜律」, 280쪽; 『唐律疏議』권18「賊盜」, 336쪽.

28 『宋刑統』권18「賊盜律」, 283쪽; 『唐律疏議』권18「賊盜」, 339쪽.

사람을 살해하기 위한 목적으로 독약을 먹인 경우 더 나아가 독약을 판매한 경우까지 모두 처벌하는 규정이다. 이와 관련한 당률의 '소의疏議'를 보면 당시의 독약에 대한 더욱 구체적인 설명을 해 놓고 있다.

◆ 무릇 '독약을 남에게 먹인 자'라는 것은 짐독鴆毒·야갈冶葛·오두烏頭·부자附子와 같은 종류로 사람을 죽일 수 있는 것을 말한다. 독약을 사람에게 먹인 경우 및 판매한 자 중 실정을 알았을 경우 모두 교수형에 처해야
◆ 한다.[29]

『세원집록』의 「복독服毒」편을 보면 여러 가지 독의 종류가 등장한다. 중충독中蟲毒, 서망초독鼠莽草毒, 과실果實·금석약독金石藥毒, 주독酒毒, 비상砒霜·야갈독野葛毒, 금잠고독金蚕蠱毒, 약독藥毒·균심독菌蕈毒, 음주상반飮酒相反 등이다. 당률에서 예로 든 것과 비교해 보면 야갈冶葛 정도가 일치한다. 야갈은 야갈野葛과 같으며 다른 말로 호만초胡蔓草라 부르기도 한다. 『세원집록』에는 광남廣南 지역 사람들이 스스로 호만초를 먹고 다른 사람을 무고하는 경우가 종종 발생한다고 하며 특별히 그 해독 방법을 써 놓기도 했다.[30]

흥미로운 점은, 당시 법률 규정에는 "무릇 증오하는 바가 있어 염매厭魅를 만들거나 부서符書를 만들어 저주詛呪하여 이로써 사람을 살해하고자 한 경우"에 대한 처벌 규정을 두고 "각각 모살죄謀殺罪로 논하되 2

---

29 『宋刑統』 권18 「賊盜律」, 283쪽; 『唐律疏議』 권18 「賊盜」, 339쪽.
30 『洗冤集錄』 권4 「服毒」, 121쪽.

등을 감한다"고 하였다.[31] 실제 판례를 보면 송대 타인의 저주詛呪로 인한 죽음에 대해 사형 판결을 내린 사례가 보이기도 한다.[32] 그럼에도 불구하고 『세원집록』에서는 따로 독립된 편명으로 이러한 죽음을 분류하고 있지 않으며, 다만 「병사(病死)」 편에서 '사마중풍졸사邪魔中風卒死'를 두고 있고, 「구사방救死方」에서 '염사魘死' 및 '염불성자魘不省者'에 대한 조치나 주의사항을 두고 있을 뿐이다.[33] 송자의 사인 분류상으로 저주로 인한 죽음은 '병사'의 한 항목이었던 것이다.

무엇보다도 '병사'와 관련해서는 남송 시기 다음과 같은 법률 규정이 보인다.

◆ 무릇 병으로 죽었을 경우 사체를 검험해야 하는데 동거시마이상친同居
   緦麻以上親 혹은 이거대공이상친異居大功以上親이 사망 장소에 이르러 면
◆ 검免檢을 원하는 경우 이를 허락한다.[34]

이를 통해 보건대, 당시 법률 규정으로는 병으로 죽은 사체에 대해서 역시 검시를 해야 하는 상황이므로 병사한 사체에 대한 검시 지식도 알고 있어야 할 터였다. 「병사」의 편명은 이를 대비한 것이 아닌지 생각해 볼 수 있다.

---

31 『宋刑統』 권18 「賊盜律」, 284쪽; 『唐律疏議』 권18 「賊盜」, 340쪽.

32 『折獄龜鑑』 권4 「梁適辟疑」, 208쪽.

33 『洗冤集錄』 권4 「병사」, 125쪽; 『洗冤集錄』 권5 「救死方」, 155쪽.

34 謝深甫 撰, 戴建國 点校, 『慶元條法事類』 권75 「驗屍」, 黑龍江人民出版社, 2002, 800쪽.

결론적으로, 검시는 인명사건에서 중요한 판결 근거로 사용되었기에, 즉 재판관이 당시 법률 규정에 따라 형량을 결정할 때 검시의 결과를 근거해야 했으므로, 또 다양한 죽음에 대해 법의 규정에 따라 처리해야 했으므로, 송자가 사인을 분류할 때 분명 당시 법률 규정의 여러 까다로운 내용들을 반영했음이 분명하다. '타물수족상사他物手足傷死', '살상殺傷', '화사火死', '탕발사湯潑死', '외물압색구비사外物壓塞口鼻死', '복독服毒', '병사病死' 등의 분류는 이와 같은 배경하에 이루어졌을 가능성이 크다.

2) 판례에서 보이는 사인死因

법률 규정 외에 송자는 송대 사법 현장에서 자주 검시를 해야 하는 죽음에 대해 고려하여 검시 지식을 수록하였을 것이고 또 사인 분류를 하였을 것이다. 송자 본인의 말을 통해서도 이를 확인할 수 있는데, 앞서 언급한 대로 당시 현장에서 자주 맞닥뜨리게 되는 사인의 종류를 송자는 구타살상(刀刃, 他物, 拳手), 액사(自縊, 勒殺), 익사(投水, 被人溺殺) 병사(病患) 등으로 분류하였다. 송자는 이들 사인을 의심스럽고 판단하기 어려운 '의난' 안건이 되기 쉬운 사례로 제시하며 이어서 이들 사안이 왜 까다로운지 다음과 같이 설명했다.

◆ 늑살勒殺은 자액自縊과 유사하고, 익수溺水는 투수投水와 유사하며, 투구鬪毆는 보고保辜 기한 내에 죽어도 실제로 병환病患으로 죽은 경우도 있다. 인력人力과 여사女使는 매질을 당한 후 주인집에서 자해自害하거나 자액自縊하는 경우도 있다. [사망에 이르는] 이유는 수없이 많으며, 모두 의

난疑難의 안건이 된다. 때에 맞춰 조사하고 관찰할 때 절대 경솔하게 해
서는 안 되며, 아주 작은 잘못이라도 그 결과는 심히 크다.[35]

　의심스럽고 판단하기 어려운 안건이 될 가능성이 높은 위의 경우들
은 정확한 판결을 위해 검시가 꼭 필요하였을 것이다. 이러한 현장의
필요와 수요가 『세원집록』의 사인 분류에 직접적 영향을 미쳤을 것이
며, 송자는 이들을 모두 사인 분류 체계 안에 넣었다.

　그렇다면 실제 송대 사법 현실은 어떠하였을까? 현재 남아 있는 판례
를 통해 우리는 송대 지방관들이 인명 사건을 재판하는 과정에서 검시
를 실시했던 죽음들을 확인할 수 있다. 지금까지 남아 있는 송대 판례
는 대체로 『절옥귀감』과 『명공서판청명집名公書判淸明集』(이하 『청명집』으
로 약칭)에서 확인할 수 있다.

　주지하다시피 『절옥귀감』은 양송兩宋 교체기를 살았던 정극이 춘추
전국 시기부터 북송 대관大觀(1107-1110)과 정화政和(1111-1118) 연간까지
의 재판 사례를 모아 편찬하였는데, 이 중 북송 중·후기의 판례가 적
지 않다. 또 그는 '안按'이라고 명시하여 자신의 생각을 보충하고 있는
데 여기에서 적지 않은 송대 판례를 인용하고 있다. 또 『청명집』은 남송
중·후기의 것으로 영종寧宗(1195-1224 재위) 후기에서 이종理宗(1225-1264
재위) 연간까지의 판례를 모아 놓았으며 대체로 양절로兩浙路, 복건로福
建路, 강남서로江南西路, 강남동로江南東路, 형호남북로荊湖南北路, 광남서

35　『洗冤集錄』 권1 「疑難雜說上」, 26쪽.

표 3 송대 검시와 관계된 판례에서 언급된 사인(死因) - 『절옥귀감』

번호	판례	사인(死因)에 대한 설명	출처	비고
1	王利閱獄(按 余良肱 사례)	驗其屍與所用刃	『절옥귀감』 권2	살상
2	王臻問傷	先食野葛而後闡卽死	『절옥귀감』 권3	복독 구타/살상
3	王臻問傷(按 賈昌齡 사례)	先食野葛, 以誣怨者	『절옥귀감』 권3	복독
4	錢惟濟給食	自斫其右臂, 誣以殺人	『절옥귀감』 권3	自刑(자해) 살상
5	魏濤求實	鬪而傷,…騎及門, 墜而死. (辜限內, 他故)	『절옥귀감』 권3	구타/살상 추락사
6	魏濤求實 (按 景德 연간 사례)	相毆, 凍死	『절옥귀감』 권3	구타/살상 동사
7	梁適辟疑	依鬼神作法詛呪人 不見傷爲疑 造畜蠱毒, 厭魅之類	『절옥귀감』 권4	저주
8	子産聞哭(按 張永 사례 1)	吏往熟視, 略不見其要害, 當有驗 果有大釘陷其腦中	『절옥귀감』 권5	살상(대못)
9	子産聞哭(按 張永 사례 2)	發棺視尸, 其釘尙在	『절옥귀감』 권5	살상(대못)
10	張式窮詰	縊其妻, 以自殺告 人縊之, 與其自縊, 傷迹有異, 驗則知矣	『절옥귀감』 권6	액사(타살)
11	李兌解縊	搏其僕至死, 繫頸棄井中, 以自縊爲解	『절옥귀감』 권6	구타/기정(棄井) 자액
12	李兌解縊(按 李應言 사례)	殺備作者, 誣以自經死	『절옥귀감』 권6	살인(未詳) 자액
13	范純仁劾毒	驗其尸, 九竅流血 有司訊囚, 言置毒	『절옥귀감』 권6	복독
14	歐陽曄視食	毆死, 死者傷右肋, 觀其驗狀,云傷右勒死	『절옥귀감』 권6	구타/살상
15	李南公捏痕	有鬪者, 各有靑赤痕 南方有欅柳以葉塗膚, 則靑赤如毆傷者 鬪毆之訟, 以傷爲證	『절옥귀감』 권6	구타/살상
16	李處厚沃尸	有毆人死者, 往驗尸 驗傷者宜盡心焉	『절옥귀감』 권6	구타/살상

표 4　송대 검시와 관계된 판례에서 언급된 사인(死因) – 『청명집』

번호	판 례	사인(死因)에 대한 설명	출 처	비 고
1	漕司送鄧起江淮英互爭田産	互相毆擊 當官不曾驗傷	『청명집』권4	구타/살상
2	南康軍前都吏樊銓冒受朝廷爵命等事	緝吊拷訊, 被傷之人 當廳驗視	『청명집』권11	구타/살상
3	資給誣告人以殺人之罪	落水致死 四次委官洗驗	『청명집』권13	익사
4	資給人誣告	因澣衣於池失足不救 差官洗驗, 毫髮無傷	『청명집』권13	익사
5	教令誣訴致死公事	縊死 拖扯趕打推落塘水	『청명집』권13	액사 구타/살상 익사
6	自撰大辟之獄	自縊 已有委官體究之判	『청명집』권13	액사
7	妄以弟及弟婦致死誣其叔	毆打, 驗傷有尖物痕	『청명집』권13	구타/살상
8	姊妄訴妹身死不明而其夫願免檢驗	因産下牙牙兒, 以致身死	『청명집』권13	분만
9	叔誣告姪女身死不明	據兩檢官申回格目 係病死分明	『청명집』권13	병사
10	嚴四爲爭渡錢溺死饒十四	揮拳, 溺水 格目兩官所定致死	『청명집』권14	구타 익사
11	危教授論熊祥停盜	被打痕損 用椎打胸踝骨 夾損手指分明	『청명집』부록 「勉齊先生黃文肅公文集」	구타
12	建康府申已斷平亮等爲宋四省身死事	鬪毆致死, 已經檢驗	『청명집』부록 「後村先生大全集」	구타
13	饒州院推勘朱超等爲趙死程七五事	被踢傷肋 肋上一痕 四檢皆同	『청명집』부록 「後村先生大全集」	구타
14	建昌縣鄧不僞訴吳千二等行刼及阿高訴夫陳三五身死事	惟覆檢官定縊死	『청명집』부록 「後村先生大全集」	액사
15	鉛山縣禁勘裵五四等爲賴信溺死事	驗是溺水身死	『청명집』부록 「後村先生大全集」	익사

로廣南西路 등 지역의 지방관들이 쓴 판례이다.[36] 아울러 지방관을 역임

---

36 中國社會科學院歷史研究所, 宋遼金元史研究室 点校, 『名公書判淸明集』, 中華書局, 2002. 『淸明集』과 관련한 설명은 陳智超, 「宋史研究的珍貴史料–明刻本『名公書判淸明集』介紹」 (『淸明集』附錄七, 中華書局, 2002년, 685쪽) 참조.

한 사대부들의 문집에서 종종 그들이 쓴 판례를 수록하고 있어 참조할
만하다.[37]

『절옥귀감』과 『청명집』에 수록된 판례에서 검시 과정을 언급하거나
검시와 관계된 경우 중 사인을 확인할 수 있는 사안을 정리해 보면 〈표
3〉 및 〈표 4〉와 같다.

『절옥귀감』에 실린 판례에서 원래 사인과 무고誣告된 사인을 모두 1
건씩으로 계산하여 통계를 해 보면, 모두 16건의 사안 중 구타와 살상
이 언급된 사안은 11건, 복독이 3건, 액사가 3건, 자형(자해) 1건, 추락사
1건, 동사가 1건, 저주가 1건, 익사(棄井)가 1건이었다.

같은 방식으로 『청명집』의 판례를 분석한 결과 총 15건의 사례에서
구타와 살상이 언급된 것은 8건, 익사가 5건, 액사가 3건, 분만으로 인
한 죽음이 1건, 병사가 1건이었다.

대체로 남아 있는 판례에 드러난 상황으로 볼 때 송대 검시관원들이
자주 검시를 해야 하는 경우로 구타와 살상 안건이 가장 많았던 것을
알 수 있다. 이는 당시 법률 규정이 이 부분을 중요하게 다룬 이유이기
도 하겠고, 또 『세원집록』에서 이와 관련한 사인을 설명할 때 타물수족
상사他物手足傷死, 살상殺傷, 자형自刑 등 세분하면서 가장 큰 지면을 할
애한 이유이기도 할 것이다. 이 외에 액사와 익사가 많았으며 그 다음
으로 복독이 많은 편에 속했다. 그 밖에 추락사, 동사, 저주사, 분만, 병

---

37 예를 들면, 劉克莊의 『後村先生大全集』 권192-193은 유극장이 江南東路 提點刑獄 역임 시
절 쓴 판례가 수록되어 있는데 이 중 『淸明集』에 수록된 것도 있다. 그 외 수록되지 않은 것
은 中華書局에서 『淸明集』을 출판할 때 부록으로 실었다(『淸明集』 부록3, 614-632쪽). 본
논문에서는 이를 참고한 것이다.

사가 각각 1건씩 있었다.

이를 통해 보건대 대체로 『세원집록』에서 송자가 의난을 주의하라며 언급한 죽음들은 실제 판례에서도 자주 등장하는 죽음들로 『세원집록』의 주된 내용을 형성할 수밖에 없었던 이유를 알 수 있겠다. 결국 송자는 사법 현장, 즉 재판 과정에서의 수요를 바탕으로 사인 분류를 구성했을 가능성이 크다.

그런데 송자의 사인 분류를 보면 이렇듯 법률 규정이나 판례에서 보이는 당시 사법 현실의 수요를 반영한 항목들이 포함되었는가 하면 그 외의 다른 죽음들도 나열하고 있다. 법률 규정이나 실제 판례에서 자주 보이는 죽음들 외에 일상에서 만날 수 있는 각종 죽음들도 사인으로 수록하고 있다. 즉 사법 현실의 수요라는 측면으로 그의 사인 분류의 전체상이 모두 설명되지 않는다. 혹 다른 지식 분야에서 형성된 죽음에 대한 분류 체계의 영향을 받은 것은 아닌지 검토가 필요해 보인다.

4 『세원집록洗冤集錄』의 사인死因 분류 II – 비급備急 의학의 영향   –

송자의 『세원집록』은 검시가 필요한 죽음에 대해 항목별로 구체적 검시의 방법과 사인 판단 기준 및 주의사항 등을 적어 놓았다. 물론 여기서 열거된 죽음은 당시 검시관들이 검시의 현장에서 필요한 또는 직접 경험했던 여러 죽음들을 나열한 것이겠으나 산재된 지식들이 하나의 책 또는 일정한 지식 체계로 정리되는 과정에서 송자는 당시까지 축적되어 온 어떤 죽음에 대한 분류 방식을 참고했을 가능성도 있다.

무엇보다도 송자는 검시 관원에게 유의사항을 언급하면서 병으로 죽음에 이른 것이 분명한 병사病死와 비리치사非理致死 등의 분류를 언급한 바 있다. 그가 병사와 비리치사에 속하는 각종 죽음을 열거할 때 오로지 현장의 경험에서 마주하게 된 죽음만 나열하였을까? 그것이 아니라면 혹 병사와 관련하여 당시의 의학지식의 영향을 받았을 가능성도 생각해 볼 수 있다.

게다가 『세원집록』은 「병사」의 항목을 따로 두고 있고, 또 응급 시 구급 의학 처방인 「구사방」을 따로 수록하고 있기에,[38] 혹 당시 의학 지식의 체계에서 특정 기준에 따라 분류된 죽음(질병)의 항목들을 참고했을 가능성이 크다. 당송 시기 의서에서 보이는 여러 질병의 항목을 살펴본 결과 흥미롭게도 『세원집록』에서 열거된 사인의 분류는 당송시기 의서에서 등장하는 '비급방備急方'의 항목과 상당히 유사함을 확인할 수 있었다.

1) 당송시기 비급방備急方 항목

중국 전통 의학에서 비급 관련 의학 지식은 한대漢代로 거슬러 올라간다.[39] 3세기 초 장중경張仲景(150~219)이 편찬했다고 전해지는 『금궤요략金匱要略』 권하卷下의 가장 마지막 부분 「잡료방雜療方」 편에는 '구졸사방求卒死方', '구자액사求自縊死', '범중갈사凡中暍死', '구익사방救溺死方', '치마추급일체근골손방治馬墜及一切筋骨損方' 등의 항목들이 등장하고, 「금수

---

38 『洗冤集錄』에 수록된 「救死方」에 대해서는 아래 III. 참조.

39 중국 전통 구급의학은 前漢 시기 『淮南子』 「說林訓」에서 그 시작을 찾을 수 있다. 이후 東漢 시기 張仲景의 『金匱要略』 「雜療方」에서 확인되며, 위진남북조 수당 대 이르러 여러 의서들에서 이에 관한 지식을 언급하고 있다.

어충금기병치禽獸魚蟲禁忌并治」에는 육류 등의 '중독방中毒方', 「과실채곡금기병치果實菜穀禁忌并治」에는 '제과중독諸果中毒', '제균중독諸菌中毒' 등에 대한 처방이 실려 있다.[40] 즉, 졸사卒死류, 자액自縊, 중갈中暍, 익사溺死, 추락墜落, 동식물의 중독 등의 항목이 이미 나타나고 있다. 3세기경 갈홍葛洪의 『주후비급방肘後備急方』은 비급 의학의 발전을 보여 준다. 여기에서는 주로 '중오中惡', '귀격鬼擊' 등과 더불어 각종 질환의 위급 시 처방 및 중독의 처방을 다루고 있다.[41]

그러나 무엇보다도 비급 처방 지식이 체계적으로 정리되고 분류된 것은 당대 영휘永徽 3년(652)경에 편찬된 손사막孫思邈(581-682)의 『천금요방千金要方』이라 할 수 있다.[42] 손사막은 이 책에서 「비급備急」이라는 편명을 따로 두어 각종 항목에 대한 처방을 소개하고 있다(〈표 5〉 참조).[43] 그는 「비급」 편 아래 다시 「졸사卒死」, 「사독蛇毒」, 「피타被打」, 「화창火瘡」의 세부 항목을 두었고, 해당하는 각종 처방을 구체적으로 설명한다. 「졸사」에서는 중오中惡, 자액自縊, 갈暍, 익溺, 동凍, 취주醉酒를 두고 있고, 「사독」에서는 호虎, 갈蝎, 봉蜂, 마교馬咬, 제구독猘狗毒 등을 두고 있으며, 「피타」에서는 종고타하從高墮下, 죽목자竹木刺, 악자惡刺, 저칠著漆 등을 그리고 「화창」에서는 구灸, 금창金瘡, 독실毒失 등을 설명하고 있

40 張仲景 述, 王叔和 集, 『新編金匱要略方論』卷下 「雜療方」第二十三, 「禽獸魚蟲禁忌并治」 第二十四, 「果實菜穀禁忌并治」第二十五, 叢書集成初編, 中華書局, 1985, 84-99쪽.

41 葛洪 著, 『抱朴子內編·肘后備急方今譯』, 中國中醫藥出版社, 1997, 204-402쪽.

42 『千金要方』의 비급 의학에 대한 공헌에 관해서는 胡玲, 「试论『备急千金要方』对急救医学的 贡献」(『陝西中医』 2012-9) 참조.

43 孫思邈, 『備急千金要方』 권25 「備急」, 中國醫藥科技出版社, 2011, 745-778쪽.

표 5 『천금요방』의 「비급」 항목

권수	편명	소편명	수록 처방 항목
24	해독병잡치 (解毒幷雜治)	해식독(解食毒)	食中毒(肉類, 魚類)
		해백약독(解百藥毒)	百藥, 石藥, 雄黃, 礜石, 金銀, 鐵粉, 防葵, 桔梗, 甘遂 …
		해오석독(解五石毒)	鍾乳, 硫黃, 白石, 芒硝, 紫石英, 礜石…
		고독(蠱毒)	蠱毒
		호취누액(胡臭漏腋)	…
		탈항(脫肛)	
		영류(癭瘤)	
		음전(陰癩)	
25	비급 (備急)	졸사(卒死)	中惡, 自縊, 暍, 溺, 凍, 醉酒
		사독(蛇毒)	蛇毒, 虎咬, 蝎毒, 蜂, 蠷螋, 射工毒蟲, 沙蝨, 水毒, 猫鬼, 蜘蛛, 馬嚙人及踏人, 猘狗嚙人, 猪嚙
		피타(被打)	被打, 從高墮下, 折腕, 折骨, 傷筋, 墮馬落車及樹, 杖瘡, 竹木刺, 惡刺, 漆瘡
		화창(火瘡)	火瘡, 灸瘡, 金瘡, 毒失

다. 독으로 인해 위험한 상황에 처해진 경우는 각종 동물에 의한 독 외에 식중독, 식물, 석료石料의 중독 및 고독蠱毒도 있었는데, 이와 관련해서는 바로 앞 권의 「해독병잡치解毒幷雜治」에서 「해식독解食毒」, 「해백약독解百藥毒」, 「해오석독解五石毒」, 「고독蠱毒」 등으로 나누어 설명하였다.[44] 「해독」부분을 따로 권27에 수록하고 권28의 「비급」의 편명 아래에 싣지는 않았으나 어찌되었든 이렇게 하여 『천금요방』은 「졸사」, 「사독」, 「피타」, 「화창」으로 「비급」을 정리하였으며, 「해독」부분을 따로 수록하여 비급 지식의 기본적인 항목과 체계를 정리하였다고 볼 수 있다.

---

[44] 『備急千金要方』 권24 「解毒幷雜治」, 720-744쪽.

대체로 『천금요방』은 중오, 액사, 갈사, 익사, 동사 등을 하나로 묶었고, 동물의 독이나 동물로 인한 상해를 다른 하나로, 또 구타나 추락 및 외부로부터의 무기 또는 도구로 인한 상처와 관련된 것을 따로 묶었으며, 화상이나 뜸 같은 원인에 의한 죽음을 다른 하나로 묶어 실었다. 이 네 가지의 분류 방법은 이후에 나온 의서의 각종 비급 항목의 내용에서도 보이기에 주목할 만하다.

이후 100여 년이 지나 대략 천보天寶 11년(752)경 완성되었다고 여겨지는 왕도王燾(670-755)의 『외대비요外臺秘要』는 역시 권28과 권29 그리고 권40에서 『금궤요략』 또는 『천금요방』의 「비급」에서 집중적으로 다루어지는 관련 처방을 수록하고 있다(〈표 6〉 참조).[45]

그 수록 처방 항목을 일별하여 보면 『천금요방』과 비교하였을 때 항목이 훨씬 다채로워지고 그 구체적인 처방의 종류도 항목별로 다양하게 발전하였음을 알 수 있다. 제28권은 주로 『천금요방』에서의 「졸사」에 해당하는 내용을, 제29권은 「피타」와 「화창」에 해당하는 내용을, 제40권은 「사독」과 관련한 내용을 설명하고 있다.

이후 다시 200여 년이 흐른 10세기 중반에 이르면 송 조정은 순화淳化 3년(992) 당시까지 전해져 오는 각종 처방을 수합 정리하여 교정한 후 『태평성혜방太平聖惠方』으로 반포하여 널리 쓰이게 하였다. 이 의서에는 권39, 권56, 권57, 권67, 권68에서 비급의 내용을 다루고 있는데 그 목록을 분류 하면 〈표 7〉과 같다.[46]

---

45 王燾, 『外臺秘要』 권28-29·권40, 人民衛生出版社, 1996, 751-805쪽, 1117-1142쪽.

46 王懷隱 等, 『太平聖惠方』 권39·권56·권57·권67·권68, 人民衛生出版社, 1982, 1179-1199

표 6 『외대비요』의 비급 관련 처방 항목

권수	권수 뒤 소주(小注)		수록 처방 항목
28	中惡蠱注自縊暍死溺死凍死一十八門	(中惡類)	「中惡方」, 「卒死方」, 「客忤方」, 「卒魘方」, 「鬼擊方」, 「尸厥方」
		(蠱注)	「中蠱毒方」, 「蠱吐血方」, 「蠱下血方」, 「五蠱方」, 「蠱注方」, 「蠱毒雜療方」, 「猫鬼野道方」
		(自縊)	「自縊死方」
		(中暍)	「熱暍方」
		(溺死)	「溺死方」
		(凍死)	「凍死方」
		(기타)	「入井塚悶方」
29	墜墮金瘡等四十七門	(墜墮)	「從高墮下方」, 「從高墮下瘀血及折傷內損方」, 「墜損方」, 「墜落車馬方」
		(折傷)	「折骨方」, 「傷筋方」, 「筋骨俱傷方」, 「折腕方」, 「折腕瘀血方」
		(蹉跌)	「蹉跌方」
		(被打)	「被打有瘀血方」, 「被打損靑腫方」, 「許仁則療吐血及墮損方」
		(金瘡)	「金瘡禁忌序」, 「金瘡預備膏散方」, 「金瘡方」, …, 「金瘡中風方」, 「諸瘡中風寒水露方」
		(刀剪)	「被刀箭傷方」
		(刺方)	「竹木刺不出方」, 「狐尿刺方」, 「狐刺方」, 「惡刺方」
		(灸瘡)	「灸瘡方」, 「灸瘡膿不差方」
		(火湯)	「火燒瘡及火油天火瘡方」, 「火灼爛壞方」, 「湯火所灼未成瘡及已成瘡方」～「湯火爛瘡方」, 「湯煎膏火所燒方」
		(瘡方)	「漆瘡方」, 「侵淫瘡方」, 「月食瘡方」
		(手足)	수족 관련 질환에 대한 처방
		(혹/흉터)	혹/흉터 관련 질환에 대한 처방
40	蟲獸傷觸人及六畜疾三十二門		熊虎, 蛇, 靑蛙, 蜘蛛, 蜂, 蜈蚣, 蠍, 蠷螋, 射工, 沙蝨, 犬, 猪, 馬, 驢馬, 牛 관련 처방

※ ( )안 분류는 필자 첨가

『태평성혜방』의 처방 항목을 일별하여 보면 『천금요방』이나 『외대비요』에 비해 크게 차이가 나는 부분은 없어 보인다. 제56권에서는 『천금

쪽, 1711-1748쪽, 1749-1783쪽, 2079-2107쪽, 2108-2140쪽.

표 7 『태평성혜방』의 비급 관련 처방 항목

권수		수록 처방 내용 / 항목
39	(解毒)	藥毒, 百藥蛇蟲, 金石毒, 食中毒, 食六畜肉中毒, 牛肉, 馬肉, 豬肉, 狗肉, 鴨肉, 魚類 중독
	(飮酒)	飮酒, 斷酒
56	(諸尸諸方)	諸尸諸方
	(諸疰諸方)	諸疰諸方
	(蠱毒)	「治蠱毒諸方」 ~ 「治蠱毒下血諸方」
	(中惡)	「治中惡諸方」, 「治尸厥諸方」, 「治卒死諸方」, 「治卒忤諸方」
	(鬼魘)	「治鬼魘諸方」, 「治卒魘諸方」, 「治鬼魅諸方」, 「治猫鬼諸方」
	(暍死)	「治熱暍諸方」
	(凍死)	「治凍死諸方」
57	(蟲)	「治九蟲及五臟長蟲諸方」 ~ 「治三蟲諸方」
	(각종 동물咬人)	馬, 虎, 蛇, 青蛙, 犬, 獼, 蜈蚣, 蜘蛛, 蠍蜇, 蜂螫, 蠷螋, 射工, 沙蝨, 諸蟲
	(水毒溺死)	「解水毒諸方」, 「治溺水諸方」
67	(墜墮/折傷 被打/壓笮)	「治從高墜下傷折諸方」, 「治墮落車馬傷折諸方」 ~ 「治一切傷折膏藥諸方」
68	(金瘡)	「金瘡論」, 「治金瘡諸方」 ~ 「治金瘡生肌諸方」
	(刺方)	「治惡刺諸方」, 「治肉刺諸方」, 「治狐尿刺諸方」, 「治竹木刺在肉中不出諸方」
	(手足)	五指, 手足皸裂
	(湯火)	「治湯火瘡諸方」, 「治火燒瘡諸方」
	(灸瘡)	「治灸瘡急腫痛諸方」, 「治灸瘡久不差諸方」

※ ( )안 분류는 필자 첨가

요방」의 「졸사」를, 제57권은 「사독」을, 제67권은 「피타」를, 제68권은 「피타」와 「화창」의 내용을 수록하였다. 주목할 만한 점은 『태평성혜방』은 자액과 관련한 응급 처방을 제시해 놓은 부분이 없다는 것이다. 단순한 누락인 것인지 혹은 다른 이유가 있어서인지 알 수가 없다.

결론적으로, 당송 시기 기존 의서에서의 이른바 비급 관련 처방의 분류를 대략적으로 정리하여 보면, 1. 중오(中忤, 卒死, 客忤), 자액自縊, 익사溺

死, 갈사喝死, 동사凍死, 귀염鬼魘 등의 항목으로 분류되는 죽음, 2. 해독
(식물), 고독蠱毒, 동물 독(畜疾/咬人)으로 분류되는 '독사', 3. 추타(墜墮, 從高
墮下), 압착壓笮, 피타被打, 절손折損, 살상殺傷, 금창金瘡 등으로 분류되는
추락 및 외부 압력으로 인한 죽음, 4. '화火'로 분류되는 화(火傷), 구창灸
瘡 등으로 나누어 볼 수 있겠다. 즉, 『천금요방』「비급」의 「졸사」, 「사독」,
「피타」, 「화창」의 네 분류에서 크게 벗어나지 않는다. 『천금요방』 이후
의서들은 각 항목에 대해 더욱 세밀하게 나누어 다양한 처방을 수록하
였지만, 이를 「비급」이라는 편명으로 따로 분류하지는 않았다. 관련 내
용을 한곳에 집중하여 모아 두었기는 했으나 독립적 편명으로 다루지
않았고, 『태평성혜방』은 그나마도 한곳에 모아 놓기보다는 여러 권에
나누어 수록하였다.

2) 비급방의 항목과 『세원집록洗冤集錄』 사인死因 분류의 연관성

앞에서 언급한 대로 송자는 의난이 되기 쉬운 사례, 즉 사법 현실의 수
요와 관련 있는 죽음들만 수록한 것이 아니다. 또 병으로 죽은 자에 대
해서도 역시 검시를 해야 했기에 「병사」를 언급했다고 하더라도 모든
의서에 등장하는 질병으로 인한 죽음을 다 수록한 것도 아니다. 죽음
에 대한 분류와 관련하여 송자는 「병사病死」에서 '귀염중풍졸사邪魘中風
卒死', '졸사卒死', '졸중사卒中死', '중암풍中暗風', '상한사傷寒死', '시기사자
時氣死者', '중서사中暑死', '동사凍死', '기아사飢餓死', '질병사疾病死' 등을 나
열하였고, 이를 두고 '비리치사非理致死'가 아닌 경우라고 명확히 밝히고

있다.[47] 그렇다고 특별히 '비리치사非理致死'이기에 정확한 사인의 판단
과 확정이 긴요한 죽음만을 위주로 언급한 것도 아니다.

　어떤 이유에선지 『세원집록』이 나열한 죽음의 항목들은 당송시기 의
서에서 보이는 비급방의 항목들과 가장 유사하다. 당송시기 비급 의학
지식과 검시지식의 연관성을 확인할 수 있는 부분이다. 이와 관련하여
〈표 8〉을 확인할 수 있다.

　『세원집록』에서 독립된 사인의 항목이 총 24개인데, 이 중 20개가 당
송 시기 의서의 비급방에서 보이는 혹은 그것과 유사한 항목이다. 오직
'뇌진사雷震死', '주식취포사酒食醉飽死', '축답내손사築踏內損死', '남자작과
사男子作過死' 등은 당송 시기 의서의 비급 항목에서 보이지 않는 내용이
다. 이들은 아마도 현장에서의 검시 과정에서 자주 맞닥뜨리게 되는 사
안이기에 덧붙여진 것으로 추정된다.

　그렇다면 당송 시기 의서의 비급 관련 처방 항목과 검시지식의 사인
분류가 유사한 혹은 연관성을 가지는 이유가 궁금해진다. 비급방의 분
류가 검시지식의 정리와 체계화에 영향을 주었다고 볼 수 있는가? 당시
현실에서 송자가 판단하기에 비급 처방을 해야 하는 상황과 검시가 필
요한 상황이 종종 일치되었던 것일까?

　비급備急은 '급急'한 상황에 대한 구급 처방이고 이른바 '급한 상황'은
분명 죽음(사망)과 관계가 있을 것이다. 또한 검시라는 것은 병사를 포
함하여 각종 비리치사非理致死에 관한 사인을 확정하고 그에 합당한 판
결을 위한 것이기에 역시 생활 속의 각종 죽음을 다루는 것이다. 비급

47　『洗冤集錄』 권4 「병사」, 125쪽.

표 8 『세원집록』의 사인 분류와 당송 시기 비급방의 연관성

(분류)		『세원집록』의 편명	비급방 분류
(縊)	1	自縊	1
	2	被打勒死假作自縊	
(溺)	3	溺死	
(被打)	4	他物手足傷死	3
	5	自刑	
	6	受杖死	
(殺傷)	7	殺傷	
(火)	8	火死	4
	9	湯潑死	
(毒)	10	服毒 (蠱毒, 鼠莽草毒, 果實, 金石藥毒, 酒毒, 砒霜, 野葛, 金蠶 蠱毒菌蕈獨, 胡蔓草)	2
(病死: 魘死, 卒死, 暍 死, 凍死, 飢餓死)	11	病死(邪魘中風卒死, 卒死, 卒中死, 中暗風, 傷寒死, 時 氣死者, 中暑死, 凍死, 飢餓死, 疾病死)	1
(針灸死)	12	針灸死	2
(從高跌死)	13	跌死	4
(壓死)	14	塌壓死	
(壓塞口鼻死)	15	外物壓塞口鼻死	
(硬物癮疷死)	16	硬物癮疷死	
(동물 상해)	17	牛馬踏死	2
	18	虎咬死	
	19	蛇蟲傷死	
(車輪)	20	車輪拶死	4
(자연재해)	21	雷震死	해당사항 없음
(酒食/築踏)	22	酒食醉飽死	해당사항 없음 (酒毒)
	23	築踏內損死	
(男子作過死)	24	男子作過死	해당사항 없음

※ ( ) 안 분류는 필자 첨가. 편명의 순서는 사인 유형별로 조정하여 〈표 1〉과 다름.

※ '비급방 분류'는 당송 시기 의서의 비급방의 항목 분류를 뜻하며, 1번은 中惡(卒死, 客忤), 自縊, 溺死, 暍
死, 凍死, 鬼魘 등의 항목으로 분류되는 죽음, 2번은 해독(식물, 금석), 蠱毒, 동물독(畜疾/咬人) 등으로
분류되는 毒死, 3번은 墜墮(從高墮下), 壓死, 被打, 殺傷, 金瘡으로 분류되는 외부 압력 또는 도구로 인한
죽음, 4번은 火燒, 灸瘡, 湯潑로 분류되는 '火傷'이다.

지식과 검시지식은 공통적으로 시간적으로 급하게 맞은 일상의 죽음에 대한 구급 대비나 혹은 상황적으로 긴급하여 그 사인에 대한 분석이 필요한 죽음에 관한 지식이기에 그 항목 분류가 유사하게 나타났던 것이 그리 이상한 일이 아닐지 모른다.

비급이 다루는 항목은 일정정도 급사急死를 염두에 두는 것이기에 그리고 급사는 어느 경우든 반드시 검시를 통해 사인 규명을 정확히 해야 하는 항목이기에 그 사인 분류나 구체적 명칭이 유사하게 나타난 것일 수도 있다.

이 외에 송자가 사인을 분류할 때 당시까지 축적되어 온 비급 의학 지식을 참고하였을 가능성에 대해 조금 더 고찰할 필요가 있다. 재미 있는 것은 『세원집록』의 가장 뒷부분에 「구사방」이 실려 있고 여기에는 검시관이 알아야 할 간단한 현장 구급 처방을 다루고 있다. 검시 참고 서에서 구급 처방을 다루고 있기에 언뜻 보기에는 생경스럽기도 하며 혹 현장의 필요에 의해 송자가 특별히 수록했던 것으로 볼 수도 있다.[48] 무엇보다도 그가 수록한 「구사방」을 통해 우리는 송자가 당시 의서에 서 전해지는 비급 지식을 참고했다는 사실을 확인할 수 있고,[49] 이로써 당시의 비급 지식과 검시지식의 연관성 더 나아가 비급 의방의 분류 체계가 검시지식의 사인 분류에 영향을 주었던 것이 아닌지 추정할 수 있다.

---

[48] 『洗冤集錄』의 「救死方」 수록 배경과 관련하여 아래 III.의 내용 참조.

[49] 물론 宋慈가 당시 비급 의학을 참고했다 하더라도 「救死方」의 처방 항목과 『洗冤集錄』의 전 체 사인 분류 체계가 일치하는 것은 아니다.

또한 송자가 『세원집록』을 편찬할 당시 남송 사대부들은 의학에 관심이 많았고 아울러 다양한 의방서를 편찬하였다.[50] 그는 『세원집록』에서 「구사방」을 수록할 때 남송 시기 홍준洪遵이 편찬한 『홍씨집험방洪氏集驗方』의 내용을 참고한 흔적이 보인다.[51] 송대 사대부들은 의학에 관심이 많았고 적지 않은 의방서를 편찬하였으며 이들 의방서는 종종 비급방 관련 항목을 수록하였다.[52] 어찌 보면 비급방의 의학 지식은 당시 사대부들이 일상생활에서 주로 접하는 익숙한 지식이었을 가능성이 크다. 그러다 보니 검시 지식을 다룰 때도 이러한 지식 체계의 영향을 받았을 가능성이 있다.

그러나 비급방의 지식과 검시지식이 항목과 분류 방식에 있어서 연관성이 발견된다고 하여 그 내용까지도 유사한 것은 아니다. 비급방에서는 치료를 위한 처방을, 『세원집록』은 특정 사인으로 인해 죽음에 이른 사체가 보이는 특징과 그에 맞는 사인 판단 기준 등을 제시하고 있기에 양자의 내용은 완전히 다르다.

---

50 송대 사대부들의 의방서 편찬 활동과 관련해서는 陳元朋, 『兩宋的"尙醫士人"與"儒醫" - 兼論其在金元的流變』, 國立臺灣大學出版委員會, 1997, 151-158쪽; 閻瑞雪, 「宋代醫學知識的擴散」, 『自然科學史硏究』 28-4, 2009; 易素梅, 「宋代的士人與醫方」, 『人文雜志』 2016-11; 최해별, 「宋代 사대부의 의학지식 입수와 교류: 洪遵의 《洪氏集驗方》을 중심으로」, 『역사학보』 230, 2016.

51 『洗冤集錄』 권5 「救死方」, 154쪽.

52 예를 들면, 吳彦夔은 민간에서 전승되는 경험방을 모아 의방 전승자의 성명 및 치료 사례를 기록하여 淳熙 7년(1180)경 『傳信適用方』을 편찬하였는데 여기에 비급방 관련 항목을 수록하고 있다. 吳彦夔, 『傳信適用方』 卷下 「治湯火蟲蛇所傷骨鯁竹刺等」, 文淵閣本四庫全書影印本, 第741冊, 798-804쪽 참조. 화상, 독사나 개 등 동물에 의한 상해, 각종 중독, 음주중독, 暍死, 溺死, 凍死, 中惡, 客忤, 卒死 등에 대한 비급방이 실려 있다.

종합해 보면, 인명 관련 사건에 대해 재판하는 데 필요한 법률 규정에서 언급되는 주요 사인들이 대체로 『세원집록』의 사인 분류에도 확인되었고, 또 당시 실제 판례에서 검시와 관련하여 자주 언급되는 사인들이 『세원집록』의 사인 분류에 포함되었다. 이를 통해 『세원집록』의 사인 분류가 당시 지방관들이 맞닥뜨리게 되는 사법 현실의 수요를 한껏 반영한 결과임을 추정할 수 있다. 또 사법 현실의 수요를 반영한 것 외에 『세원집록』의 사인 분류는 당송 시기 축적된 비급 의학 지식의 분류 체계와 상당히 유사함을 발견할 수 있었다. 이를 통해 비급 의학 지식의 영향을 받았을 가능성을 타진해 볼 수 있다. 비급의학 지식과 검시지식은 공통적으로 시간적으로나 정황적으로 급하게 맞은 일상의 죽음에 대한 구급 대비나 혹은 사인에 대한 분석에 필요한 지식이기에 그 분류의 유사성이 어쩌면 당연할 수도 있겠다. 이 밖에 「구사방」 수록 등이 반영하는, 송자가 비급의학 지식에 대해 잘 알고 있었다는 사실과 비급방의 지식이 당시 사대부들 사이에 유행한 의방서에서도 자주 언급되는 부분이며 그러기에 송자가 일상에서 쉽게 접했을 지식이라는 사실도 이러한 추정에 무게를 실어 준다.

결론적으로, 송자는 혹은 송자가 『세원집록』을 편찬할 당시까지의 검험지식은 관련 지식이 산재해 있는 가운데 재판 현실의 수요를 반영하고 일상에서 쉽게 접했던 의학 지식의 영향 속에 검시에 필요한 사인 분류를 시도했던 것이 아닌가 한다. 이를 통해 당시 검시지식의 체계화가 어떤 특정한 이론이나 틀에 기초해 이루어진 것이 아닌 지방관들의 일상의 경험을 바탕으로 현실적 수요와 지식의 조건 속에 지속적으로 축적되어 구성된 것으로 추정할 수 있다.

5 맺음말: 『세원집록洗冤集錄』과 동아시아 전통 검험지식의 원류 —

송자가 『세원집록』에 수록한 검험지식은 그 이후 원, 명, 청대까지 지속적으로 전승되어 영향을 미치는데, 이러한 전승을 통해 송자의 검험지식의 정리와 체계화 작업의 의미를 더욱 깊이 이해해 볼 수 있다.

『세원집록』의 발간 이후 원대에 이르면 왕여王與(1261-1346)가 『세원집록』과 『평원록平冤錄』에 기초하여 지대至大 원년元年(1308)(혹은 지원至元 원년元年(1335)) 『무원록無冤錄』을 저술한다.[53] 『무원록』은 『세원집록』의 내용에 기초하여 원대 상황에 맞게 수정·보완한 것이다.[54] 이후 명대明代(1368-1644)의 검험 참고서들을 살펴보면, 대체로 『세원집록』을 개수한 정도의 검험서적들이 나온다. 『세원집람洗冤集覽』 2권, 『세원록洗冤錄』 1권, 『세원첩록洗冤捷錄』 2권, 『세원법록洗冤法錄』 등이다. 이들은 대체로 『세원집록』의 내용을 중심으로 『무원록』의 내용을 보충하는 형태로 이

53　『無冤錄』의 판본은 沈家本이 수집한 『枕碧樓叢書』의 판본이 가장 완정하다고 전해지며, 이는 조선에서 필사된 『無冤錄』 필사본이다(余德芹·吳志剛, 「略述王與的≪無冤錄≫」, 『貴州民族學院學報』 2009-3, 136쪽). 통행본으로는 楊奉琨의 『無冤錄校注』(上海科學技術出版社, 1987) 등이 참고할 만하다. 본 논문에서는 조선에서 『新注無冤錄』을 편찬했을 때 『無冤錄』 원문의 내용에 수정을 가하지 않았기에 근래 한국에서 번역 출간된 것을 근거로 하였다(김호 옮김, 『신주무원록』, 사계절, 2012). 『無冤錄』의 편찬 시기에 관해서는 楊奉琨, 「元代大法醫學家王與生平著述考略」, 『浙江學刊』 1985-2, 119, 121쪽 참조. 왕여의 序에는 그 편찬 시기를 '至大改元'이라 쓰고 있다. 이를 至大 원년(1308)으로 보기도 하며, 이 경우 본문에서 그가 언급한 '昔任鹽官'(1323)과 충돌한다. 이에 楊奉琨은 '至大改元'을 '至元改元'(1335)의 오자로 고증했다.

54　이와 관련하여 최해별, 「宋·元 시기 '檢驗지식'의 형성과 발전 - 『洗冤集錄』과 『無冤錄』을 중심으로」, 『중국학보』 69집, 2014, 79-103쪽 참조.

루어졌다.[55] 명대 출간된 것 중 주목할 만한 것은 왕긍당王肯堂의 『세원록洗冤錄』 30조條이다. 이것은 만력 40년(1612) 사법 담당 관원들의 재판과 양형의 기본 참고서로서 발간된, 왕초王樵와 왕긍당王肯堂이 편찬한 『대명률부례전석大明律附例箋釋』의 말미에 첨부되었다. 이는 『세원집록』의 요약본으로서 조정의 법전에 수록되는 형태로 출간된 것이다. 그래서 그런지 그 후 청대 발간된 검험서적들 중 이를 참고한 것이 적지 않다.

청대 왕명덕王明德은 『세원록급세원록보洗冤錄及洗冤錄補』 2권을 편찬하는데, 그는 송대 『세원집록』 출간 이래 그 내용상의 증보를 가장 많이 한 인물로 평가받고 있다.[56] 이 책의 독특한 점은 『세원록』의 원문 일부분을 싣고 그 연후 자기의 견해를 실어 '부설附說'로 표기하였고, 다시 자기의 경험을 실어 '부설보附說補'로 표기하였다는 것이다. 그가 실은 『세원록』의 원문은 왕긍당 등이 『대명률부례전석』에 부록으로 실은 『세원록』 30조이다. 왕명덕은 강희 12년(1673)에 자신이 편찬한 『독률패휴讀律佩觿』 권8에 이를 실었다.

『독률패휴』에 실린 『세원록급세원록보』는 보강된 내용이 풍부했던 만큼 그 후 발간된 검험 서적에 많은 영향을 미쳤던 것으로 보인다. 먼저 강희 19년(1680)에 반작찬潘杓燦이 편찬한 법률 저서 『미신편未信編』은 「형명하刑名下」의 편명 아래 배치한 '검시지남檢屍指南'에서 검험과 관련된 내용을 대거 수록하고 있다. 주의할 것은 '검시지남' 아래 다음과 같

55　賈靜濤, 『中國古代法醫學史』, 185쪽.

56　賈靜濤, 『中國古代法醫學史』, 189쪽.

은 언급이 있다는 것이다.

* ◆ 『세원洗冤』·『무원無冤』·『평원平冤』의 삼록三錄을 참고하고 『명률전석明律
* ◆ 箋釋』과 『독률패휴讀律佩觿』를 참고하였다.[57]

　『세원』·『무원』·『평원』의 '삼록三錄'을 참고하였다는 것은 송원 시기 형성된 검험 지식의 전통을 계승하였다는 것을 의미하여 당시까지 명대 여러 검험 저서들이 있었건만 주된 골간은 이 '삼록'에서 시작된다는 것을 의미한다. 아울러 『명률전석明律箋釋』과 『독률패휴讀律佩觿』를 참고 하였다고 명시하였는데, 이는 각각 위에서 설명한 왕초와 왕긍당의 『대 명률부례전석』에 수록된 『세원록』 30조이며 왕명덕의 『독률패휴』에 수록된 『세원록급세원록보』를 의미하는 것이다. 결국 『미신편』에서 『명률 전석』과 『독률패휴』를 참고했다고 한 것은 『세원집록』의 요약본 『세원록』 30조와 왕명덕의 '부설附說' 및 '부설보附說補'를 참고했다는 뜻으로 이해할 수 있겠다.

　이를 통해 보건대, 청대 학자들이 검험 서적을 간행하면서 참고하였 던 검험 서적은 '삼록' 이래로 명대 왕긍장의 『세원록』 30조와 청의 왕명 덕의 『세원록급세원록보』였던 것으로 보인다. 특히 강희 33년(1694)에 이르면 율례관에서 교정을 거쳐 조정이 정식 반포한 관찬 법전으로서 『율례관교정세원록』이 나오게 되는데, 이는 송대 간행된 『세원집록』의

57　潘月山, 『未信編』 권4 「刑名下」, 官箴書集成編纂委員會 編 『官箴書集成』 제3책, 黃山書社, 1997, 99쪽.

내용을 위주로 하고, 왕명덕의 『세원록보』를 참고하였으며, 그 외 명·청대 여러 관련 서적의 내용을 참고하였다. 이 책은 청 조정의 주도로 간행되었기에 그 이후 가장 큰 영향력을 발휘하게 된다.

무엇보다도 13~14세기 발간된 검험서는 그 이후 한반도에 전해져 조선 전·후기 현지에 맞게 정리·변용되기도 하였으며, 일본에도 전해져 일본어로 번역되어 실제 사법 현장에서 활용되기에 이른다.[58]

우리가 주목해야 할 부분은, 원대 왕여의 『무원록』, 명대 왕긍당의 『세원록』, 청대 반작찬의 『미신편』 및 청 조정의 율례관이 교정 반포한 『율례관교정세원록』 등의 발간을 통해 전승된 검험 지식의 계보를 보면, 그 시작은 어김없이 송자의 『세원집록』이라는 것이다. 즉, 이들 저서들은 모두 송자의 『세원집록』을 기본으로 삼아 그 내용을 수정하고 보충하여 이루어진 것이며, 이들 책에서 송자가 참고했다고 하는 "『내서록』이하 여러 책"은 전혀 언급되고 있지 않다. 만약 『내서록』 등이 검험 저서로 여전히 유용한 부분이 있었다면, 『세원집록』 이후에도 전승되지 않았을 리 없었을 터인데, 그 전승이 멈추었다는 것은 『세원집록』 출간 이후 그 필요성이 없어졌다는 것을 의미하며, 이로써 볼 때 송자가 『세원집록』에서 진행한 검험지식의 정리와 체계화는 그 이전 저서들로 대체될 수 없는 성질의 것이었음을 유추할 수 있다.

아울러 강조할 점은 송자의 『세원집록』에서 전하는 검험 지식들은 그 이후 시대에도 전승되는데, 원대 및 명·청대 발간된 검험 서적들의

---

58   이와 관련하여 최해별, 「동아시아 전통 '검험' 지식의 계보: 검험 서적의 편찬·전파·변용을 중심으로」, 『이화사학연구』 50, 2015, 99–140쪽 참조.

주된 내용 및 심지어 한반도 일본 등지에서 발간된 검험 서적의 내용을 검토해 보면 그 내용의 근간은 대체로『세원집록』의 것을 따르고 있음을 확인할 수 있다. 무엇보다도 각 저서의 사인 분류 체계를 살펴보면 그 근간은 역시『세원집록』의 사인분류 체계를 그대로 따르고 있다.[59] 이를 통해 보건대, 중국 더 나아가 동아시아 전통 검험지식의 정리와 체계화는 13세기 말『세원집록』에서 완성되었고 그 이후에는 이를 근거로 발전하였다는 것을 볼 수 있다. 여기서 우리는 송자가『세원집록』에서 행한 검험 지식의 정리와 체계화의 의미를 다시 한 번 깨닫게 된다.

송자는『세원집록』을 편찬하는 과정에서 "『내서록』 이하 여러 책"을 참고하면서도 '경력(更歷)'을 강조하여 현장의 경험을 바탕으로 검험지식을 정리하며 체계화하였다. 현재『내서록』등이 전해지지 않기에 어느 부분이 그가 참고한 것이고 어느 부분이 그의(혹은 다른 사람의) 경험에서 온 것인지 알 수는 없지만 확실히 그는 현장의 수요에 따라 검험 지식을 새롭게 정리하고 보충하였던 것 같다. 사체 처리 방식이나 살상 등의 검험지식을 통해 그가 이루어 낸 검험 지식의 집적과 보충의 구체적 면모를 어느 정도 이해할 수 있었고, 사인 분류 체계의 배경 역시 현장의 수요나 당시 현실에서 쉽게 접하는 의학 지식의 환경 등과 무관하지 않았음을 추정할 수 있었다.

무엇보다도 이후 시대 전승된 검험지식이 결국 그 이전의 어느 책이

---

59   최해별,「13-18세기 동아시아 '檢驗(檢屍)' 지식의 전승과 변용: 死因분류 체계와 死因 규명에 관한 지식을 중심으로」,『역사문화연구』61, 2017, 245-249쪽.

아니라 송자의 『세원집록』에서 시작하고 있다는 점을 통해 『세원집록』의 성취가 그 이전 시대 저서들로 대체 가능한 것이 아니었음을 알 수 있었으며, 이에 따라 왜 『내서록』이 전승되지 못하고 유실되었는지도 쉽게 짐작할 수 있다. 아울러 이후 원, 명, 청 시기 및 동아시아 전통 검험 저서들의 내용과 체계가 『세원집록』의 것을 근간으로 하고 있다는 점에서 『세원집록』이 이후 동아시아 전통 검험지식의 체계를 형성했다는 측면에서 더욱 중요한 의의를 가진다고 할 수 있겠다.

III

검험 관원이 알아야 할 구급의학 지식
―『세원집록洗冤集錄』「구사방救死方」의 수록

송자의 『세원집록』은 당시까지 축적된 검험 지식을 정리한 결과물이라 할 수 있다. 송자는 검험 관원의 제대로 된 검험 시행을 도와주는 다양한 검험지식을 수록하였다. 그런데 이러한 『세원집록』의 내용에서 우리의 눈길을 끄는 것은 끝부분에 수록된 「구사방救死方」이다.[1] 이것은 검험을 하는 데 직접적으로 필요한 지식은 아니었으나 현장에서 급하게 인명을 구할 수 있는 구급 처치, 즉 당시의 표현대로라면 '구사救死'[2]할 수 있는 다양한 처방을 수록한 것이다. 이 책의 다른 부분의 내용 즉, 사체의 처리 방식, 초검初檢과 복검覆檢의 방법, 각종 사인死因을 확정하는 데 근거가 되는 사체의 특징 및 검험 시 필요한 주의사항 등에

---

[1] 『洗冤集錄』은 총 5권으로 이루어졌는데, 이 중 「救死方」은 제5권의 마지막 편명인 「驗狀說」 바로 앞에 실려 있다.

[2] '救死'는 죽어 가는 사람에 대해 구급 조치를 취함으로써 목숨을 살리는 것을 의미하며, 본 장에서는 「救死方」의 의학 지식을 '구사 지식' 또는 풀어서 '구급 의학 지식'이라 쓴다.

관한 내용과 비교해 볼 때, 「구사방」은 확실히 검험과는 직접적인 관련이 없는, 성격이 조금 다른 내용이라 할 수 있다. 아마도 검험을 하게 되는 현장에서 종종 '구사' 조치가 필요했고 검험 관원이 이에 관한 의학 지식을 갖출 필요가 있었기에 송자는 「구사방」을 『세원집록』에 실은 것으로 보인다.

그런데 송자가 아무리 검험 현장에서의 구사 지식의 필요성을 인식했다고 하더라도 의원도 아닌 그가 또 의학사적으로 뚜렷한 성취를 남긴 것도 아닌 그가 이렇게 「구사방」을 편성할 수 있었던 경위에 대해서는 자세한 고찰이 필요해 보이며, 아울러 사법 관원의 시각에서 구성한 '구사' 처방 지식의 특징에는 무엇이 있는지 궁금해진다. 본 장에서는 먼저 호남제점형옥이었던 송자가 『세원집록』에 「구사방」을 수록한 배경을 살펴본 연후, 「구사방」의 구성과 그 구사 처방의 특징을 분석하고자 한다. 이로써 당시 지방관이 보기에 검험 관원이 갖추고 있어야 할 지식으로 구급의학 지식을 어떻게 재구성하였는지 살펴볼 수 있을 것이다.

송대 검험지식에 관한 연구는 주로 검험지식 자체를 중심으로 이루어졌으며,[3] 검험과 관련한 구사 지식에 대한 연구는 크게 이루어지지 않았다. 무엇보다도 당송 시기 구급 의학 지식 자체에 대한 연구도 현재 많이 이루어지지 않은 실정이다. 이에 본 장은 『세원집록』「구사방」을 중심으로 송대 지방관이 「구사방」에 주목한 배경과 그들의 시각에서 정리한 구사 지식의 전반적 특징을 분석하고자 한다. 이로써 송대

---

3   대표적인 연구 성과에 대해서는 98쪽 주 2) 참조.

구급 의학 지식의 전승과 구급 의료의 실천에 있어서 지방관이 했던 역할도 부분적으로나마 음미해 볼 수 있을 것이다.

1 『세원집록洗冤集錄』의「구사방救死方」수록 배경

호남제점형옥이었던 송자가 『세원집록』을 편찬하면서 「구사방」을 수록하게 된 이유나 배경에 대해 그가 직접적으로 언급한 바가 없기에 그 이유를 구체적으로 이해하기는 어렵다. 그러나 지방관들이 주 독자층을 형성하고 있는 검험 참고서에 「구사방」을 실은 것은 나름의 여건과 배경이 있었을 것이기에 이를 검토해 보는 것은 중요해 보인다.

송대 사대부들이 이전 시기에 비해 의학에 관심이 많았다는 것은 주지의 사실이다. 송대는 인쇄술의 발전, '서족庶族'의 성장이라는 새로운 사회질서의 형성 그리고 이학理學의 발달 등을 배경으로 의학 지식의 전파가 본격적으로 이루어진 시기이다.[4] 특히 지방관들은 의학 서적의 편찬과 출판 그리고 의서의 보급에 관심이 많았고,[5] 또 이를 임직 기간 중의 주요한 공적으로 삼았다. 특히 송대 의학 지식의 확산에 있어서 지방관들의 역할은 매우 중요했는데, 당시 지방관들은 스스로 또는 사람을 시켜 방서를 편찬하여 지역민들이 사용할 수 있도록 하였고 이것

---

4   Angela Ki-che Leung(梁其姿), "Medical Learning From the Song to the Ming," in *The Song-Yuan-Ming Transition in Chinese History*, ed. Paul Jakov Smith and Richard von Glahn, Harvard University Asia Center, 2003, pp.372-398.

5   이와 관련한 연구는 다음을 참조. 陳元朋, 『兩宋的"尙醫士人"與"儒醫"-兼論其在金元的流變』, 國立臺灣大學出版委員會, 1997; 薛芳芸, 『宋代文士通醫現象硏究』, 山西人民出版社, 2012.

이 의학 지식의 확산을 불러왔다.[6] 게다가 기후나 지형이 달라 질병과 전염병이 많았던 남방으로 부임 가는 지방관의 경우 특별히 방서와 약재를 챙겨가는 경우가 많았으며 방서를 편찬한 지방관들 중에는 남쪽 지역에서의 사환 경력을 가지고 있는 자들이 많았다.[7]

송자는 건녕부建寧府 건양현建陽縣에서 태어나 자랐고, 그의 아버지 송공宋鞏은 광주절도추관廣州節度推官을 역임한 바 있다. 송자는 강서제점형옥江西提點刑獄 사섭재使葉宰의 막료와 복건로초포사福建路招捕使 진화陳韡의 막료를 지내다가 이종理宗 가희嘉熙 원년(1237) 소무군昭武軍 통판通判 등을 역임하고, 가희嘉熙 4년(1240) 광동제점형옥廣東提點刑獄이 되었으며, 그 후 강서제점형옥江西提點刑獄이 되었다. 순우淳祐 5년(1245)을 전후로 광서제점형옥廣西提點刑獄을, 순우淳祐 7년(1247) 호남제점형옥을 맡았다. 그 후 순우淳祐 8년(1248) 광주지주廣州知州와 광동경략안무사廣東經略安撫使를 역임하였다.[8] 남쪽 여러 지역에서의 사환 경력, 특히 광남 지역에서의 임직 경력과 네 차례의 제점형옥 경력으로 보건대 그가 광남 등지의 사법 현장에 대해 남다른 이해가 있었음은 쉽게 짐작할 수 있다.

그는 『세원집록』 곳곳에서 남쪽 각 지역의 특수성과 사법 현장에서의 독특한 경험을 언급한 바 있다. 광서廣西 지역에서 있었던 의안疑案

---

6   閻瑞雪,「宋代醫學知識的擴散」,『自然科學史研究』28-4, 2009, 482쪽.

7   閻瑞雪,「宋代醫學知識的擴散」, 484쪽.

8   劉克莊,『後村先生大全集』권159「宋經略墓誌銘」, 四部叢刊本.

을 기록하였고,[9] 남방南方 사람들은 상대를 무고誣告하기 위해 종종 상처의 위장을 잘 한다고도 하였으며,[10] 사체를 씻는 방법을 이야기할 때는 호남湖南의 풍속을 언급하였고,[11] 또 임안臨安이나 강남江南 지역에만 있는 독초毒草를 기록하기도 하였다.[12]

남쪽 지역에 대한 언급 중에서도 남방 지역 독초인 '호만초胡蔓草'를 이용해 원한 관계에 있는 타인을 무고誣告하는 광남 지역민의 특성을 언급한 부분은 그가 구사 처방에 대해 주목했던 이유를 간접적으로나마 드러내기에 주목할 만하다. 그는 가희嘉熙 3년(1239) 광남동로 제점형옥을 맡게 되었고, 유극장은 그의 묘지명을 쓸 때 당시 송자가 8개월 만에 밀린 죄수 200여 인에 대한 처결을 했다고 칭찬한 바 있다.[13] 이후 순우 5년(1245) 광남서로 제점형옥을 역임한 바 있다. 광남지역에서의 제점형옥 경력 때문인지 그는 『세원집록』의 「복독服毒」 편에서 유독 광남 지역과 관련하여 다음과 같은 기록을 남겼다.

◆ 광남廣南 지역 사람들은 조금이라도 다투어 화나면 상대에게 덮어씌우는데 스스로 호만초胡蔓草를 먹는다. 일명 단장초斷腸草라고도 하는데, 모양은 아위阿魏와 같고 잎은 길고 뾰족하며 가지는 넝쿨모양으로 자라

9   『洗冤集錄』권2「疑難雜說下」, 33쪽.

10 『洗冤集錄』권2「疑難雜說下」, 34쪽.

11 『洗冤集錄』권2「洗罨」, 56쪽.

12 『洗冤集錄』권3「論骨脈要害去處」, 71쪽; 『洗冤集錄』권4「服毒」, 119쪽.

13 劉克莊, 『後村先生大全集』권159「宋經略廣墓誌銘」: "除提點廣東刑獄, 南吏多不奉法, 有留獄數年未詳復者. 公下條約, 立期程, 閱八月, 決辟囚二百余."

고 잎 3장 이상을 먹으면 곧 죽는다. 마른 것 혹은 보관한 지 오래된 것을 분말로 만들어 먹어도 죽는다. 만약 막 먹고 시간이 오래되지 않았다면 대변즙을 부어 주면 해독할 수 있다. 그 풀은 사람이 가까이 가면 그 잎이 흔들린다. 여린 잎을 따서 물에 넣어 우려 입으로 흘려 넣으면 온 구멍에서 피가 나온다. 그 해독법은, 아직 부화하기 직전 달걀 안의 병아리를 잘게 갈아 마유麻油를 섞어 입을 벌려 넣어 주면 바로 냄새나는 액즙을 다 토하면서 깨어날 것이다. 만약 조금이라도 늦으면 구할 수 없다.[14]

독초인 호만초는 '야갈野葛'의 또 다른 이름이다. 이러한 야갈을 이용한 범죄는 송대 종종 있었던 것으로 보인다. 예를 들면 『절옥귀감』에는 야갈과 관련된 무고 안건이 두 건이나 실려 있다. 북송 진종眞宗(997-1022 재위)시기 지복주知福州였던 왕진王臻이 수사한 한 살인사건이다.

민閩 지역 사람들은 복수를 하려고 할 때 종종 먼저 야갈野葛을 먹고 싸워 그 집 앞에서 죽는다. 그리고 마침내 [상대를] 무고한다.[15]

왕진은 수사과정에서 무고임을 밝혀낸다. 정극은 이 사안을 기록하여 왕진의 '변무辨誣' 실력을 높이 평가하였다. 그는 또 안按에서 북송시기 태상소경太常少卿을 지낸 바 있는 가창령賈昌齡이 요주饒州 부량현浮

---

14 『洗冤集錄』권4「服毒」, 121쪽.

15 『折獄龜鑑』권3「王臻問傷」, 139쪽.

梁縣 현위로 있을 때 해결한 유사한 사건을 소개하고 있다.

- 그 지역 풍속은 목숨을 가벼이 여겨 다른 사람과 원한이 있으면 종종 먼
  저 야갈을 먹고 상대를 무고한다. 창령은 능히 그것을 분별해 내었는데
- 왕진의 경우와 같이 상처를 물어 판별한 것이다.[16]

야갈을 사용한 무고 범죄는 광남 지역뿐 아니라 복건 및 강서 지역에
서도 종종 일어났던 사안이었으며 당시 검험 관원은 죽은 자를 보고 사
인을 잘 살펴야 했을 터인데 이 과정에서 현장에서 아직 죽지 않은 경
우를 발견했을 때는 분명 '구사' 조치를 취해야 하는 경우도 많았을 것
이다. 이에 송자는 광남 지역 사례를 소개하면서 인분과 계란을 사용한
호만초의 해독법을 덧붙였던 것이고, "조금이라도 늦으면 구할 수 없
다"고 당부하는 것도 잊지 않았다. 이러한 '구사' 처방은 분명 호만초 관
련 범죄 안건을 검험하는 과정에서 인명 피해를 줄이는 데 큰 역할을
하였을 것으로 보인다.

이렇듯 현장에서 검험을 하는 과정에서 지방관이 '구사' 처방을 통해
인명을 구조하는 일은 종종 있었던 것 같다. 이와 관련하여 송자는 어
느 지방관의 실제 경험을 싣기도 하였는데, 이를 통해서 송자가 『세원
집록』에 「구사방」을 실은 이유, 더 나아가 지방관들이 '구사' 처방을 해
야 했던 이유를 좀 더 명확하게 파악해 볼 수 있다.

16　『折獄龜鑑』권3「王臻問傷」, 140쪽.

◆ 추관推官 송연宋璉은 두 곳의 살상殺傷 흔적을 검험하는데 기가 아직 완전히 끊어지지는 않은 상태라 급히 보갑保甲을 보내 총백蔥白과 달군 솥을 가져오게 하여 볶아 익히게 하고 상처에 두루 펴 발랐다. 계속하여 신음 소리를 내었는데 다시 총蔥을 바꾸어 발라 주니 상처 난 자가 통증이 없어졌다. 일찍이 악평樂平의 지현知縣 포기鮑旂에게 이를 말해 주었다. 송연이 포기를 다시 만났을 때 포기가 말하기를, "총백은 매우 묘합니다. 악평 사람들은 싸움을 잘하여 많이들 상처를 입는데, 매번 살상 안건이 있을 때마다 책문할 겨를이 없어 먼저 총백을 상처에 바르게 하니 살아난 사람이 매우 많았습니다. 사형 판결이 이로써 많이 줄어들었습
◆ 니다."[17]

추관 송연은 검험을 하는데, 피해자가 아직 완전히 기가 끊어지지 않은 상태임을 확인한 후 '구사' 처치를 하였다. 그는 '총백蔥白(파의 밑동)'을 활용하였는데, 총백의 지통 효험은 당송 시기 의서에서 이미 언급된 바 있다.[18] 그는 총백의 치료 효과를 알았고, 이를 실제 현장에서 응용하였던 것이다. 더욱이 송연은 이를 당시 악평 지현 포기에게 일러 주었고, 포기는 이 방법을 사용하여 구사 조치를 취한 결과 살아난 자가 매우 많았고, 그 결과 사형판결이 이로써 줄어들었다고 명확하게 밝히고 있다. 이쯤에서 우리는 송자가 『세원집록』에 「구사방」을 실은 이유를 좀

---

17 『洗冤集錄』 권5 「救死方」, 156쪽.

18 『外臺秘要』 권29 「金瘡止痛方」, 人民衛生出版社, 1996, 787쪽; 『太平聖惠方』 권68 「治一切傷折膏藥諸方」 「治金瘡內漏諸方」, 人民衛生出版社, 1982, 2105쪽, 2113쪽 등에서 '총백'의 효과가 언급된 바 있다.

더 구체적으로 추정할 수 있다. 즉, 검험 현장에서 기가 아직 끊어지지 않은 피해자를 만났을 때 '구사' 조치를 취하여 살인 사건을 줄여 사형 판결(大辟)을 줄이는 것이 아니었는지 생각해 볼 수 있다.

무엇보다도 송자는 이 사례를 장성도張聲道의 『경험방經驗方』에서 가져왔다고 하는데, 장성도(1150-1220)는 남송 순희淳熙 11년(1184)의 진사로 지영주知永州와 호남제점형옥湖南提點刑獄 그리고 지포전부知莆田府 등을 역임한 사람이며 의학에 정통한 인물로 알려져 있다. 호남제점형옥의 경력이 있었던 장성도 역시 검험 관원의 '구사' 처리 능력을 중시하여 이를 『경험방』에 실었던 것이고 역시 호남제점형옥이었던 송자가 이를 보고 다시금 검험 관원의 '구사' 처치 능력을 강조하여 이를 『세원집록』「구사방」에 실었던 것이 아닌가 한다.

또, 송자는 『세원집록』의 「구사방」에서 물에 빠져 거의 '죽은' 자를 구하여 깨어나게 했던 '홍승상洪丞相'의 경험을 소개하고 있다.

◆ 진흙 벽의 한 부분을 때려 땅바닥에 부수어 죽은 자를 그 위에 누이고 다시 흙덩이를 그 위에 덮고 오직 입과 눈만 나오게 한다. 자연히 물기가 진흙 사이로 스며들어가니 그 사람은 곧 깨어난다. 홍승상洪丞相이 파양鄱陽에 있을 때 물에 빠진 자가 있었는데 몸이 굳고 기가 끊어진 상태였
◆ 는데도 이 방법을 사용해 구하니 곧 깨어났다.[19]

진흙덩이를 사용하여 익사자의 물기를 빼는 처방을 기록하고 있는

19 『洗冤集錄』 권5 「救死方」, 154쪽.

데, 주목할 것은 끝에 홍승상의 경험을 덧붙이면서 이 처방의 효력을 언급했다. "몸이 굳고 기가 끊어진 상태"인데도 홍승상이 이 방법을 사용하여 깨어나게 했던 것이다. 여기서 홍승상은 효종孝宗(1162~1189) 시기 우승상을 지낸 바 있는 홍준洪遵(1120~1174)이다. 그는 의학에 관심이 많아 평소 여러 효험이 있는 의방들을 수집하였고 건도乾道 5년(1169) 만년에 이를 모아『홍씨집험방洪氏集驗方』을 편찬하였다.[20] 송자가 언급한 내용은『홍씨집험방』의 기록을 참고하여 수록한 것으로 보인다.[21] 이 기록은 지방관들이 종종 구사의 요구에 맞닥뜨리게 되었던 당시 현실을 어느 정도 유추할 수 있게 하며, 송자는 실제로 기가 끊어진 자를 살린 홍준의 경험담을 실어 다른 지방관들도 이를 참고하여 구사 조치를 할 수 있도록 하였던 것이다.

결론적으로, 남송시기 사대부들은 의학에 많은 관심을 갖고 있었고, 특히 남방 지역에서의 임직 경력을 가진 지방관은 더욱 그러했다. 이런 분위기 속에 남방에서만 네 차례 제점형옥을 역임했던 송자가『세원집록』을 편찬할 때 검험 담당 관원이 구급 처방에 관한 의학 지식을 갖추어야 한다고 생각했던 것은 어쩌면 당연한 일이었는지도 모른다. 원한 관계에 있는 상대를 무고하기 위해 종종 스스로 독초인 호만초를 먹는다는 광남 지역에서 제점형옥을 지낸 바 있던 송자가 아닌가.

---

20   『洪氏集驗方』과 관련하여 최해별,「宋代 사대부의 의학지식 입수와 교류: 洪遵의『洪氏集驗方』을 중심으로」,『역사학보』230, 2016 참조.

21   洪遵 著, 李士懋·花金芳 點校,『洪氏集驗方』卷4「治溺死」, "予在鄱陽, 嘗有溺水者, 身僵氣絶, 用此法治之即蘇. 幹壁泥上先打壁泥一堵, 置之地上, 卻以死者仰臥其上, 更以壁土覆之, 止露口眼, 自然水氣翕入泥中, 其人遂蘇," 人民衛生出版社, 1986, 169쪽.

검험관원들은 현장에서 검험을 실시하는 과정에서 '기가 아직 끊어지지 않은 경우', 혹 '기가 끊어졌어도' 여전히 살릴 수 있는 상태의 검험 대상을 종종 접했을 것이고, 이 경우 실제로 구사 조치를 취해야 했을 것이다. 송연 또는 포기처럼 구급 조치를 통해 검험 현장에서 검험 관원이 직접 인명을 살린 경우가 있었던 것으로 보아 또 승상을 역임한 바 있는 홍준이 익사자를 살린 경험을 통해 보면 이러한 추정은 크게 틀리지 않은 것으로 생각된다. 송자는 그들의 경험담을 직접 「구사방」에 실어 구사 처방의 중요성을 강조하였다. 아울러 포기의 언설에서 그가 「구사방」을 실은 더욱 직접적인 목적을 이해할 수 있는데, 지방관의 구사 처치는 종국에는 대벽大辟죄로 판결될 사건을 줄이는 효과를 가져오는 것이었다. 바로 이런 이유 때문에 송자는 『세원집록』에 「구사방」을 실어 검험 관원으로 하여금 더욱 적극적으로 구사 조치를 취할 수 있도록 독려하였던 것이 아닐까?

2 의난疑難에 대한 경계: 「구사방救死方」의 구성

송자는 검험 관원이 구사 지식을 갖추고 있으면 현장에서 많은 인명을 구조할 수 있고 또 이로써 대벽大辟 안건을 줄일 수 있다고 생각하여 『세원집록』에 「구사방」을 실었다. 「구사방」의 내용을 일별하여 보면 여러 개의 항목으로 구성되어 있음을 알 수 있다. 이를 순서대로 나열하면, '액사(縊)', '익사(水溺)', '갈사(暍死, 더위를 먹어 죽음)', '동사(凍死)', '염사(魘死,

악몽으로 가위눌리어 죽음)', '중악(中惡), 객오(客忤), 졸사(卒死)',22 '살상(殺傷)', '태동불안(胎動不安)', '경포사(驚怖死, 놀라고 두려워 죽음)', '오절(五絶) 및 떨어짐(墮), 구타(打), 졸사(卒死)',23 '졸폭(卒暴), 떨어짐(墮), 넘어짐(攧), 축도(築倒) 및 귀염사(鬼魘死)'24 등이며 중복되는 것이 있지만 모두 11개로 분류하였다. 염사魘死, 졸사卒死, '오절五絶'의 세부 항목 등이 중복되는 것은 아마도 같은 처방을 쓸 수 있는 여러 죽음을 나열하다 보니 나타난 결과로 보인다. 이들 11개로 분류된 항목에 대한 구체적인 처방의 내용은 부록의 〈표 11〉과 같다.

주지하다시피 『세원집록』은 각종 죽음에 대해 분류하여 각 사체의 특징을 설명함으로써 검험 관원이 사인死因을 확정할 때 이를 참고할 수 있도록 하였는데, 송자는 사인별로 그 항목을 나누었다. 『세원집록』에 수록된 각종 사인 항목과 「구사방」의 항목을 비교해 보면, 송자는 이들 각 사인에 대한 구사 처방을 모두 싣지는 않았음을 알 수 있다(〈표 9〉참조).

---

22 '中惡(중악)'은 정신이 쇠약하여 鬼邪의 기운에 침범당하여 죽는 것을 이른다(『外臺秘要』 권28 「中惡方一十三首」). '客忤(객오)'는 '卒忤'와 같은 것인데, 邪客의 기운이 갑자기 사람의 정신을 범하는 것이다. 中惡의 종류이다(『外臺秘要』 권28 「客忤方一十三首」). '卒死(졸사)'는 三虛로 인하여 賊風으로 죽은 것을 이른다(『外臺秘要』 권28 「卒死方二十四首」). 이 세 가지는 대체로 정신과 기가 쇠약하여 나쁜 기운에 침범당하여 죽은 것을 이른다.

23 '五絶'은 産(출산), 魅(정신이 홀리는 것), 縊(액사), 壓(압사), 溺(익사)를 이른다. '墮, 打'는 떨어져서 또는 맞아서 죽은 것을 이르며 '卒死'는 위의 주 22) 참조.

24 '卒暴(졸폭)'은 당송 의서에는 '卒暴中風', '卒暴冷下部疼悶', '卒暴心痛' 등으로 확인된다. '墮, 攧'은 떨어져서 또는 넘어져서 죽은 것을 이르며, '築倒' 역시 높은 곳에서 넘어져서 죽은 것을 이르는 것으로 보인다. '鬼魘死'는 악몽으로 가위눌리어 죽는 '魘死'와 유사한 것으로 보인다.

표 9 『세원집록』의 사인 항목과 「구사방」 항목 비교

	『세원집록』의 死因 분류	「구사방」 중 수록 여부 및 해당 항목	
1	自縊	○	縊
2	打勒死假作自縊		
3	溺死	○	水溺
4	驗他物及手足傷死		
5	自刑	○	殺傷
6	殺傷		
7	火死	X	
8	湯潑死	X	
9	服毒	X	(「구사방」은 미수록, 권4 「服毒」에 구급처방 수록)
10	病死	○	暍死, 凍死, 魘死, 中惡, 客忤, 卒死
11	針灸死	X	
12	受杖死	X	
13	跌死	○	墮, 攧, 築倒
14	塌壓死	○	五絶 中 壓
15	壓塞口鼻死	○	五絶 中 壓
16	硬物癮痁死	X	
17	牛馬踏死	X	
18	車輪拶死	X	
19	雷震死	X	
20	虎咬死	X	
21	蛇蟲傷死	X	
22	酒食醉飽死	X	
23	築踏內損死	X	
24	男子作過死	X	

　송자는 『세원집록』에서 설명하고 있는 24개의 죽음에 대해 그중 일부 항목에 대한 구사 처방만을 「구사방」에 실었다. 그는 왜 일부만을 수록하였고, 또 그 일부를 선택한 기준은 무엇일까?

이를 고찰하기에 앞서 송자가 「구사방」을 수록할 때 무엇을 참고하여 각 처방들을 실었는지 살펴볼 필요가 있다. 앞 장에서 송자는 『세원집록』 편찬 시 사인死因 분류를 할 때 당송 시기 구급 의학의 영향을 받았을 가능성을 검토하였는데, 「구사방」의 구성은 송자가 확실히 당송 시기 의서 중 전해 오는 구급방에 대한 이해가 깊었음을 말해 주며, 당송 시기 의서의 '비급備急' 등의 편명에 실려 있는 구급방 등을 참고하여 「구사방」을 구성했던 것으로 보인다. 그렇다고 하여 현전하는 당송 시기 의서 중 「구사방」과 그 순서와 내용이 모두 일치하는 것은 없으므로 추정하건대 송자는 여러 의서의 내용을 두루 참고하여 현장의 수요에 맞게 필요한 내용을 발췌하여 수록했던 것으로 보인다.

그러나 구체적으로 어떠한 의서를 참고하였는지 송자 스스로 언급한 바가 없고 또 유추할 수 있는 관련 자료 역시 한계가 있기에 부득이 「구사방」의 처방 내용과 현재 전해 오는 당시 의서의 관련 처방을 비교하여 그 출처를 대략적으로 추정하는 수밖에 없다. 앞에서 언급한 대로 중국 전통 의학에서 구급 의학의 시작은 전한 시기로 거슬러 올라가며, 이후 계속 발전하다 당송 시기에 이르면 7세기경 손사막孫思邈이 『천금요방千金要方』에서 「비급備急」이라는 편명을 따로 두어 특별히 응급조치가 긴요한 사고나 질병에 대해 각종 처방을 수록하였다.[25] 이러한 '비급방'은 이후 당대 후기 출간된 왕도王燾의 『외대비요外臺秘要』 및 송 조정이 출간하고 반포한 『태평성혜방太平聖惠方』에서 더욱 수정 보강된다.[26]

---

25 孫思邈, 「備急千金要方」 권25 「備急」, 天津古籍出版社, 2009, 745–778쪽.

26 王燾, 「外臺秘要」, 人民衛生出版社, 1996; 王懷隱 等 編, 「太平聖惠方」, 人民衛生出版社,

또 대관大觀 연간(1107~1110) 출간된『태평혜민화제국방太平惠民和劑局方』
에서도 관련 내용이 확인되며, 휘종 정화政和 연간(1111~1117) 편찬되었
다가 금 대정大定 연간(1161~1189)에 간행되었던『정화성제총록政和聖濟
總錄』에서도 부분적으로 확인된다. 아울러 송대는 개인이 편찬한 여러
의방서들도 있는데, 송자는 이 역시 참고하였던 것으로 보인다. 물론
그가 구체적으로 어느 의서를 참고하였는지 알 수 없으나,[27] 대체로「구
사방」의 내용이『천금요방』,『외대비요』,『태평성혜방』의 관련 내용에서
크게 벗어나지 않고, 또 이 세 의서는 다른 의서와 달리 관련 내용이 비
교적 집중되어 있기에「구사방」의 항목 구성을 고찰하는 데 있어서 대
체로 이 세 의서의 관련 내용과「구사방」을 비교해 보는 것도 무방하리
라 여겨진다.

앞서 언급한 대로, 당송 시기 이들 의서에서 등장하는 이른바 구급
관련 처방을 내용상 분류해 보면 크게 네 가지로 나눌 수 있다. 첫째, 중
오中忤, 졸사卒死, 객오客忤, 자액自縊, 익사溺死, 갈사暍死, 동사凍死, 귀엽
鬼魘 등으로 분류되는 항목이다. 둘째, 해독(식물), 고독蠱毒, 축질畜疾 및
교인咬人으로 분류되는 구급 처방이다. 셋째, 추타墜墮, 종고타하從高墮
下, 압착壓笮, 피타被打, 절손折損, 살상殺傷, 금창金瘡 등으로 분류되는 추

1982.

27 당송대 의서는 대체로 진한 시대 이래로 전해 오는 의서의 내용을 인용하고 보충하여 편찬
되었기에 '구사' 처방과 관련하여서도 그 내용이 중복되는 경우가 많으며, 구체적으로 宋慈
가 당시 어떤 의서를 참고하였는지 확인하기는 매우 어렵다. 예를 들면,『外臺秘要』의 경우
『肘後備急方』,『集驗方』,『千金要方』과『千金翼方』등 이전의 다양한 의서를 동시에 인용하
고 있다.『太平聖惠方』역시 이러한 집적된 형태의 처방 지식을 수록하고 있다. 그러므로 같
은 내용이라 하더라도 宋慈가 어떤 의서를 참고하였는지 추정하기는 어려워 보인다.

표 10 「구사방」 항목과 당송 의서의 '비급'관련 해당 항목 분류

	「구사방」의 항목	당송 의서의 '비급' 관련 항목 분류
1	縊	1
2	水溺	1
3	暍死	1
4	凍死	1
5	魘死	1
6	中惡, 客忤, 卒死	1
7	殺傷	3
8	胎動不安	해당 사항 없음
9	驚怖死	해당 사항 없음
10	五絕, 墮, 打, 卒死	1, 3
11	卒暴, 墮, 擷, 築倒, 鬼魘死	1, 3

※ 비고: 1과 3은 위에서 제시한 당송 시기 세 의서의 '비급' 처방 항목 분류 중 첫째와 셋째 항목을 의미

락 및 구타와 살상에 대한 구급 처방이다. 넷째, '화火'로 분류되는 화상 火傷, 구창灸瘡(뜸) 등에 대한 구급 처방이다.[28] 그런데 이러한 분류에서 송자가 『세원집록』「구사방」에 실은 내용은 주로 첫 번째와 세 번째 부류에 해당하는 것이다(〈표 10〉 참조). 즉, 송자 나름의 취사선택을 거쳤던 것이다. 그가 네 가지로 분류될 수 있는 구급 처방의 내용 중 유독 첫 번째와 세 번째에 해당하는 내용만을 「구사방」에 수록한 이유가 무엇 인지 그 기준이 궁금해진다.

---

28 이 분류는 孫思邈, 『備急千金要方』 권25 「비급」(卒死第一, 蛇毒第二, 被打第三, 火瘡第四) 을 대체로 참고한 것이며, 관련 내용은 王燾, 『外臺秘要』 권28·권29·권40; 王懷隱 等 編, 『太平聖惠方』 권39·권56·권57·권67·권68에서 보인다. 이 분류와 관련한 자세한 설명은 앞의 II. 4. 1) 참조.

송자가 『세원집록』에 언급된 모든 사인에 대한 구사 처방을 싣지 않고 일부 항목에 대한 구사 처방만을 실은 이유와 아울러 당송 의서에 나와 있는 '비급' 관련 모든 항목을 싣지 않고 취사선택하여 실은 이유를 이해하기 위해 송자가 『세원집록』에서 '의난疑難'의 안건, 즉 '의혹이 생기고 판결이 어려운' 사안을 다룰 때의 주의사항을 언급한 부분을 다시 주목할 필요가 있다.

⬦ 무릇 사체를 검험해야 하는 경우로는 도인살상刀刃殺傷, 타물투타他物鬪
打, 권수구격拳手毆擊, 혹은 자액自縊 또는 늑살勒殺, 혹은 투수投水나 피
인익살被人溺殺, 혹은 병환으로 죽음에 이른 경우 등에 불과하다. 그러나
늑살勒殺은 자액自縊과 유사하고, 익수溺水는 투수投水와 유사하며, 투구
鬪毆는 보고保辜 기한 내에 죽어도 실제로 병환病患으로 죽은 경우도 있
다. … [사망에 이르는] 이유는 수없이 많으며, 모두 의난疑難의 안건이 된
다. 때에 맞춰 조사하고 관찰할 때 절대 경솔하게 해서는 안 된다. 아주
⬦ 작은 잘못이라도 그 결과는 심히 크다.[29]

그는 관원이 검험을 해야 하는 경우로는 칼날 등으로 살상殺傷, 손발 외의 도구로 구타毆打, 주먹으로 가격하는 것, 자액自縊(늑살勒殺), 익사溺死(피인익살被人溺殺), 병환病患 등에 불과하다고 하였다. 물론 이는 그가 현장의 경험을 바탕으로 자주 맞닥뜨리게 되는 사안을 중심으로 뽑은 것이며 또한 종종 의난의 안건이 되는 대표적인 사례이기에 주목한 것으

---

[29] 『洗冤集錄』 권1 「疑難雜說上」, 26쪽.

로 보인다. 흥미로운 점은 이들 살상殺傷, 구타毆打, 자액自縊(늑살勒殺), 익사溺死(피인익살被人溺殺), 병환病患 등의 항목, 즉 송자의 사인 분류 체계에서 주요 사인에 해당하는 항목들은 모두 「구사방」의 내용에 빠짐없이 들어가며 주된 내용을 구성한다는 것이다. 송자가 「구사방」을 구성할 때 무엇을 염두에 두었는지 알 수 있는 부분이다. 즉, '의난'이 되기 쉬워 검험이 꼭 필요한 사안을 중심으로, 즉 검험 관원이 자주 맞닥뜨리게 되는 사안을 중심으로 「구사방」의 내용을 구성하였음을 알 수 있다.

그런데 위의 '의난'이 되기 쉬운 안건 중 마지막 '병환病患'은 구체적으로 어떤 죽음을 지칭하는지 알 수 없으며 이에 대한 구사 처방도 「구사방」에 실려 있는지 살펴보아야 한다. 아울러 「구사방」의 항목 중 '갈사暍死', '동사凍死', '염사魘死', '중악中惡, 객오客忤, 졸사卒死', '오절五絶(산산産, 매매魅, 액縊, 압壓, 익溺) 및 타타墮, 타打, 졸사卒死', '졸폭卒暴, 타타墮, 전전癲, 축도축築倒 및 귀염사鬼魘死' 등 역시도 의난에 속하는지 그래서 「구사방」에 실린 것인지도 확인해야 할 부분이다.

송자는 『세원집록』에서 각종 사인을 열거하고 있는데, 그중에는 「병사病死」(〈표 2〉의 10번 항목)의 편명도 두고 있다. 이를 통해 우리는 소위 '의난'이 되기 쉬운 안건에서 '병환病患'이 구체적으로 어떤 것을 포함하는지 추정할 수 있다. 「병사」에는, "사염邪魘, 중풍中風, 졸사卒死, 졸중사卒中死, 중암풍中暗風, 상한사傷寒死, 시기사時氣死, 중서사中署死, 동사凍死, 기아사飢餓死" 등이 언급되어 있으며, 이에 대해 송자는 "병으로 인해 죽은 자(因病死者)", 곧 "이치에 맞지 않은 죽음이 아닌 경우(不是非理致死)"

로 설명했다.[30] 이는 대체로 「구사방」에서 "중오中忤, 졸사卒死, 객오客忤, 갈사喝死, 동사凍死, 귀염鬼魘" 등에 해당하는 항목으로, 이들은 의난이 되기 쉬운 안건 중 정확히 '병환'에 해당하는 부분임을 알 수 있다.

결과적으로, 「구사방」에 실린 11개의 항목은 그가 의난의 안건, 즉 타살과 자살 여부에 '의혹이 있고 판결하기 어려운' 안건으로 지목한 사인의 항목과 정확히 일치하고 있다는 것을 알 수 있다. "늑살勒殺은 자액自縊과 유사하고, 익수溺水는 투수投水와 유사하며, 투구鬪毆는 보고保辜 기한 내에 죽어도 실제로 병환病患으로 죽은 경우도 있다"고 하여 특히 검험에 유의하여야 하는 사인에 대해 송자는 '병사病死'를 포함하여 그 구사 처방 지식을 더불어 수록함으로써 가능한 인명 피해를 줄여 의난의 안건에 대처하고자 했던 것이 아닌지 그 의도를 이해해 볼 수 있다.

송자는 의난의 안건이 되는 대표적인 사례로 들었던 살상殺傷, 구타毆打, 자액自縊(늑살勒殺), 익사溺死(피인익살被人溺殺), 병사病死의 항목을 중심으로 당송 의서의 구급 처방의 내용을 취사선택하여 「구사방」을 구성했다. 결국 송자가 「구사방」에서 수록한 처방들은 주로 이렇게 의난의 안건이 되기 쉬운 그리하여 검험관이 자주 검험을 해야 하는 사체, 즉 자살과 타살을 명확히 구분해야 하는 그리고 병사病死 여부 및 '비리치사非理致死' 여부를 판단해야 하는 관건적인 항목을 중심으로 그 내용을 구성하였던 것이다. 즉 검험 현장의 필요를 적극 반영하여 '의난'을 경계하고자 하는 검험 관원의 입장에서 구사 처방의 항목도 취사선택되었음을 알 수 있다. 아울러 의난의 안건에서 '대벽'으로 이어질 경우를

---

30 「洗冤集錄」 권4 「病死」, 125-126쪽.

줄이기 위해 구급 처방을 통한 인명 구조를 함으로써 사형판결 자체를 사전에 막고자 했던 검험 관원의 의도가 반영된 것으로 이해할 수 있겠다.

3 「구사방救死方」의 처방 특징

송자는 『세원집록』에 「구사방」을 수록할 때 순우淳祐 7년(1247) 당시까지 전해 오던 의서들을 참고하였던 것으로 보인다. 앞서 언급한 대로 「구사방」의 내용을 분석해 본 결과 거의 대부분이 당송 시기 대표적 의서에서 확인되었다. 그러므로 「구사방」의 처방 특징은 당송 시기 의서에서 보이는 구급 처방의 특징들을 그대로 반영하고 있겠지만 그럼에도 불구하고 그의 취사선택의 과정이 있었을 것이기에 그 구체적인 내용을 통해 그가 무엇을 중시하였는지 더 나아가 그가 검험 현장의 수요를 어떻게 반영하였는지 유추해 볼 수 있다.

　무엇보다도, 「구사방」의 곳곳에는 기가 끊어진 사람이라도 구사 조치를 통해 목숨을 구할 수 있다는 기록이 적지 않게 보이며, 이는 위에서 언급한 당송 시기 의서에서도 대체로 확인되는 내용이다. 예를 들면, '액縊'의 경우 "아침에서 밤까지 경과된 경우 비록 [사체가] 차가워졌어도 구할 수 있다", "가슴이 따뜻하면 하루 이상이 지나도 여전히 구할 수 있다"고 하였다. '수익水溺'의 경우 "하루가 지났더라도 여전히 구할 수 있으며", "사체가 딱딱해지고 기가 끊어졌어도 이 방법을 사용하면 곧 살아난다"고 하였다. 또 '염사魘死'의 경우, "삼사일 지난 자도 여전히 구할 수 있다"고 하였고, '오절五絶과 타휴墮, 타打, 졸사卒死' 등의 경우 "심장이 아직 따뜻하면 비록 하루가 지났어도 구할 수 있다"고 지적하였으며, '동사凍死'의 경우 "기가 조금이라도 남아 있는 자"에 대한 구사 처방을, '살상殺傷'의 경우 "기가 아직 끊어지지 않은 자"에 대한 구사 처방을, '졸폭卒暴, 타타墮, 전전癲, 축도築倒, 귀염사鬼魘死'의 경우 "살이 아직 차가워지지 않은 경우"의 구사 처방을 싣고 있다.[31] 물론 이러한 언급들은 현대 과학의 지식으로는 쉽게 이해되지 않는 부분이지만 송자가 참고했던 당송 시기 의서에서 이렇게 묘사하고 있었고, 송자는 이런 내용을 충실히 「구사방」에 반영하여, '사체가 차가워진 자', '[죽은 지] 하루가 지난 자', '기가 끊어진 자', '사체가 딱딱해진 자' 등등에 대한 구사 조치를 상세히 다루고 있다.

구체적 처방을 볼 때, 「구사방」의 11개 항목을 살펴보면 대체로 기본적인 구급 조치 외에,[32] 끊어졌거나 막혔던 기를 통하게 하는 처방이 다수 등장하고 있음을 알 수 있다. 예를 들면, 액사자에 대해 "두 사람으로 하여금 필관筆管으로 귀에 바람을 불어 넣게 하거나", "조각皀角과 세신細辛 등을 가루 내어 콩알 크기로 만들어 콧구멍에 불어 넣는 것", 익사자에 대해 "좋은 술을 콧구멍으로 부어 넣어 주는" 처방, '중악中惡, 객

---

31 「洗冤集錄」 권5 「救死方」, 154-156쪽.

32 「救死方」은 중국 전통 구급 의학에서 중시했던 기본적인 원칙들을 대체로 강조하고 있다. 그리하여 당송 시기 각종 의서의 구급 관련 처방에서 가장 먼저 언급하고 있는 원칙들을 宋慈 역시 항목별로 가장 앞에서 인용하고 있다. 예를 들면, 自縊死한 이를 구할 때는 "서서히 끈을 풀고 끈을 잘라서는 안 된다"거나 "喝死한 이에게 차가운 것을 먹이면 안 된다"거나 하는 처방을 제시하고 있다. 이러한 구급 처방은 손사막의 「千金要方」, 왕도의 「外臺秘要」, 송대의 「太平聖惠方」 등의 해당 내용에서 기본적으로 언급되는 것이며, 「救死方」 역시 이러한 원칙들을 대체로 모두 수록하였다.

오客忤, 졸사卒死'에 대해 "콧구멍에 조각 가루를 불어 넣거나 부추를 갈아 즙을 내어 귀에 붓는 것" 등의 방법이 차례로 제시되어 있다.[33] 이 역시 당송 시기 의서들에서 대체로 언급되고 있는 내용이다.

「구사방」의 처방에서 유독 두드러지는 특징은 액縊과 수익水溺에 대한 구사 처방 항목이 가장 먼저 등장하고 아울러 그 내용도 가장 큰 분량을 차지하고 있다는 것이다. 액縊과 수익水溺은 『세원집록』의 사인 분류 항목에서도 가장 처음 등장하는 것으로(〈표 2〉의 1, 2, 3번 항목 참조), 송자가 『세원집록』에서 이들 두 항목에 대한 검험을 얼마나 중요하게 생각했는지 미루어 짐작할 수 있다. 아마도 범죄 현장에서 구타 후 자액으로 또는 스스로 물에 빠져 자살한 경우로 위장한 사례가 많았기에 검험 관원들은 이들 사체에 대한 검험을 자주 마주하게 되었을 것이고,[34] 이에 이들 사안에 대한 구급 처치를 해야 하는 경우도 많았으리라 여겨진다. 그래서 「구사방」에서도 액사와 익사자에 대한 구급 처방을 가장 중요하게 다루었던 것으로 보이며, 액사자와 익사자에 대한 구급 처방을 가장 먼저 싣고 있고 그 내용은 「구사방」 전체 내용의 30% 이상을 차지한다.

---

33 『洗寃集錄』 권5 「救死方」, 154–155쪽.

34 『洗寃集錄』의 「疑難雜說」 上, 下를 보면 검험관이 검험을 할 때 특히 주의해야 할 사항을 자세히 적고 있는데, 이 중 액사자와 익사자의 사례를 들어 설명하고 있는 경우가 적지 않다. 아울러 가장 마지막에는 다음과 같이 정리하고 있다. "凡檢驗屍首, 指定作被打後服毒身死, 及被打後自縊身死, 被打後投水身死之類, 最須見得親切, 方可如此申上. 世間多有打死人後, 以藥灌入口中, 誣以自服毒藥, 亦有死後用繩吊起, 假作生前自縊者, 亦有死後推入水中, 假作自投水者. 一或差互, 利害不小. 今須子細點檢死人在身痕傷, 如果不是要害致命去處, 其自縊, 投水及自服毒, 皆有可憑實跡, 方可保明." 『洗寃集錄』 권2 「疑難雜說下」, 34쪽.

또한 액사縊死과 수익水溺에 대한 구사 처방 외에 염사魘死와 '중악中惡, 객오客忤, 졸사卒死'[35] 등 항목에 대한 처방도 비교적 많은 분량을 차지했다. 이들은 대체로 자다가 죽은 경우 및 정신이 쇠약하여 나쁜 기운에 침범당해 죽은 것으로, 『세원집록』에서 송자는 「병사病死」에서 그에 관한 검험 시 주의사항 및 사체 특징을 설명해 놓고 있다. 「병사」는 "사엽邪魘, 중풍中風, 졸사卒死, 졸중사卒中死, 중암풍中暗風, 상한사傷寒死, 시기사時氣死, 중서사中署死, 동사凍死, 기아사飢餓死"로 분류되어 있는데,[36] 이들 '염사魘死'와 '졸사卒死' 등 죽음이 순서상 가장 앞에 언급되어 있음을 확인할 수 있다. 아마도 '외과'적 사인이 명확하게 드러나지 않는, 그래서 당시 사람들에 의해 '염사魘死'와 '중악中惡, 객오客忤, 졸사卒死' 등으로 진단되는 죽음이 실제 많았던 것으로 보이고, 이러한 병사病死에 대해 타살인지 병환病患으로 죽은 것인지 분명히 판단해야 했기에 검험을 하게 되는 경우도 많았을 것이며, 그래서 이에 관한 구급 처치 지식도 상세히 갖추어야 한다고 여겼던 것으로 보인다.

그 다음으로, 「구사방」의 처방을 보면 여러 지방관들의 경험을 수록한 부분이 눈에 띄며, 이들의 처방 내용이 나름의 특징을 드러내어 살펴볼 만하다. 앞서 언급한 대로 '익사'자에 대해 진흙 덩이를 이용하여 구사조치를 취할 때 '홍승상'의 경험을 강조하여 효과가 좋다고 한 내용이나 '살상'의 경우 '총백蔥白'의 효과를 언급하면서 추관推官 송연宋瑈이나 악평樂平 지현知縣 포기鮑旂의 경험을 수록한 것은 지방관들의 현장

35   이들 死因에 관한 의학적 설명은 200쪽 주 22) 참조.

36   『洗冤集錄』 권4 「病死」, 125–126쪽.

경험을 강조하여 구사 처방의 유효성을 알리는 것이다. 무엇보다도 이들 내용의 수록은 송자가 「구사방」을 구성하면서 당시 전해 오는 사대부들이 개인적으로 편찬한 집험방과 경험방류의 내용을 상세히 참고했음을 보여 준다.

그런데 여기서 주목할 점은 그들의 처치 방식이다. 홍승상이 효과를 보았다고 한 처방은 익사자에 대해 다른 의서에서 석회나 데운 모래 등을 사용하는 것과 달리 현장에서 더욱 구하기 편한 진흙 덩이를 사용한 것이었다.[37] 또 송연이나 포기가 사용한 총백은 검험 시 상처가 보이지 않은 경우 사체를 처리할 때 쓰이는 '법물法物'이기도 하다.[38] 아마도 검험 현장에서 항상 구비되었을 총백이었기에,[39] 그 지통 효과를 알리어 널리 활용될 수 있게 하려 한 의도를 파악할 수 있다. 아울러 그 처방의 내용을 자세히 들여다보면 의서의 처방과는 약간의 차이가 드러난다.

당송 시기 의서에서는 "총백 한 뿌리에 물 삼승三升을 붓고 끓여 여러 차례 끓어오른 후에 상처 위에 적셔 씻으면 통증이 곧 멈춘다"고 하였고,[40] 또 '상절傷折' 시 지통을 할 때 사용할 수 있는 '올눌제고방腽肭臍膏方' 등에 총백을 넣었다.[41] 그런데 송연의 처방을 보면, "달군 솥을 가져

---

37 『千金要方』 권25 「비급」, 749-759쪽; 『外臺秘要』 권28 「익사방구수」, 773쪽; 『太平聖惠方』 권57 「治溺水諸方」, 1783쪽.

38 『洗冤集錄』 권2 「驗屍」, 43-44쪽.

39 『洗冤集錄』 권2 「驗屍」, "多備蔥, 椒, 鹽, 白梅, 防其痕損不見處, 借以擁筆," 43쪽.

40 『外臺秘要』 권29 「金瘡止痛五首」, "蔥白一把, 水三升煮數沸, 漬洗瘡傷, 痛即止," 787쪽. 유사한 처방은 『太平聖惠方』에서도 보인다. 『太平聖惠方』 권68 「治金瘡內漏諸方」, 2103쪽.

41 『太平聖惠方』 권67 「治一切傷折膏藥諸方」, 2103쪽.

오게 하여 볶아 익혀 상처에 발랐다"고 하였고, 포기는 "총백을 가져와 상처 난 곳에 펴발랐다"고 하였다.[42] 이들의 처방은 의서의 처방과는 분명 다른 것이었다. 이와 관련하여 『세원집록』에서 상처가 보이지 않은 경우 사체를 처리할 때 총백을 썼던 방법을 보면 이들이 사용한 처방과 유사하여 우리의 주목을 끈다. 즉, "의심스러운 곳을 먼저 물로 씻은 후 총백蔥白을 찧어 상처에 펴 바르고 식초에 담근 종이를 덮어 한 시간이 지나서 제거하고 물로 씻어내면 상처가 곧 보인다"고 하였고,[43] "사체나 뼈를 검험할 때 상처의 흔적이 드러나지 않으면", "백매白梅의 과육을 취해 총蔥, 초椒, 소금, 술지게미를 넣고 한곳에서 갈아 동그란 모양으로 만든 후 불에 구워 뜨겁게 달군 후 상처 부위에 지지고 먼저 사용한 종이를 대어 보면 곧 그 상처가 드러난다"고 하였다.[44] 즉 상처가 보이지 않을 때 상처가 잘 보이게 하는 방법으로 총백을 찧어 펴 바르거나 불에 달구어 상처에 바른다고 하였는데, 앞서 송연과 포기가 한 뜨거운 솥에 달군 후 바르는 방식 또는 그냥 펴 바르는 방식과 유사하다. 다시 말해 송자가 「구사방」에 지방관의 경험을 들어 제시한 구사 처방은 오래 끓이고 달이는 또는 고방膏方 형식의 의서에서의 처방이 아니라 검험 관원이 현장에서 검험할 때 흔히 사용하는 방법을 활용하는 처방이다. 현장에서 법물로 사용되는 것이라 구하기 쉽고 처방 방식도 익숙한 방식을 제시하여 그 활용도를 높이고자 한 송자의 의도가 돋보인다.

---

42 『洗冤集錄』권5 「救死方」, 156쪽.

43 『洗冤集錄』권2 「驗屍」, 44쪽.

44 『洗冤集錄』권2 「驗屍」, 44쪽.

무엇보다도 이 처방은 장성도의 『경험방』에서 참고하였다고 송자가 그 출처를 분명히 밝히고 있어 특이하다. 호남제점형옥의 경력이 있던 장성도이기에 이러한 처방을 기록할 수 있었고, 검험 현장의 편의와 조건을 생각한 송자 역시 이를 「구사방」에 이를 실어 널리 알리고자 하였던 것이다.

지방관의 경험을 수록한 것과 관련하여 송자는 『세원집록』의 서문에서 검험을 할 때 검험 관원의 현장 경험과 경력이 중요하다고 강조한 바 있고, 또 검험 지식을 정리할 때도 지방관들의 각종 경험을 수집하고자 한 바 있다.[45] 이렇게 현장 경험을 중시한 송자였기에 「구사방」의 내용을 구성할 때도 현장의 지방 관원들의 경험을 중시하여 그들이 언급한 내용을 특히 강조하고 있었던 게 아닌지 추정할 수 있다. 그리고 그들이 언급한 처방은 현장의 특수한 상황을 좀 더 반영하는 것이었기에, 즉 현장에서 손쉽게 구할 수 있는 재료와 검험관원에게 익숙한 처방 방법을 사용하는 것이었기에 검험 관원들에게 더욱 유용하게 다가왔을 것이다.

「구사방」의 또 다른 특징은 '태동불안胎動不安'에 대한 처방을 추가로 수록하고 있다는 것이다.

◆ 무릇 부인이 싸움을 하여 태아가 불안하면, 배 안에 기가 찌르듯 아프고 부어오르며 숨이 차게 되는데, 이때 천궁川芎 일 량 반, 당귀當歸 반 량 등을 잘게 분말로 만들어 두 알씩 복용한다. 술을 큰 잔으로 한 잔을 끓여

---

45 『洗冤集錄』서, 1쪽. 이와 관련하여 II.의 1. 참조.

6/10이 남도록 하고 그 안에 볶은 생강生薑을 조금 넣으면 더욱 좋다. 또 저마근苧麻根 큰 것 한 개를 깨끗이 씻어 생강生薑 3, 5조각, 물 큰 잔 한 잔을 부어 8/10이 되도록 끓여 죽과 함께 먹인다.[46]

　주로 천궁, 당귀, 생강, 저마근 등을 이용하여 환을 만들거나 혹은 탕을 만들어 복용하는 방법이다. 이와 같은 처방은 당송시기 의서의 부인 및 임신 관련 편에 나와 있으며[47] 모두 천궁, 당귀, 생강 등을 언급하고 있다. 중요한 것은 『천금요방』, 『외대비요』, 『태평성혜방』, 『성제총록』 등 의서에서 이들 내용은 모두 '부인방婦人方' 또는 '임신문姙娠門'과 관련한 항목에서 다루고 있으며 '비급' 또는 '구급'과 관련한 내용에서 '태동불안胎動不安'의 처방을 언급하지는 않았다는 것이다. 이 부분은 송자가 수록한 「구사방」의 특징이라 할 수 있다. 다시 말해 「구사방」은 '다툼'과 '살상'에 있어서 구급 처방으로서 '태동불안'을 다룬 것이다.

　송자가 「구사방」에서 '태동불안'을 다룬 이유는 아마도 이와 관련한 사건이 많이 있었기 때문인 것으로 추정할 수 있다. 특히 『세원집록』은 「부인婦人(부소아시병포태附小兒尸幷胞胎)」의 항목을 따로 두어 검험 대상이 여성일 경우의 주의사항을 세세히 설명한 바 있는데, 그중에서도 특히 임산부를 검험할 때 주의해야 할 부분을 상세하게 언급하였다. 그리하여 대부분의 내용이 여성 사체의 검험의 경우 임신 유무와 태아의 상태 또

---

46 『洗冤集錄』 권5 「救死方」, 156쪽.

47 『千金要方』 권2 「婦人方上·養胎」; 『外台秘要』 권33 「妊娠胎動方九首」; 『太平聖惠方』 권75 「治妊娠胎動不安諸方」; 『聖濟總錄』 권154 「妊娠門·妊娠胎動」 중 「治妊娠胎動不安」.

는 '타태墮胎'의 경우 등에 관한 주의사항을 담고 있다.[48] 검험의 현장에서 이와 관련한 지식이 매우 필요했음을 알 수 있다. "무릇 부인이 싸움을 한 경우", 현장에서 종종 '태동불안' 등의 상황에 맞닥뜨리게 되었을 것이고, 그래서 「구사방」에서도 이에 대한 구급 처방을 따로 보충한 것으로 보인다.

요컨대, 「구사방」의 처방 특징은 '죽은 지 하루가 지난 자' 혹은 '딱딱해지고 차가워진 자'도 살릴 수 있다는 당시 의서의 구급 의학 지식을 수록하였다. 이에 따라 기본적인 처방 외에 주로 끊어진 기를 통하게 하는 '두 콧구멍 안으로 불어서'나 '귀에 불어 넣어' 등의 처방 방식이 두드러졌다. 아울러 송자는 액사자와 익사자에 대한 구급 처방을 가장 먼저 싣고 그리고 여기에 가장 많은 지면을 할애했다. 또 현장의 지방관들의 경험을 강조하는 처방을 실어 현장에서 쉽게 구할 수 있고 사용할 수 있는 처방을 싣는가 하면 '태동불안' 등과 같이 현장의 수요에 따라 필요한 항목을 따로 추가하기도 했다. 결론적으로, 송자가 실은 「구사방」의 처방 내용은 검험 관원이 맞닥뜨리는 현장에서의 수요와 여건을 고려하여 구성되었다는 특징을 지니고 있다.

4 맺음말

남송 시기 송자는 순우 7년(1247) 『세원집록』의 편찬을 통해 당시 검험관이 알아야 할 검험 지식을 체계적으로 정리하면서 책의 끝부분에 「구

---

48 『洗冤集錄』 권2 「婦人(附小兒屍幷胞胎)」, 49–51쪽.

사방」을 실었다. 이는 검험과는 직접적인 관련이 없으나 검험을 해야
하는 관원이 현장에서 구급 조치를 취하여 인명을 구조할 때 필요했던
구급 의학 지식을 수록한 것이다.

송대 지방관 특히 남쪽에서의 임직 경력이 있는 이들이 주로 의학 지
식의 전파에 많은 관심을 가지고 의방서 편찬에 심혈을 기울였던 당시
분위기 속에 남쪽에서 네 차례 제점형옥을 맡은 바 있던 송자는 자신이
편찬한 지방관을 위한 검험 참고서에 「구사방」을 수록하여 검험 관원
들이 현장에서 더욱 적극적으로 '구사' 조치를 취할 수 있게 했다. 이러
한 인명구조를 통해 '대벽大辟'죄의 사건이 줄어들기를 바랐던 것이다.

송자는 검험 현장의 필요에 따라 당시 전해 오던 관·사찬 의서에 나
와 있는 구급 의학 지식을 새롭게 정리하였다. 우선 「구사방」의 구성을
보면, '의난疑難'의 안건이 되기 쉬운 그리하여 검험관이 자주 현장에서
맞닥뜨리게 되는 죽음, 즉 살상殺傷, 구타毆打, 자액自縊(혹은 늑살勒殺), 익
사溺死(혹은 피인익살被人溺殺), 병사病死를 중심으로 그 구사 처방을 수록하
였다. 확실히 검험 현장의 수요를 고려하여 구성한 것임을 알 수 있다.

그가 수록한 구사 지식은 대략 당·송 시기 편찬된 각종 의서 예를 들
면, 7세기 손사막의 『천금요방』, 8세기 왕도의 『외대비요』, 10세기 중반
송 조정에 의해 출간 반포된 『태평성혜방』, 12세기 출간된 『태평혜민화
제국방』 등에서 확인되는 내용이며, 12세기 중반 홍준이 편찬한 『홍씨
집험방』, 12세기 말 13세기 초의 장성도가 편찬한 『경험방』 등을 참고
한 것이다. 무엇보다도 「구사방」의 처방 내용을 하나하나 살펴보면 당
송시기 출간된 의서들의 구급 관련 처방의 기본적 내용을 수록하면서
도 현장의 필요에 맞게 편성되거나 추가 보충이 이루어졌음을 확인할

수 있다. 끊어지거나 막혔던 기를 통하게 하는 처방이 주를 이루고 있다거나, 현장에서 자주 검험을 해야 하는 액사와 익사에 대한 구급처방을 가장 먼저 그리고 가장 많이 다루었다거나, 경험이 풍부한 지방관의 경험담을 강조하거나, 현장에서 손쉽게 구할 수 있는 재료와 검험관원에게 익숙한 처치 방법을 활용한 것, 부인婦人을 검험할 경우 필요한 구급 의학 지식을 따로 보충하고 있다는 것 등은 남송 말 검험 현장의 수요를 고려하여 재구성된「구사방」의 특징을 보여 준다.

결론적으로, 의학에 관심이 많았던 당시 지방관들 특히 남쪽 지방에서 네 차례 제점형옥을 역임했던 송자는 의안의 사안이 되는 항목을 중심으로 기존의 구급 의학 지식을 정리하여 현장의 수요에 맞게 편성하고 보충하여 지방관들이 이를 참고할 수 있게 하였다. 그리하여 가능한 사법현장에서 인명을 구조하여 사형 판결을 줄이고자 했다. 이를 통해보건대,「구사방」을 통해 송대 지방관이 실현하고자 한 것 역시 제대로 된 검험을 통해 원통함을 씻어 주는(洗冤) 판결을 내리고자 했던 『세원집록』의 원래 편찬 목적과 크게 무관하지 않음을 확인할 수 있다.

또한 송자의「구사방」을 통해 당시 지방관들이 의방서를 편찬 또는 간행하여 의학지식을 확산시키는 것을 넘어 의료 행위를 실천하는 주체로서 그 역할을 요구받았음을 엿볼 수 있다. 『세원집록』의 예상 독자는 검험의 업무를 맡게 되는 지방 관원으로서「구사방」은 이들 검험 관원으로 하여금 구급 의료의 실천에 더욱 적극적으로 참여하도록 독려하는 것이었다.

무엇보다도 검험 관원이 구사 지식을 갖추고 구사 의료를 실천해야 한다는 송자의 생각은 그 이후 명·청 시기에도 계승된다. 명·청시기

『세원집록』을 기초로 수정·보충된 여러 검험 참고서들은 모두 구사 관련 지식을 수록하고 있는 편명을 설치함으로써 그리고 내용적으로 더욱 보충하여 구급 의학 지식을 수록함으로써 송자의 뜻을 그대로 계승하고 있다. 특히 청대 율례관律例館에서 교정하여 출판된『율례관교정세원록律例館校正洗冤錄』에서도「급구방急救方」등을 수록하고 있기에 청대에 이르기까지 구급 의학 지식은 검험 관원이 꼭 갖추어야 할 지식으로 그 위치를 점하고 있음을 알 수 있다.[49]

송자의『세원집록』은 이전까지 산재하여 전해지던 검험에 필요한 관련 지식들을 하나로 정리하여 책으로 편찬한 것이다. 송자가『세원집록』에서 다루고 있는 검험 관련 지식은 검험 관련 법률 규정과 직접적으로 검험에 필요한 검험지식 및 사법 현장에서 필요한 구급의학 지식으로 구성되었다. 가장 중요한 특징은, 모두 지방관의 입장에서 사법 현장의 실제 수요를 적극 반영하여 관련지식을 구성하였다는 것이다.「조령」의 내용은 검험의 행정 및 운영상의 정확성과 유연성을 모색하는 것이자 검험관의 정확한 검험 결과의 도출과 이를 기반으로 한 사법 관원의 정확한 판결까지 모색한 흔적이 역력했다. 또한 송자는 현장의 '경력(更歷)'을 중시하면서 현장 경험이 미천한 검험관원들에게 도움이 되고자 검험에 필요한 지식들을 정리하여 체계화하였고, 이에 따라

---

[49] 청대 康熙 33년(1694) 율례관에서 교정하고 조정에서 정식 반포한『律例館校正洗冤錄』은 '救死'에 관한 내용을「急救方」,「救服毒中毒方」,「治蠱毒及金蠶蠱」등 편명에 수록했다.

사법 현장의 수요를 반영하여 사인을 분류하였고, 여기에는 당시 지방 관이 현실에서 자주 요청되거나 접할 수 있는 구급 의학 지식의 영향도 점쳐 볼 수 있었다. 또한 검험관원들이 검험의 현장에서 자주 응급처치를 해야 하는 상황을 고려하여, 아울러 제대로 된 응급처치를 통해 대벽大辟 죄 사건을 줄이고자 현장의 수요에 따라 자주 검험하게 되는 죽음을 중심으로 「구사방」을 구성하였다. 이러한 구급의학 지식의 수록은 그 이후 명·청대 검험 서적의 편찬에도 그대로 전승되어 검험 서적의 내용을 구성한다.

결론적으로, 송자는 『세원집록』을 통해 남송 말기 각지의 검험 관원이 사법 현장에서 요구되는 또는 맞닥뜨리게 되는 사안을 중심으로 법률 규정과 구체적 검험지식 및 구급의학 지식을 정리하였다. 이는 검험 절차의 제대로 된 운영과 더불어 전문적 검험지식을 바탕으로 한 검험관의 정확한 결과 도출 및 구급 처치를 통해 의난 안건의 해결을 도모하는 당시 지방 관원의 고민과 노력의 결과였다. 무엇보다도 이렇게 편찬된 『세원집록』은 이후 원·명·청 시기 편찬된 검험서의 원형을 이루고, 동아시아 각지까지 전파되어 동아시아 전통 검험지식의 원류를 형성하였다는 점에서 동아시아 검험 문화의 발전 과정에서 송대가 가지는 의미를 되새겨 볼 수 있다.

「구사방」 항목	「구사방」의 처방 내용	유관 내용이 확인되는 의서
1 縊 (액사)	① 묶은 줄을 끊어서는 안 되며 다만 천천히 안고 줄을 풀어서 누인다. 다른 한 사람을 불러 그의 두 어깨를 바닥에 누르고 손으로 그의 머리를 잡고, 쭉 늘어뜨리게 한 후, 한 사람은 가볍게 손으로 그의 인후를 비비며 바로잡은 후 순서대로 손으로 가슴을 쓰다듬어 [폐를] 움직이게 한다. 한 사람은 그의 팔 다리를 주물러 굽혔다 폈다 한다. 만약 이미 굳었다면 점점 강하게 그것을 굽힌 후 또 그 복부를 누른다. 이렇게 한 식경이 지나면, 숨이 입에서부터 나와 호흡을 할 수 있다. 눈도 뜬다. 그를 힘들게 움직이게 하지 말고, 다시 적은 양의 官桂湯과 죽을 끓여 먹여 인후를 부드럽게 한다. 다시 두 사람으로 하여금 筆管으로 그의 귀 안에 바람을 불어 넣게 한다.	① 『金匱要略』 卷下 「雜療方」 "救自縊死" 유사한 기록. 『外臺秘要』 권28 「自縊死方一十五首」 "仲景云" 수록.
	② 손으로 그 입을 꼭 막아서 공기가 통하지 않게 한 후 두 시간이 지나면 숨이 급해지면서 곧 살아난다.	② 『外臺秘要』 권28 「自縊死方一十五首」 수록, "備急, 文仲, 古今錄驗, 肘後同"
	③ 皀角과 細辛 등을 나누어 분말로 만든 후 콩알 크기 정도의 모양으로 하여 두 콧구멍으로 불어 넣는다.	③ 『備急千金要方』 권25 「備急」 "治自縊死方"
2 水溺 (익사)	① 皀角을 찧어 면으로 싸서 항문 안으로 집어 넣으면 곧 바로 물이 흘러 나와 살아난다.	① 『備急千金要方』 권25 「備急」 "治落水死方" 『外臺秘要』 권28 「溺死方九首」 수록, "古今錄驗同"
	② 죽은 자의 두 다리를 굽혀 어깨 위로 올리고 죽은 자의 등을 살아 있는 자의 등에 대고 메고 걸으면 물을 뱉어 내어 곧 살 수 있다.	② 『備急千金要方』 권25 「備急」 "治落水死方" 『外臺秘要』 권28 「溺死方九首」 "備急療溺死方", "千金, 肘後, 文仲, 集驗, 小品, 古今驗錄同"
	③ 먼저 진흙 벽의 한 부분을 때려 땅바닥에 부수어 놓은 후 죽은 자를 그 위에 누이고 다시 흙덩이로 그를 덮고 오직 입과 눈만 드러나게 한다. 자연히 물기가 진흙 사이로 스며들어가니 그 사람은 곧 깨어난다.	③ 洪丞相의 경험. 洪遵, 『洪氏集驗方』 권4 「治溺死」
	④ 모래를 불로 데워 죽은 자를 덮고, 얼굴 아래 위를 모래로 덮어 입, 귀, 코만 남겨 둔다. 모래가 차가워지고 습해지면 다시 바꾸어 준다. 여러 차례 바꾸어 주면 곧 깨어난다.	④ 『備急千金要方』 권25 「備急」 "治落水死方" 유사한 기록. 『太平聖惠』 권57 「治溺水諸方」 관련 기록 보임. 간단.
	⑤ 식초 반잔을 코에 부어 넣는다.	⑤ 『備急千金要方』 권25 「備急」 "治落水死方", "又酷灌鼻亦得" 『聖濟總錄』 권149 「雜療門·溺水死」 "或以酷灌鼻中亦得"

「구사방」 항목		「구사방」의 처방 내용	유관 내용이 확인되는 의서
2	水溺 (익사)	⑥ 석회를 면으로 싸서 항문으로 넣으면 물이 나와 곧 살아난다.	⑥ 『備急千金要方』권25 「備急」"治落水死方" 『太平聖惠方』권57 「治溺水諸方」
		⑦ 거꾸로 매달아 놓은 후 좋은 술을 코나 항문으로 부어 넣는다.	⑦ 『備急千金要方』권25 「備急」"治落水死方", "以好酒灌鼻中, 又灌下部" 『外臺秘要』권28 「溺死方九首」, "以好酒灌鼻中"
		⑧ 거꾸로 매달아 옷을 벗기고 배꼽의 흙먼지를 제거한 후, 두 사람으로 하여금 筆管으로 귀에 바람을 불어 넣게 한다.	⑧ 『備急千金要方』권25 「備急」"治落水死方" 『外臺秘要』권28 「溺死方九首」
		⑨ 급하게 죽은 자의 옷을 벗겨 배꼽 위 百壯에 뜸을 뜬다.	⑨ 『備急千金要方』권25 「備急」"治落水死方" 『太平聖惠方』권57 「治溺水諸方」 위의 두 의서에서는 모두 "百壯"은 언급하지 않았다.
3	暍死 (갈사)	① 급히 칼 등 도구로 구멍을 하나 파서 물을 넣어 두드린다. 흙탕물(爛漿)을 취하여 죽은 자에게 부어 주면 곧 살아난다.	① 『備急千金要方』권25 「備急」"治熱暍方", "灌地漿"이라 기록. 『太平聖惠方』권56 「治熱暍諸方」, "服地漿"이라 기록.
		② 더위를 먹어 人事를 깨닫지 못하는 자에게 찬물을 주어 마시게 하면 죽는다.	② 『外臺秘要』권28 「熱暍方七首」, "病源", "肘後" 등 인용 부분. 관련 기록은 『淮南子』「說林訓」, "病熱而强之餐, 救暍而飲之寒, 救經而引其索, 拯溺而授之石, 欲救之, 反爲惡" 참조. 『太平聖惠方』권56 「治熱暍諸方」에도 보임.
		③ 급히 부엌에서 약간 따뜻한 재를 가지고 와 그를 덮어 따뜻하게 해 준다.	③ 『備急千金要方』권25 「備急」"治熱暍方", "熱塵土" 『外臺秘要』권28 「熱暍方七首」, "熬灰土"
		④ 다시 조금 따뜻한 물로 적신 수건으로 배와 갈비뼈 사이를 찜질해 주면 시간이 지나 깨어난다.	④ 미확인. 『備急千金要方』권25 「備急」"治熱暍方", "抱狗子若鷄, 著心上熨之", "屋上南畔瓦, 熱熨心"이라 기록. 『外臺秘要』와 『太平聖惠方』에는 관련 기록 없음.
4	凍死 (동사)	① 미세하게 기가 있으면, 큰 솥에 재를 구워 따뜻하게 하여 주머니에 넣고 그의 심장 위를 찜질한다. 차가워지면 다시 바꾼다. 눈을 뜰 때까지 기다려 따뜻한 술과 맑은 죽을 조금씩 먹인다. 만약 먼저 심장을 따뜻하게 하지 않고 불로 뜸을 뜨면, 냉기가 불과 싸우게 되어 곧 죽는다.	① 『備急千金要方』권25 「備急」"治冬月凍水", 유사한 기록. "溫尿"라 써 있다. 『外臺秘要』권28 「凍死方一首」, "肘後"에서 인용한 부분, 유사한 기록. "溫尿"로 기록. 『太平聖惠方』권56 「治凍死諸方」, 유사한 기록, "溫酒" 기록.
		② 담요 혹은 마른 거적으로 그를 싸매어 줄로 묶은 후 두 사람을 불러 마주 보게 한 후 발로 밀어 그로 하여금 구르게 하여 왔다 갔다 하는 것이 마치 옷의 주름 펴듯이 한다. 담요 방법은 사지가 따뜻해지면 곧 멈춘다.	② 미확인. 『備急千金要方』, 『外臺秘要』, 『太平聖惠方』의 관련 편명에는 확인되지 않음. 張時徹 輯 『急救良方』(1550년 출간) 권1 「五絶死第一」 "救冬月凍死及落水凍死"에 거의 흡사한 기록 보임.

송대 검험 관련 지식의 정리와 체계화: 송자의 『세원집록』을 중심으로

「구사방」항목	「구사방」의 처방 내용	유관 내용이 확인되는 의서
5 魘死 (염사)	① 등불로 비추어서는 안 되며 가까이 가서 급히 불러서도 안 된다. [그런 경우] 대부분 그를 죽이게 된다. 다만 그 발뒤꿈치 및 엄지발가락 끝을 아프게 깨물고 그 얼굴에 침을 뱉으면 반드시 살아난다.	① 『外臺秘要』 권28 「卒魘方二十一首」, "肘後", 유사한 기록.
	② 가위 눌려 깨어나지 못하고 있으면, 누운 곳을 조금 이동시켜 천천히 그를 부르면 곧 깨어난다. 밤에 가위눌린 자는 원래 등이 있으면 켠 상태로 유지하고, 원래 등이 없으면 절대 등을 사용해 비추어서는 안 된다.	② 『外臺秘要』 권28 「卒魘方二十一首」, "病源"에 관련 기록. 『太平聖惠方』 권56 「治卒魘諸方」에 관련 기록.
	③ 筆管을 사용해 두 귀에 공기를 불어 넣고, 병자의 두발 二七莖을 뽑아 꼬아서 줄로 만들어 콧구멍 안으로 쑤셔 넣는다.	③ 『外臺秘要』 권28 「卒魘方二十一首」, "肘後"에 관련 기록. 『太平聖惠方』 권56 「治卒魘諸方」에 관련 기록.
	④ 소금물을 [입에] 흘려 넣어 준다.	④ 『外臺秘要』 권28 「卒魘方二十一首」, "集驗"에 관련 기록.
	⑤ 부추를 갈아 즙을 만들어 그 반잔을 콧구멍으로 흘려 넣는다. 겨울에는 부추 뿌리를 사용해도 좋다.	⑤ 『備急千金要方』 권25 「備急」, "治卒魘死方", 부추즙. 『外臺秘要』 권28 「卒魘方二十一首」, "肘後", "薤(염교)"와 부추를 언급. 『太平聖惠方』 권56 「治卒魘諸方」, 부추즙.
	⑥ 두 발의 엄지발가락의 聚毛中三七壯에 뜸을 놓는다.	⑥ 『備急千金要方』 권25 「備急」, "辟魘方" 『外臺秘要』 권28 「卒魘方二十一首」 "千金翼", "聚毛中二一壯"에 뜸을 뜬다고 돼 있다.
	⑦ 조각 분말을 콩알처럼 만들어 두 콧구멍 안에 불어 넣는다. 재채기를 하면 곧 기가 통하고, 삼사 일이 지나도 여전히 살릴 수 있다.	⑦ 『備急千金要方』 권25 「備急」, "治鬼魘不寤方" 유사 기록. 『外臺秘要』 권28 「卒魘方二十一首」 "肘後"
6 中惡, 客忤, 卒死 (중악, 객오, 졸사)	① 韮黃心(겨울 재배한 부추로 만든 것)을 사용해 남자는 왼쪽 여자는 오른쪽 콧구멍 안에 6, 7촌을 쑤셔 넣어 눈 사이에 피가 나오게 하면 곧 산다.	① 『備急千金要方』 권25 「備急」, "治中惡方", 같은 방법이지만 "葱心黃"으로 한다고 기록. "肘後方", "崔氏"라고 출처를 밝힘. 『外臺秘要』 권28 「卒死方二十四首」 "肘後"에도 '葱'기록 보임.
	② 환자의 윗입술 안 가장자리를 살펴 좁쌀 또는 쌀알 만한 것이[수포] 있으면 그것을 바늘로 찔러 터뜨린다.	② 『外臺秘要』 권28 「卒死方二十四首」 "肘後"에 관련 기록.
	③ 皂角이나 생 半夏 분말을 사용해 콩 모양으로 만들어 두 콧구멍에 불어 넣는다.	③ 『外臺秘要』 권28 「中惡方一十三首」 "集驗"에 皂莢 가루 언급. 『外臺秘要』 권28 「卒死方二十四首」 "文仲"에 半夏 언급.
	④ 양의 분뇨를 태워 연기를 콧구멍에 쏘인다.	④ 미확인. 『外臺秘要』 권28 「中惡方一十三首」에는 '牛屎', 『外臺秘要』 권28 「卒死方二十四首」 '牛馬糞' 등이 나오지만 태워 연기를 쏘이는 방법은 아니다. [청]文晟 輯 『急救便方』(1644) 등에서 같은 기록 보임.

「구사방」 항목		「구사방」의 처방 내용	유관 내용이 확인되는 의서
6	中惡, 客忤, 卒死 (중악, 객오, 졸사)	⑤ 좋은 술 반잔에 면을 적셔 손으로 눌러 그 즙을 콧구멍 안으로 들어가게 하고, 그 두 손을 잡아 놀라지 않게 한다.	⑤ 『外臺秘要』 권28 「卒死方二十四首」 "肘後"에 유사한 기록 보임.
		⑥ 배꼽의 中百壯에 뜸을 놓는다.	⑥ 『外臺秘要』 권28 「卒死方二十四首」 "文仲"에 유사한 기록.
		⑦ 콧구멍 안에 皂角 가루를 불어 넣는다.	⑦ 『外臺秘要』 권28 「中惡方一十三首」 "集驗", 皂莢 가루 언급.
		⑧ 부추를 간 즙을 귓구멍에 흘려 넣는다.	⑧ 『外臺秘要』 권28 「卒死方二十四首」 "文仲", 귀가 아니라 코에 넣는다고 기록.
		⑨ 생 菖蒲를 간 즙 한 잔을 입에 넣어 준다.	⑨ 『外臺秘要』 권28 「客忤方一十三首」 "文仲" 유사기록.
7	殺傷 (살상)	① 乳香, 沒藥 각 하나씩 皂角 크기만한 것을 갈아 부셔 소변 반 잔, 좋은 술 반 잔을 함께 끓여 입으로 마시게 한다.	① 미확인. 乳香: 『太平聖惠方』 권67 「治一切傷折疼痛貼燻諸方」, 고약을 만들 때 사용, "治傷折, 筋肉疼痛不止, 走馬貼燻乳香膏方", 이른바 '乳香膏方' 등장. 沒藥: 『太平聖惠方』 권67 「治從高墜下傷折諸方」, 몰약을 부자, 당귀, 강황 등과 섞어 가루로 만든 후 따뜻한 술에 섞어 먹으라고 하였다.
		② 연후에 花蕊石散이나 烏賊魚骨이나 龍骨 등을 분말로 만들어 상처 부위에 펴 바르면 [피와 고통이] 멈춘다.	② "花蕊石散": 『太平惠民和劑局方』 권8 「治瘡腫傷折・花蕊石散」 "烏賊骨": 『外臺秘要』 권29 「灸瘡膿不差方三首」 "肘後", '烏賊骨' 기록. '龍骨散方': 『太平聖惠方』 권67 「治金瘡血不止諸方」 『태평성혜방』 권67 「治金瘡血不止諸方」 "雄黑豆散方", 龍骨, 烏賊魚骨을 사용한다고 언급.
		③ 총백蔥白과 달군 솥을 가져오게 하여 볶아 익히게 하고 상처에 두루 펴 바른다. 계속하여 신음 소리를 내는데 다시 총蔥을 바꾸어 주니 상처 난 자가 통증이 없어졌다. 총백을 상처에 바르게 하니 살아난 사람이 매우 많았다.	③ 張聲道 『經驗方』 推官 宋璟, 知樂平縣 鮑旂.
8	胎動不安 (태동불안)	① 川芎 일 량 반, 當歸 반량을 잘게 분말로 만들어 매번 두 개씩 복용한다. 술을 큰 잔으로 한 잔을 끓여 6/10이 남으면 생강生薑 조금을 그 안에 넣어 볶으면 더욱 좋다.	①,② 『千金要方』 권2 「婦人方上・養胎」. 『外台秘要』 권33 「妊娠胎動方九首」. 『太平聖惠方』 권75 「治妊娠胎動不安諸方」. 『聖濟總錄』 권154 「妊娠門・妊娠胎動」 "治妊娠胎動不安". 모두 川芎, 當歸, 生薑 등을 언급하고 있다.
		② 苧麻根 큰 것 한 개를 깨끗이 씻어 생강生薑 3, 5조각, 물 큰 잔 한 잔을 부어 8/10이 되도록 끓여 죽과 함께 먹는다.	

「구사방」 항목	「구사방」의 처방 내용	유관 내용이 확인되는 의서
9 驚怖死 (경포사)	① 따뜻한 술 한두 잔을 입으로 마시게 하면 곧 살아난다.	① 미확인. 『普濟方』권256 "驚怖死者, 麝香酒調下". (1406년 발간) 『本草綱目』"五絶", "縊死, 溺死, 壓死, 凍死, 驚死"
10 五絶, 墮, 打, 卒死 (오절, 타, 타, 졸사)	① 먼저 죽은 자를 땅 위에 둥글게 구부린 자세로 하여 마치 승려가 [가부좌로] 앉는 것처럼 한 후 사람으로 하여금 죽은 자의 머리를 아래로 늘어뜨리게 한다.	① 미확인.
	② 생 半夏 가루를 죽통 혹은 종이통 또는 筆管 등을 이용해 콧구멍 안으로 불어 넣는다.	② 『備急千金要方』권25 「비급」, "夫五絶者", 半夏 언급. 『外臺秘要』권28 「卒死方二十四首」, "文仲", 半夏 언급.
	③ 만약 살아나면 생강으로 자연즙을 내어 먹이는데 그러면 半夏毒을 풀 수 있다.	③ 『肘後備急方』권7 「治卒中諸藥毒救解方」
	④ '오절'이라는 것은 産, 魅, 縊, 壓, 溺을 이른다. 치료 방법으로는 오직 하나의 처방 반하를 사용하는 것이다.	④ 『備急千金要方』권25 「비급」, "夫五絶者", "自縊, 墻壁壓笮, 溺水, 魘寐, 産乳絶", 처방은 半夏 언급. 『外臺秘要』권28 「自縊死方一十五首」 "五絶", 유사 기록, "千金同".
11 卒暴, 墮, 攧, 築倒, 鬼魘死 (졸폭, 타, 전, 축도, 귀염사)	① 급히 술로 蘇合香圓을 입으로 넣어 준다. 목구멍으로 흘러 들어가면 살릴 수 있다.	① 蘇合香圓: 『太平惠民和劑局方』권3 「蘇合香丸」

※ 비고

1. '유관 내용의 출처'라고 하지 않고 '유관 내용이 확인되는 의서'라 표기한 것은 구체적으로 송자가 어떤 의서를 참고하였는지 확실하게 알 수 없기 때문이다.

2. '유관 내용이 확인되는 의서'를 제시할 때는 당송시기 대표 의서 중 「구사방」의 원문 내용, 표현 방식, 서술 순서 등과 가장 흡사한 것을 기준으로 하였다.

3. 현재 전해지는 의서 중 『세원집록』 편찬(1247) 이전의 의서에서 관련 내용을 확인하지 못한 경우 '미확인'이라 표기하였다.

송대 사법 현장에서 본
검험의 실제:
판례를 중심으로

송대는 인명 사건의 수사와 판결 과정에서 검험이 중요해진 시기이다. 북송(960-1127) 중기부터 검험 관련 법률 규정이 정비되기 시작했고 검험의 절차가 제도적으로 완비되어 갔으며, 남송(1127-1276) 시기에 이르면 각 지역에서 법을 집행하는 사법 관원들 역시 검험의 중요성을 인식하여 규정에 맞게 검험을 시행하기 위해 그들 스스로 검험 관련 지식을 수집·정리한 『세원집록』과 같은 검험 참고서가 편찬되기도 했다. 송대에 이렇듯 발전하고 있었던 검험 제도와 검험 관련 지식이 실제 사법 현장에서는 어떻게 실천되고 또 그 검험 결과가 판결의 근거로서 어떻게 활용되었으며 어떤 한계를 가지고 있었는지 살펴볼 필요가 있다.

송대의 검험에 관한 기존의 연구는 검험제도나 검험 지식에 관한 연구가 주를 이루었다. 검험 제도나 지식을 고찰한 연구에서 구체적인 사례로서 관련 판례가 인용되기도 하였지만,[1] 송대 실제 인명 관련 사건이 일어난 사법 현장에서 수사와 재판이 이루어질 때 검험이 어떻게 이

---

1   石川重雄, 「南宋期における裁判と檢死制度の整備 -「檢驗(驗屍)格目」の施行を中心に-」, 『立正大学東洋史論集』 3, 1990, 18-29쪽 참조. 이 논문은 남송시기 '검험격목'의 시행을 설명하면서 『淸明集』의 관련 판례를 인용·소개하였다. 관리의 부정을 근절하고자 한 '검험격목'의 시행과 관련하여 판례에 나타난 '體究'나 '聚檢' 등을 언급하였으나 관련 판례에 대한 더욱 심도있는 분석이 필요해 보인다. 또한 남송시기만을 다루고 있어 북송시기에 대한 언급도 보충이 필요해 보인다.

루어지고 어떤 기능을 하며 어떤 의미를 가지는지에 대해서는 본격적인 검토가 필요하다. 이러한 문제의식을 바탕으로, 여기에서는 송대 사법 현장에서 검험이 어떻게 이루어지는지를 알 수 있는 사료, 특히 인명 사건과 관련된 여러 판례를 분석함으로써 추국의 과정에서 검험이 이루어지는 절차를 복원한 연후, 실제 판결의 근거로서 검험의 결과가 활용되는 양상을 사례별로 분석하고, 마지막으로 판결 근거로서 검험 결과가 가질 수 있는 한계를 짚어 보고자 한다. 이를 통해 송대 인명 사건을 판결하는 실제 과정에서 검험이 가지는 효력을 음미해 보고자 하며, 사법 현장에서 지방관들이 검험 제도와 검험 관련 지식을 어떻게 활용하고 실천하는지 살펴보고자 한다.

I

추국 과정에서의
검험의 시행

송대 각지의 지방관들이 사법 안건을 처리하는 과정을 보여 주는 기록들을 살펴보면 당시 인명 관련 사건을 처리하는 과정에서 검험은 상당히 필수적인 절차였음을 확인할 수 있다. 우리는 관련 사례를 분석해 봄으로써 송대 검험이 사법 현장에서 실제 어떻게 시행되었는지 알 수 있을 것이다.

송대 수사 과정에서 검험의 절차가 어느 시점에 이루어지는지 알기 위해 송대 인명 사건의 재판 과정에 대한 이해가 먼저 필요하다. 송대 인명 사건의 수사와 재판 과정은 소장의 수리부터 최종 판결 사이에 여러 단계를 거치게 되는데 대체로 다음과 같다. 1. 소장이 수리되면, 2. '수사와 심문' 단계를 거치게 되며, 이는 범죄 사실을 조사하고 확인하는 과정이다. 그 다음은 3. '녹문錄文'으로 이전 단계에서 수사한 결과를 바탕으로 범인의 진술을 기록한 후 수사관 이외의 관원들에게 검사를 받는 과정이다. 그 다음은 4. '검법檢法'의 단계로 녹문錄文 후 관련 법률 조항을 살펴 형량을 의논한다. 그 다음은 5. '의판擬判'으로 형량 등을 결정하여 판결의 초안을 작성한다. 그 다음 6. 여러 관원들이 모여 의판의 내용을 심사하고 7. 이를 담당 판관인 지주知州 등에게 올리면 지주가 이를 바탕으로 정식 판결을 내리게 된다.[1]

송대는 이러한 절차로 이루어지는 판결 과정을 크게 '추국(鞫)'과 '판결(讞)'의 두 단계로 나누었다. 전자는 범죄사실을 심리 조사하여 확인하는 단계이며(1~3의 단계가 이에 속한다), 후자는 법을 살펴 형을 의논하고 확정하는 단계이다(4~7의 단계가 이에 속한다).[2] 본 장이 주목하는 검험은, 전자인 추국 단계의 두 번째인 '수사와 심문'의 과정에서 이루어지는 것이며, 이 단계에서 지방관들이 주로 한 활동은 검험 외에도 관련자들의 진술 채취가 있었다.

송대 사법 관원의 재판이나 판결에 관한 연구는 많이 이루어졌지만 이들 연구는 대체로 '판결'의 단계에 더욱 초점이 맞춰져 있었다. 본 장은 '추국' 단계의 두 번째인 '수사와 심문'의 과정에서 이루어지는 검험의 과정을 복원해 보고자 한다.

1 추국 과정에서의 검험 절차

송대 각 지역의 사법 현장에서 재판을 담당해야 했던 지방관들은 인명 사건을 수사하는 과정에서 검험의 절차를 중시하였고, 특히 살인죄 등

---

1   戴建國, 「宋代刑事審判制度硏究」, 『宋代法制初探』, 黑龍江人民出版社, 2000, 212–219쪽.

2   戴建國, 「宋代刑事審判制度硏究」, 204–209쪽.

최종 사형 판결을 하게 되는 안건, 즉 대벽죄로 판결되는 안건에서는 더욱 그러했다.

가정嘉定 4年(1211) 강서江西 제점형옥提點刑獄이던 서사도徐似道는 "사형판결을 내려야 하는 사건의 추국은 검험에서부터 시작한다"라고 하여,[3] 대벽죄 안건 수사에서 검험이 중요함을 설명했다. 아울러 호남湖南 제점형옥提點刑獄이자 순우淳祐 7년(1247) 『세원집록』을 편찬한 바 있는 송자는 그 서문序文에서 "사형 판결을 내릴 때는 처음의 정황이 가장 중요하며, 처음 정황을 알려면 검험만큼 중한 것이 없다"라고 언급하였다.[4] 서사도나 송자 등은 송대 검험제도의 완비나 검험 지식을 보급하는 데 영향을 미쳤던 지방관들이었으니 수사에서, 특히 대벽죄 안건 수사에서 검험 절차의 중요성을 강조한 것으로 보인다. 무엇보다도 서사도나 송자의 경우 수사의 시작을 검험부터 해야 한다는 측면을 강조하고 있다는 점이 유사하다.

이 외에도 순우淳祐 5년(1245)에서 7년(1247) 사이 강동江東 제점형옥提點刑獄을 역임하면서 여러 판례를 많이 남겼던 유극장劉克莊(1187–1269)의 언설을 통해서도 추국 과정에서 그들이 검험을 얼마나 중요하게 생각했는지 알 수 있다. 당시 강남동로江南東路 신주信州에 속해 있던 연산현鉛山縣(지금의 江西省 上饒市)의 백성인 뇌신賴信의 익사 사건을 수사하는 과정에서 그는 다음과 같이 언급한 바 있다.

---

3 『宋會要輯稿』「刑法六·檢驗」, "嘉定4年," "推鞫大辟之獄, 自檢驗始," 河南大學出版社, 2011, 709쪽.

4 『洗冤集錄』, "大辟莫重于初情, 初情莫重於檢驗," 上海古籍出版社, 2008, 1쪽.

- 죽음에 이른 사건은 검험에서 끝나고, 검험에 의혹이 있는 경우 여러 차
- 례 검험을 거친 후에야 끝난다.[5]

그는 뇌신의 익사 사건과 관련한 판례를 쓰면서 가장 첫 서두를 위의
구절로 시작했다. 치사(살인) 사건의 수사에서 검험 절차가 가지는 중요
성을 언급한 대목이며, 검험에 의혹이 있는 경우 여러 번의 검험을 진
행해야 함을 강조하고 있다.

당시 인명 사건을 처리하는 현장을 보여 주는 여러 가지 기록은 현장
에서 검험이 어떻게 이루어지고 있는지 우리에게 보여 준다. 남송시기
홍매洪邁(1123-1202)가 지방관으로 여러 지방에서 재직하며 보고 들은
이야기를 수집하여 편찬한 『이견지夷堅志』의 다양한 일화 속에서도 인
명 사건 처리 과정에서 검험이 시행된 당시 현실을 반영한다.

- 당주唐州 방성현方城縣의 전리典吏인 장삼張三의 아내는 본래 창기였는데
  그 성격이 흉폭하고 잔학했다. ⋯ 죽인 첩이 여러 명이었지만 남편 장삼
  은 무서워서 감히 아무 말도 하지 못하였다. 후에 며느리를 죽이자 며느
  리 친정에서 현 관아에 고소하였고, 현에서는 현위를 보내 검시하게 하
  였다. 그때 어린 노비가 나와서 "침상 아래에 시신이 또 있습니다. 함께
  검시해야 합니다"라고 소리쳤다. 이로써 옥사가 갖추어졌고, 창기로서
  장삼의 정실이 아니기에 [관원의 아내로서 누릴 수 있는 권리는 인정되지 않아]

---

5   『淸明集』 부록3 「鉛山縣禁勘裴五四等爲賴信溺死事」, "致死公事至檢驗而止, 檢驗有疑至
    聚檢而止," 630쪽.

* 평민 간 살인죄로 처리되어 당주 시에서 처형되었다.[6]

    당주 방성현에 살인사건이 접수되자 현에서는 현위를 보내 검시하게 하였고, 또 현장에서 다른 시신이 보이자 어린 노비가 함께 검시해야 한다고 하였으며, 곧 옥사를 갖추어 판결을 내려 형을 집행했다. 현위가 현장에 가서 검시를 한 점 등은 당시 검험 관련 법률 규정이 현장에서 제대로 실천되고 있었음을 보여 준다. 더욱 흥미로운 점은 당시 '어린 노비'마저도 의문의 시신을 보고서 검시를 해야 한다고 할 정도로 인명사건의 수사과정에서 검험은 매우 당연한 절차였던 것 같다.

    또 한 일화는 반드시 살인 사건이 아니어도 의원의 잘못된 처방으로 죽음에 이른 경우에도 해당 관청에서는 검험을 시행했던 것을 볼 수 있다. 뇌물을 받아 죄인을 사사로이 풀어 준 서리 모수毛遂와 주영周永에 관한 이야기다. 두 서리는 모두 하옥되었고 감옥에서 한질寒疾에 걸려 치료를 받던 중 모수가 의원 유씨劉氏의 오진으로 사망하였다.

* 감옥의 서리는 두 의사[유씨劉氏와 서씨舒氏]를 불러 [사체를] 보여 주었고 더 이상 할 말이 없어 함께 의논하여 절차를 밟아 주에 보고하였다. 그리고
* 돈을 내게 하여 관을 사게 하고 검시가 끝나기를 기다려 염을 하였다.[7]

    이 일화는 의원의 오진이 명확한 경우에도 해당 주에 이를 보고하고

---

6   洪邁, 『夷堅甲志』 권15 「犬齧張三首」, 中華書局, 2006, 130쪽.

7   洪邁, 『夷堅支庚』 권10 「劉職醫藥誤」, 1219쪽.

검시 절차를 마친 후 염을 하였음을 보여 준다. 당시 지방 관청이 인명 사건을 처리하는 과정에서 검험의 절차를 반드시 시행하고 있었음을 보여 준다.

인명 사건과 관련한 당시의 판례를 보면 전체 수사과정에서 검험 절차를 더욱 자세히 관찰할 수 있게 해 주며, 우리는 이를 통해 송대 검험 절차를 복원해 볼 수 있다. 송대 살상殺傷 사건 또는 '신사불명身死不明'과 관련된 안건의 판례를 살펴보면, 송조가 제정한 법률 규정대로 실제 검험이 시행되었던 것을 알 수 있다. 그중에서도 옹보翁甫가 쓴 한 판례는 살상 사건의 수리와 최종 판결 사이에 이루어진 검험의 절차가 전형적으로 이루어진 사례이기에 주목할 만하다. 거천우瓙天佑는 질녀 식낭息娘의 재산을 빼앗으려고 장숭인張崇仁이 식낭과 결혼한 것은 부당한 일이며, 장숭인이 혼인으로 식낭의 전토를 함부로 점했다고 소송했고, 그사이 식낭이 죽자 그 죽음이 분명하지 않으므로 검시를 요청하였다. 이 사건의 담당 관관이었던 옹보가 쓴 최종 판례에는 다음과 같은 기록이 있다.

- 사건을 맡은 관원은 이 사건이 사람의 목숨과 관계된다고 여기어 마침내 거천우를 압송하고 반좌反坐로 사건을 접수한 후 현위縣尉와 순검巡檢에게 맡겨 법에 따라 체구體究하고 검험檢驗하게 하였다. 두 검험관원이 보고한 격목格目에 따르면 식낭의 죽음은 병사病死가 분명하며 현위가 설명한 것도 이미 매우 상세하다. 다시 모든 관련자가 제공한 진술을 가

◆ 지고 거천우를 심문하니 현위가 설명한 정황과 똑같았다.[8]

　가장 먼저 이 사건을 맡은 기관은 현이었고, 현에서는 사건 접수 후 검험의 필요가 있자 당시 법이 규정하는 대로 현위와 순검을 파견하였다. 그 다음 그들은 체구를 실시하고 검험을 진행하였다. '두 검험관원' 이라고 한 것을 보아 초검과 복검 두 차례의 검험을 진행하였던 것이며, 아울러 법이 규정한 대로 검험관원은 최종 보고서인 격목을 통해 현에 보고하였다. 결과는 병사가 분명하다는 것이다. 그 다음으로 다시 모든 관련자들의 진술을 모은 후 거천우의 자백을 얻어 낸다. 결국 거천우의 무고죄로 수사가 종결된 것이다.

　이 판례를 통해, '사건의 수리 → 검험관원(현위/순검) 파견 → 체구 → 초검·복검 → 격목 제출 → 관련자 진술 종합 → 죄인 자백 확보'로 이어지는 현과 주 단위에서 실행된 '추국' 단계를 정확히 알 수 있다. 이후 주에서는 이를 기초로 '검법檢法'과 '의판擬判'이 이루어질 것이었다.

2　체구體究의 중요성

위에서 복원한 검험 절차를 보면, 검험관원이 파견된 후 초검과 복검을 시행하기 전 '체구'의 단계가 있음을 확인할 수 있다. 이와 관련하여 유극장은 강남동로江南東路 요주饒州(지금의 江西省 鄱陽縣)에서 일어난 한 사건을 판결하는 과정에서 다음과 같이 언급한 바 있다.

8　『淸明集』 권13 「叔誣告姪女身死不明」, 502쪽.

- 원래 대벽죄 안건은 반드시 체구장體究狀이 검험격목檢驗格目 앞에 있어
- 야 한다.[9]

　소위 '체구장體究狀'이라는 것은 '체구體究' 결과를 보고하는 문서일 것인데, 체구는 수사의 가장 첫 시작으로 검험 시행 전 현장 수사와 같은 것이다. 『세원집록』에 의하면 초검 및 복검관 중에 한 사람을 파견하여 조사하게 하는 것이다.[10] 즉, 초검과 복검의 전 단계라 할 수 있다. 격목의 제출은 초검 및 복검의 결과보고를 의미한다. 체구장이 검험격목 앞에 있어야 한다는 것은 초검과 복검 전에 반드시 체구의 과정을 거쳐야 한다는 것을 강조한 것으로, 유극장은 대벽죄 사건에서 체구의 단계를 중시함으로써 수사의 철저성을 강조한 것이라 보인다.

　그런데 조금 더 상세히 보아야 할 대목은, 체구 단계에서 하는 수사의 성격이다. 체구에 대한 설명은 『세원집록』에 다음과 같이 언급되어 있다.

- 근래에 여러 노路의 제점형옥사가 [수사를] 진행할 때 매번 초, 복검관 중에서 한 사람을 파견하여 체구를 겸하게 한다. 무릇 체구라는 것은 반드시 먼저 인보隣保를 불러 모아 반복 심문한다. 만약 진술이 하나로 통일되면 하나의 문서를 올린다. 혹 보고 들은 바가 차이가 나면 그들로 하

9　『淸明集』 부록3 「饒州州院推勘朱超等爲趲死程七五事」, 625쪽.

10　『洗冤集錄』 권1 「檢覆總說下」, "近年諸路憲司行下, 每於初, 覆檢官內, 就差一員兼體究," 21쪽.

여금 각각 진술하게 하여 문서를 제출한다. 혹 행흉인行凶人을 책망하며 실토하는 것이 대략 같다면 함께 본 현이나 제점형옥사에게 제출하여 현옥縣獄은 이를 근거로 심문 수사하며 제점형옥사는 이를 근거로 자세히 살펴본다. 만약 조금이라도 서로 착오가 있다면 모두 중죄를 받는다.[11]

체구는 가장 먼저 현장에 가서 인보隣保 등을 불러 모아 반복 심문하는 절차로 아마도 현장에 있었던 사람들의 증언 채취의 과정이었던 것 같다. 결국 본격적으로 검험을 시행하기 전에 증언 채취의 과정을 반드시 거쳐야 했던 것이다. 유극장은 검험에 앞서 체구를 먼저 실시해야 함을 강조하여 관련자 또는 증인의 진술확보가 그 후 검험과 수사에 중요한 영향을 미칠 것임을 예측하였다.

그의 이러한 증인 진술에 대한 강조는 같은 판례에서 보이는 다음과 같은 언설에서도 나타난다.

무릇 대벽의 죄는 고하경중高下輕重이 모두 증인의 입에서 정해진다. 만일 싸우는 그때 길 가던 한 사람이 옆에서 보고 들었다면, 그가 반드시 사실대로 진술해 줄 것이다.[12]

유극장은 대벽의 죄를 받는 사건은 대체로 그 판결이 증인들의 입에

11　『洗冤集錄』권1「檢覆總說下」, 21쪽.

12　『淸明集』부록3「饒州州院推勘朱超等爲趯死程七五事」, 625쪽.

서 정해진다고 설명한다. 살상 사건이 있을 당시 이웃들과 행인들이 진술한 증언이 사건에 가장 큰 영향을 미친다는 뜻이다. 그가 체구의 과정을 중시한 이유를 알 수 있는 대목이기도 하다.

그러나 유극장이 증언의 중요성을 강조하였다고 하여 검험 과정을 중시하지 않았거나 소홀히 다루어도 된다고 했던 것은 아니다. 앞서 인용한 대로 그는 검험이 곧 수사의 마무리이며, 검험 결과에 의심이 갈 때는 '여러 차례 검험(聚檢)'을 시행해야 한다고 천명하였다.

3 취검聚檢의 실천과 면검免檢의 절차 —

소위 '여러 차례의 검험(聚檢)'은 수사 과정에서 초검, 복검 그리고 삼검 이상의 복수의 검험을 거치는 과정을 의미하는 것인데, 이러한 뜻의 '취검'이라는 용어는 법률 규정에도 보이지 않고 『세원집록』에도 보이지 않는다. 법률 규정에서는 격목의 격식을 설명할 때 "제3차 이후는 이에 준한다"라는 설명이 보이지만,[13] 그리고 『세원집록』에서도 삼차 검험에 대한 예상 및 그에 대한 주의사항은 설명하고 있지만,[14] 취검이라는 용어는 보이지 않는다.

그런데 당시 사법 현장에서는 삼차 이상 여러 차례 검험을 실시하는

---

13 謝深甫 撰, 戴建國 点校, 『慶元條法事類』 권75 「驗屍·式」, "覆驗屍格目" 편명 뒤에 "遇有第三次以後準此," 黑龍江人民出版社, 2002, 802쪽.

14 『洗冤集錄』 권2 「覆檢」, "覆檢官驗訖, … 如有爭論, 未可給屍, 且掘一坑, 就所籭物?屍安頓坑內, 上以門扇蓋, 用土篲瓁作堆, 周回用灰印印記, 防備後來官司再檢覆, 仍責看守狀附案," 41쪽.

경우가 종종 있었던지 판례에서는 취검이라는 단어가 보이며, 이를 중시하는 유극장의 태도 역시 우리의 주목을 끈다. 결국 죽음에 이른 사건의 수사에서는 검험이 중요하며 검험에 의심이 있는 경우 여러 차례 검험을 실시해야 한다는 뜻일 텐데, 실제로 송대 여러 판례들을 보면 삼검 이상 실시한 경우가 적지 않아 유극장의 설명이 현실을 반영한다고 볼 수 있겠다.

누가 쓴 판례인지 알 수는 없는, 양절로兩浙路 무주婺州(지금의 浙江省 金華市)의 한 판례를 보면 돈으로 사람을 꾀어 다른 사람을 살인죄로 무고한 사건이 등장하는데, "네 차례 관원을 파견하여 여백칠의 사체를 검험하여" 상흔이 없음을 확인했다는 구절이 등장한다.[15] 또 상술한 유극장이 연산현鉛山縣에서 일어난 안건에 대해 쓴 판례를 보면, "취검관聚檢官이 보고한 바에 근거하면" 또는 "취검격목聚檢格目으로써 살펴보건대" 등의 구절로 보아 삼검 이상임을 확인할 수 있고,[16] 또 건창현建昌縣(지금의 江西省 撫州市)에서 일어난 안건에 대해 초검관初檢官, 복검관覆檢官, 취검관聚檢官을 모두 언급하여 세 차례 검험을 실시한 흔적을 드러내었다.[17] 또, 요주饒州에서 일어난 안건의 판례를 보면 "네 번의 검험 결과 모두 동일하다"라는 기록도 보인다.[18] 이러한 기록들은 법률 규정에서 명시된 초검과 복검 외에 현실에서는 삼검 심지어 사검까지도 종

---

15 『淸明集』권13「資給誣告人以殺人之罪」, "四次委官洗驗屬百七屍首," 488쪽.

16 『淸明集』부록3「鉛山縣禁勘裴五四等爲賴信溺死事」, "據聚檢官所申," "以聚檢格目考之," 630쪽.

17 『淸明集』부록3「建昌縣鄧不僞訴吳千二等行兇及阿高訴夫陳三五身死事」, 628쪽.

18 『淸明集』부록3「饒州州院推勘朱超等爲趕死程七五事」, "四檢皆同," 624쪽.

종 진행했던 당시 사법 현장의 상황을 반영한다.

'사검'까지 행한 사례가 종종 보이는 것을 보면 당시 살상 사건의 수사에서 검험이 얼마나 중요했는지 알 수 있는데, 우리는 동시에 검험의 면제, 즉 면검免檢에 관한 판례를 통해서도 역으로 당시 법관들이 검험 절차를 얼마나 중시했는지 알 수 있다. 송대 법률 규정을 보면 '면검'의 요건을 제시하고 있는데, "병환으로 죽은 경우 검험을 해야 하지만 동거시마同居緦麻 이상 친족 또는 이거대공異居大功 이상 친족이 죽은 곳에 와서 면검을 요청할 경우 이를 허락한다"고 하였다.[19] 송대 판례 중 망자의 친족들 사이에 면검 여부를 두고 대립이 일어나 이를 해결하는 재판이 있어 주목해 볼 만하다. 보경寶慶 2년(1226) 진사가 된 옹보翁甫의 판례이다. 주오십낭周五十娘의 죽음을 두고 그녀의 남편은 출산 중 죽음에 이르렀기에 면검을 요청하였고, 그녀의 친언니는 사인불명死因不明으로 검험을 요청하였다. 옹보는 면검을 결정하는 데 있어 '법의法意'와 '인정人情'을 논하면서 다양한 근거를 제시하였는데, 부인婦人의 '기가종부旣嫁從夫' 원칙, 쌍방의 동거同居 여부 및 상복喪服 상의 '원소遠疏' 등의 근거를 상세한 설명과 함께 제시하여 결국 남편의 손을 들어 주었다.[20] 이 판례는 면검을 결정하는 데 있어 당시 판관들이 얼마나 심사숙고하였는지 보여 준다.

검험 절차의 중요성은 검험 결과를 보고하는 과정에서도 살펴볼 수 있다. 송대 판례를 살펴보면, '체구장體究狀', '검험격목檢驗格目' 및 '취검

---

19 『慶元條法事類』 권75 「驗屍」, 800쪽.

20 『清明集』 권13 「姊妄訴妹身死不明而其夫願免檢驗」, 501쪽.

격목聚檢格目' 등 조사와 검험에서 문서를 통한 보고를 중시하는 것을 엿볼 수 있다. 유극장의 한 판례는 이러한 문서를 통한 보고를 제대로 실천하라는 뜻을 전하고 있어 주목할 만하다. 그는 당시 격목을 주의 관사까지 보고하고 제점형옥사에게 제출하는 것을 생략하는 경향에 대해 비판을 하면서, 다음과 같은 기록을 남기고 있다.

- 민간에서 항상 일어나는 싸움으로 구타하여 사람이 죽은 경우 이미 검험을 하여 격목을 작성한 것은 모두 조령에 따라 제점형옥사에 보고하
- 여 상세히 검토하게 한다.[21]

당시 규정에 의하면 검험격목은 세 부를 작성하여 피해자 유가족 한 부, 주현州縣에 한 부, 제점형옥사에 한 부 제출하는 것으로 되어 있다.[22] 그런데 유극장이 강동江東 제점형옥으로 있을 당시 아마도 종종 제점형옥사에게는 보고되지 않았기에 그는 이런 조처를 내린 것으로 보인다. 유극장이 얼마나 검험 절차를 중시하였고 또 제점형옥사 단계까지 결과를 보고해야 한다는 원칙을 중요하게 생각하였는지 볼 수 있는 대목이다.

---

21 『淸明集』 부록3 「建康府申已斷平亮等爲宋四省身死事」, 614쪽.

22 이와 관련하여 본서의 '송대 검험제도의 운영: 문서행정을 중심으로'의 I. 내용 참조.

4 맺음말

송대 법률 규정이나 조직 등에서 확인되는 검험 절차는 여러 관련 일화와 판례들을 통해 실제로 시행되었던 것을 확인할 수 있었다. 지방의 사법 담당 법관들은 수사 과정에서 검험 절차를 중시했고, 검험 결과에 의심이 있을 경우 여러 차례 검험을 실시하였다. 대체로 '사건의 수리 – 체구體究 – 초검初檢 – 복검覆檢(취검聚檢) – 검험격목檢驗格目 제출 – 관련자 진술과 부합 여부 – 판결'의 순서는 실제로 여러 판례를 통해 확인된다.

무엇보다도 구체적 판례를 통해 송대 검험 절차와 관련하여 다음과 같은 새로운 내용을 알 수 있었다. 수사과정에서 본격적으로 검험을 실시하기 전 검험관에 의해 진행되는 '체구'에 대해서는 『세원집록』 외에 그 과정을 명확히 설명하고 있는 관련 기록이 없었는데 여러 판례를 통해 체구 과정이 실제로 확인되었다. 아울러 법률 규정에는 초검과 복검이라는 용어만 보이며 그 외에 취검이라는 용어는 보이지 않았는데 판례를 통해 3차 이상의 검험을 취검이라 부른다는 것이 확인되었다. 마지막으로 실제 초·복검 이외에 여러 차례 검험이 실제로 시행되었다는 점, 무엇보다도 네 차례까지 검험을 진행한 판례가 적지 않았다는 점 등을 알 수 있다. 이상의 내용은 법률 규정을 통해서는 확인되지 못했던 당시 검험 현장의 실제 모습을 보여 주는 것이라 그 의의가 크며 당시 사법 현장에서 사법 관원들이 정확한 판결을 위해 검험 절차를 얼마나 중시했는지 보여 준다.

II

판결 근거로서
검험 결과의 활용

본 장이 주목하는 검험은 송대 인명 사건의 재판과정을 크게 두 단계 즉, 소장의 수리, 수사와 심문 및 녹문錄文으로 이루어지는 추국의 단계와 검법檢法, 의판擬判 및 심사와 판결로 이루어지는 판결의 단계 중 추국 단계의 두 번째인 '수사와 심문' 과정에서 이루어지는 것이며, 이 단계에서 지방관들이 주로 한 활동은 검험과 관련자들의 진술 확보에 있었다.

송대 사법 관원의 재판에 관한 연구는 많은 연구자들의 관심 대상이 되었지만 이들 연구는 대체로 판결의 단계에서 이루어진 최종 판결의 근거에 관한 것이었다. 즉 지방관들이 주로 무엇에 근거하여 의판擬判하는지에 대한 논의에 집중한 것이다. 예를 들면, 그들은 '인정人情(여론)'에 근거하여 판결을 내리기도 하고 또는 '국법國法(법률)'에 의해 또는

'천리天理(유가 원칙)'에 치중하여 판결을 내렸다는 연구 결과들이 있다.[1] 그러나 본 논문은 재판관의 판결 근거를 고찰할 때 수사 단계에서 이루어지는 범죄 사실과 관련된 구체적이고 현실적인 증거들이 판결 근거의 핵심 내용을 구성함을 설명하여 기존 학계의 논의에 실질적 내용을 보충하고자 한다. 즉, 추국의 단계에서 얻어지는 여러 사실들이 사법 관원들의 최종 판결에 어떠한 영향을 미치는지, 그리고 검험 결과가 같은 추국의 단계에서 얻어진 관련자들의 '진술'과 어떻게 상호 보조를 이루며 판결 근거로서 작동하는지 고찰하고자 한다.

추국 단계의 심문과 수사 과정에서 도출된 검험의 결과는 당시 관련 판결에 결정적 역할을 하였던 것으로 보인다. 본 장에서는 실제 사법 현장에서 판결 근거로 검험 결과가 활용된 다양한 사건과 판례를 분석함으로써 실제 재판에서 검험 결과가 어떻게 쓰이고 있는지 살펴보고자 한다.

1 처벌 근거로서 검험 결과

송 인종仁宗(1022-1063 재위) 시기 진사 급제한 채고蔡高가 복주福州 장계현長溪縣(지금의 福建省 霞浦縣) 현위縣尉로 있을 때의 사건이다. 현에 거주

---

1   佐立治人, 「『淸明集』の「法意」と「人情」」, 『中國近世の法制と社會』, 京都大學人文科學硏究
      所, 1993; 大澤正昭, 「胡石璧の「人情」-『名公書判淸明集』定性分析の試み」; 大島立子 編,
      『宋−淸代の法と地域社會』, 東洋文庫, 2006; 柳立言, 「靑天窗外無靑天: 胡穎與宋季司法」
      柳立言 主編, 『中國史新論−法律史分冊』, 聯經出版社, 2008; 柳立言, 「「天理」在南宋審判中
      的作用」, 『中央硏究院歷史語言硏究所集刊』 84−2, 2013.

하는 한 노파의 두 아들이 고기를 잡으러 나갔다가 돌아오지 않았다. 노파는 모씨某氏를 원수로 지목하면서 현에 고소하여 그를 체포해 달라고 하였다. 관리들이 난처해 하였는데, 당시 현위였던 채고만이 노파의 원통한 기색을 알아차리고 해상에서 유숙한 지 7일 만에 조류에 떠내려 온 사체를 발견하고 "이를 검험하니 모두 타살이었다. 이에 그 원수를 잡아 심문하니 자백하였다."[2] 구양수가 채고의 묘지명을 쓸 때 이 사안을 기록하였고, 남송 초 정극이 이를 『절옥귀감』에 실은 것이다. 검험 결과는 자칫 미궁으로 빠질 수 있는 살인 사건을 명쾌히 밝히는 데 주요한 역할을 하였다.

역시 인종 시기 진사가 되었고 신종 시기 상서우복야尚書右僕射 겸兼 중서시랑中書侍郎을 역임한 범순인范純仁(1027~1101)이 하중부河中府 지사를 지낸 때 있었던 안건으로 녹사참군錄事參軍 송담년宋儋年이 병으로 급사하였는데 사실은 그의 첩과 소리小吏가 공모하여 저지른 독살극이었다. 범순인은 그의 죽음이 이치에 맞지 않다 여겨 조사하라 지시하였고 "공문을 보내 그 사체를 검험하니 그 결과 아홉 개의 구멍에서 피가 흐르고 눈동자가 말랐으며 혀가 문드러지고 온몸이 흑색이었다."[3] 이는 '복독服毒'의 전형적인 증상이었다.[4] 이로써 독살되었음을 알아내었다.

이 외에도 단주端州 지주知州 구양엽歐陽曄이 살상 사건을 재판할 때에 검험 결과인 험장에 망자의 "오른쪽 갈비뼈가 다쳤다"는 기록에 근

---

2   鄭克 編撰, 劉俊文 譯注点校, 『折獄龜鑑譯注』, 99쪽.

3   『折獄龜鑑譯注』, 330쪽.

4   『洗冤集錄』 권4 「服毒」, "凡服毒死者, 屍口·眼多開, 面紫黯或青色, 脣紫黑, 手足指甲俱青黯, 口·眼·耳·鼻間有血出. 甚者, 遍身黑腫, 面作青黑色," 119쪽.

거해 진범을 찾아내었고,[5] 진종眞宗 시기 복주福州 지주知州였던 왕진王臻은 험장에 쓰인 망자의 상처의 깊이가 깊지 않다는 기록에 근거해 실제 살상으로 인한 죽음이 아니라 야갈野葛로 인한 복독사服毒死임을 밝혀내 사건을 해결한다.[6]

이러한 사안들은 북송 시기 살인 사건의 수사과정에서 검험 결과의 중요성을 보여 주는 단적인 사례로 관련 사건에 대한 판결이 이루어질 때 검험 결과는 판결의 실질적 근거가 되었을 것이다. 남송 시기 여러 지방관들이 남긴 판례를 보면 판결 근거로서 검험 결과가 활용된 실례를 좀 더 구체적으로 확인할 수 있다.

강동 제점형옥을 역임했을 때 유극장이 쓴 판결 중 요주饒州(지금의 江西省 鄱陽縣) 주원州院에서 수사를 진행한, 주초朱超 등이 정칠오程七五를 발로 차서 죽인 사건은 정칠오의 죽음과 관련하여 첫째, 주초朱超의 구타와 둘째, 주공보朱公輔의 구타가 있었으나 결국 검험의 결과로 주초의 구타는 증명이 되지만 주공보의 구타는 확인할 길이 없어 '의안疑獄'으로 분류된 사안이다. 결국 유극장은 정칠오의 죽음의 원인을 검험 결과에 근거해 판결을 내렸지만 주공보의 혐의는 밝힐 수 없었고 그래서 이 안건은 4년을 끌어 여러 차례 수사를 진행하였지만 수사할 때마다 번복이 이루어졌다. 사건의 전말은 다음과 같다.

◆ 정칠오程七五와 이팔李八은 주인 정본중程本中이 시켜 주십팔朱十八의 집

---

5 『折獄龜鑑譯注』, 371쪽.

6 『折獄龜鑑譯注』, 139쪽.

으로 가서 과전課錢을 받아 오게 되었다. 주십팔은 두 사람을 집에 머무르게 하고 술을 대접했고 둘 다 취하여 드러눕고 가지 않았다. 또 그 집 처자를 희롱하였으니, 잘못은 정씨와 이씨에게 있다. 주십팔이 거하는 곳은 주공보朱公輔의 집으로 공보가 지나가다 마침 이를 보고는 여러 노복들에게 두 사람과 주십팔을 쫓아 밖으로 내보내게 하였고 그 문을 잠그려는데 이로 인해 싸움을 하고 서로 때리게 되었다. 이팔이 먼저 밖으로 나가서 맞은 상처가 가벼웠고, 정칠오는 끝까지 나가려 하지 않았기에 상처가 컸으며 26일 맞았고 27일 집으로 돌아가 28일 죽었다. 당시에는 다른 증거는 없었다.[7]

주공보의 집에서 싸움이 나던 중 주공보의 집 사람인 주초가 정칠오의 갈비뼈 쪽을 발로 찼고 공보는 '협박과 구타(喝打)'를 했다는 혐의를 받았으며, 정본중程本中은 정이녕程二寧의 지시를 받아 지객地客 정칠오의 죽음에 대한 소송을 계속 진행하고 있었다. 이 안건은 4년을 끌어 여러 차례 수사를 진행하고 또 번복이 되었다. 아마도 정씨 집에서 주공보의 '협박과 구타(喝打)'를 계속 문제 삼아 그것이 정칠오의 죽음과 관계됨을 주장하며 소송을 끌고 가려 하였고, 주공보는 이를 끝내 부인하였던 것으로 보인다. 유극장의 판결은 두 가지로 나누어서 살펴볼 수 있는데, 하나는 정칠오의 죽음과 관련된 사인의 확정과 관련자 주초의 처벌이고, 다른 하나는 주공보의 혐의와 관련하여 이 안건을 의옥疑獄으로 분류한 근거이다.

<hr>

7 　『淸明集』 부록3「饒州州院推勘朱超等爲趲死程七五事」, 626쪽.

먼저, 사인 확정과 관련자 주초 처벌의 근거는 검험 결과였다. 최종 사인의 확정과 관련한 내용은 다음과 같다. 유극장은 판결에서 주공보 측의 진술을 상세히 채록하였다.

- [주공보 측은 다음과 같이 말하기를] 정칠오가 만약 발에 차여 갈비뼈가 상하였다면 마땅히 그 자리에서 엎어져 죽어야지 어떻게 그 집으로 돌아가 이틀이 지나 죽을 수 있었는가. 담당 관원은 마침내 본 관청의 대벽죄 사건 여럿을 가져와 맞아서 갈비뼈가 다친 10여 건의 사례를 그에게 보여 주니, 혹은 2-3일 있다 죽은 경우, 혹은 8-9일 있다가 죽은 경우, 혹은 20여 일이 지나 죽은 경우도 있었다. 하물며 보고保辜 기한이 20일이니, 2일이 지나 죽은 것은 이상할 것도 없다고 하니 그들은 대답하지 못했다.
  또 말하길, 두 손의 주먹을 초검初檢하고 후검後檢에서 주먹에 재가 나온 것으로 보아 사체가 바뀌었다고 하였다. 우선 검험은 오로지 치명致命 상흔에 근거하며, 지금 갈비뼈 위에 상흔이 있고 네 번의 검험이 모두 동일하다. 주먹에 재가 있다는 것으로 사체가 바뀌었다고 하는 설명은 더
- 욱 잘못된 것이다.[8]

주공보 측은 여러 가지 의문을 제기하였는데, 예를 들면 맞은 후 이틀 후에 집에서 죽은 것을 문제 삼기도 하였고, 또 검험 과정에서 사체가 바뀐 것이 아닌지 의문을 제기하면서 계속하여 주씨 집안 측의 죄를

8　『淸明集』 부록3 「饒州州院推勘朱超等爲趕死程七五事」, 624쪽.

인정하지 않으려 하였지만 유극장은 네 번의 검험이 모두 동일하게 갈비뼈 위의 상흔을 지목했다고 하면서 모든 의심을 일축했다. 그리고 다음과 같은 판결을 내렸다.

◆ 주초 등을 불러 재삼 심문하여 그 실토한 것을 근거해 보니 갈비뼈의 상처는 곧 주초가 발로 차서 난 상처이다. … 주초는 한 번의 발차기로 사람을 죽였고, 이미 죄를 인정하였으며, 비록 사면령은 내려졌지만 그러나 죽은 자는 다시 살아올 수 없기에 척장脊杖 십오十五 대와 본성本城에

◆ 자배刺配로 처벌하여 죽은 자에게 사죄한다.[9]

이 판결을 통해 다음의 내용을 확인할 수 있다. 첫째, 유극장은 정칠오의 죽음의 원인을 검험 결과에 근거하여 인식하였고, 이에 따라 주초에 대한 처벌이 이루어졌다. 그는, "검험은 오로지 치명致命 상흔에 근거하며 지금 갈비뼈 위에 상흔이 있고 네 번의 검험이 모두 동일하다"고 언급하여 사인을 분명히 밝혔고, 주초의 자백까지 확보하여 이를 보완했다. 유극장의 판결에 검험 결과가 제일 주요한 근거로 활용된 것이다.

둘째, 네 번의 검험을 거쳤다는 사실이다. 앞서 유극장은 '취검'의 중요성을 제시한 바 있는데 당시 현실에서도 이렇듯 세 차례 이상의 여러 차례의 검험이 진행된 사실을 확인할 수 있다. 네 차례 검험 결과가 동일했기에 사인을 확정하는 데 큰 무리가 없었던 것으로 보인다.

---

9 『淸明集』 부록3 「饒州州院推勘朱超等爲趕死程七五事」, 626-627쪽.

셋째, 아울러 주목할 것은 주공보 측의 문제 제기도 결국 검험 결과에 대해 불복하는 모습으로 나타났다는 것이다. 그들은 갈비뼈의 상처가 죽음에 직접 연관이 되었느냐 여부에 대해 어째서 이틀 후에 죽었느냐 등의 의문을 제기하였고 이에 대해 판관은 보고保辜의 규정을 제시하고 아울러 10여 건의 다른 유관 판례를 제시하여 문제없음을 밝히었다. 또 죽음에 이른 결정적 원인과 관계없는 주공보 측의 검험에 대한 의문 제기에 검험은 오로지 치명 상흔을 근거로 해야 한다고 일축했다. 검험은 재판관에게도 중요했지만 피의자들이 혐의를 벗고자 하는 데에도 큰 역할을 했을 것으로 보인다.

다음으로 논의할 것은, 주공보의 혐의와 관련하여 의옥疑獄으로 분류된 근거를 보면 증거 확보 과정에서 관련자 진술에 문제가 있었기 때문이었다는 것이다. 이 안건에서 가장 문제가 되었던 것은 주공보의 '협박과 구타' 여부 문제이며 이를 증명할 수 없었기에 유극장은 이를 의옥이라 분류하고, 주공보에 대해 '죄가 의심이 되는 사안에 대해서는 가볍게 처벌한다(罪疑惟輕之訓)'는 원칙을 적용하고 사면령까지 확인하여 그를 방면하였다.

유극장이 의옥이라 확정한 근거를 살펴보면 결국 '무증無證'과 '불복不伏'이었다. 유극장은 아마도 검험 결과를 통해 그의 구타를 확인할 수 없었기에 관련자들의 진술을 얻고자 했던 것 같다. 그러나 확보한 관련자 진술이 모두 문제가 있었다. 첫째, 피해자 측 이팔李八의 진술이라 믿을 수 없었으며, 그가 본 것도 아닌 문 밖으로 나와 들은 것을 진술한 것이기에 더욱 믿을 수 없다는 것이다. 둘째, '용은容隱'의 원칙이 적용되는 주초의 노복에게 매질로 주인의 범죄 행위를 진술하라고 했다는 것이 의심스럽다는 것이다. 셋째, 체구장이 없는 것이 의심스럽고, 넷째, 주공보의 자복은 처음부터 없었다는 것이다.[10] 유극장이 의옥으로 분류한 네 가지 이유를 보면 판결근거로 관련자 진술 확보가 가지는 어려움과 한계를 잘 드러내 준다. 판결 근거로서 증언을 활용하기 위해서는 객관적 진술이어야 하는데 이를 확보하는 것이 상당히 어려웠다는 점을 시사하고 있다.

유극장은 체구 단계를 중시했고, 아울러 대벽죄 사건 처리에서 증언의 역할도 중시하였던 인물이다. 결국 이 판결에서는 검험 결과와 자백이 갖추어진 주초에 대한 처벌만 진행하였고, 나머지 주공보 등에 대해서는 방면 처리했다. 정칠오의 사인은 갈비뼈 상처임을 검험을 통해 확인했고 이를 근거로 다시 주초의 진술(자백)을 확보하여 심리를 진행하였기에 처벌이 가능하였던 것이고, 하지만 주공보의 '협박과 구타' 행위에 대해서는 그 어떤 진술도 근거할 수 없었기에 의옥으로 분류할 수밖에 없었던 것이다. 관련자 진술 확보의 한계를 여실히 보여 주는 대목이며, 그러기에 모든 대벽 사건은 검험으로 마무리되어야 한다는 그의 언급이 이해되는 지점이다. 아울러 당시 살인 사건의 수사와 판결에서 검험이 중요한 이유도 알 수 있게 한다.

2 변무辨誣 근거로서 검험 결과

송대 판례를 보면 검험의 결과가 제공하는 사인의 확정이 여러 '거짓 상

---

10 『淸明集』 부록3 「饒州州院推勘朱超等爲趕死程七五事」, 625-626쪽.

소(妄訴)'와 무고誣告 안건을 해결해 주는 주된 근거로 사용됨을 알 수 있다. 먼저, 정극의 『절옥귀감』에는 「변무辨誣」라는 편명이 있는데 여기에 실린 판례를 보면 송대 지방관들이 무고誣告임을 어떻게 판별하는지 알 수 있다. 이 중 상술했던 복주福州 지주知州였던 왕진王瑨의 판안[11] 또는 강주絳州 지주知州 전유제錢惟濟의 판안[12] 등은 살상 사건과 관련된 무고를 판별할 때 검험의 결과가 결정적으로 작용한 사례이다. 이 외에도 장사현長沙縣 지현知縣 이남공李南公의 판안 역시 검험 결과로 무고를 판별하였다.[13] 또 형남荊南 사리참군司理參軍으로 있었던 여량굉余良肱은 검험 결과를 가지고 죄 없는 이의 허위 자백을 판별해 내었다.[14]

남송 시기 유극장이 연산현鉛山縣(지금의 江西省 上饒市)에서 일어난 뇌신 익사 사건에 대해 쓴 판례는 유족들의 망소妄訴 사건을 판별하는 데 있어 검험의 유용함을 보여 준다. 뇌신은 나루터에서 돈을 받고 사람들을 배에 태워 강을 건너게 해 주는 나루터 사람이었는데, 배를 타고 가다 배가 물에 빠져 익사하였다. 같은 배를 탄 다른 230여 명은 죽지 않았는데 유일하게 두 나루터 사람만 익사하였다. 그의 아버지 뇌진은 한 달 동안 아무 말도 없다가 한 달이 지난 후 주의 관청으로 와 옥사를 일으켰다. 주변 사람들의 지시를 받은 것이다.

---

11 『折獄龜鑑』 권3 「辨誣」, 139쪽.

12 『折獄龜鑑』 권3 「辨誣」, 141쪽.

13 『折獄龜鑑』 권3 「證慝」, 380쪽.

14 『折獄龜鑑』 권3 「證慝」, 78쪽.

◆ 사망 사건은 검험에서 끝나고, 검험에 의심이 있으면 '취검'을 한 후에야 끝난다. 뇌신이 죽은 것은 여러 검험관이 보고한 바에 근거하면, 상흔이 오직 좌측 어깨 한 군데 마찰된 상처가 있다고도 하고, 두 무릎에 각각 하나씩 부서진 상처가 있다고도 하며, 그리고 두 손의 열 손가락 손톱이 모두 부서져 있다고도 하였다. 검험 결과 익사하여 죽은 것이다. …

뇌진이라는 자는 죽은 뇌신의 아버지인데, 그 아들이 익사한 이후부터 한 마디도 현을 거치지 않고, 한 달이 지나 4월 23일 비로소 주로 와서 [소송을] 진행하여, 가지 많은 옥사가 일어났다. … 처음에는 구반자丘班子가 돌을 던져 뇌신을 때려 물에 빠지게 하였다고 하고, 이어서 다시 말하기를 배병裴丙이 주먹으로 뇌사의 좌측 어깨를 때렸다고도 하였다. 여러 검험 격목을 보니 주먹 흔적과 마찰 흔적은 서로 달라 어찌 밀치고 때린 것을 꿰어 맞추어 마찰한 것이 주먹으로 한 것임을 알겠는가. 사건을 맡은 관원은 이를 주현에 그대로 보고하였고, 보아하니 이러한 [거짓 상소]

◆ 사건은 흔하니, 뇌신은 익사한 것이 분명하다.[15]

뇌진은 권세가 집에 역役을 하면서 사는 사람이었는데, '매박인買撲人'이 배를 건너다가 현리들과 짜고 그의 아들 뇌신의 죽음은 억울한 죽음이라 속여 대며 뇌진을 꼬드겨 옥사를 일으킨 것이다. 주목할 점은 유극장은 여러 차례의 검험 결과를 확인한 후 익사가 분명하다고 판단한다. 물론 여러 차례 검험을 실시한 결과 좌측 어깨의 상처, 두 무릎의 상처, 그리고 열 손가락 손톱의 부서짐이 보고되었다. 그가 '검험 결과 익

---

15 『淸明集』부록3「鉛山縣禁勘裴五四等爲賴信溺死事」, 630쪽.

사가 분명하다'고 한 것은 아마도 열 손가락의 손톱이 부서진 것을 근거로 판단한 것으로 보인다. 이와 관련하여 송자의 『세원집록』 권3 「익사」에는 익사한 사체의 특징을 설명해 놓고 있어 참고할 만하다. 그 설명을 보면, 생전에 물에 빠져 익사한 사체의 특징 중 "손과 발의 손톱 발톱이 벌어지며"라는 내용이 있다.[16] 이는 유극장이 보고받은 검험 결과 중 세 번째 언급한 '열 손가락의 손톱이 부서진' 것과 같은 내용이다. 즉 유극장은 이를 근거로 뇌신이 익사한 것이 분명함을 알았고, 아마도 세 번째 결과 보고가 확실하다 여겼던 것 같다. 그리하여 그는 이 판례문의 가장 첫 구절에서 검험도 의심이 들면 여러 차례 검험을 통해 사인을 분명히 하여야 한다고 강조한 것이다.

결국 여러 차례 검험을 통해 뇌신의 분명한 사인을 확인하였고 이에 따라 재판을 진행하여 아들의 죽음으로 망소妄訴한 뇌진을 '장일백'에 처하고 '오백 리 떨어진 곳에 편관'하는 처벌을 내렸다. 아울러 뇌진을 꼬여 낸 여러 '매박인'들과 현리들을 처벌함과 동시에 검험 결과를 잘못 보고한 검험관들의 '실실失實'에 대해서도 죄를 물었다.[17]

위의 판례는 유극장이 치사사건의 수사에서 검험을 중시한 이유를 알 수 있게 해 준다. 타살인지 사고사인지 분명하게 판별하여 친족들의 소송에 정확한 판결을 제시하고 아울러 망소를 막는 데 큰 역할을 하였던 것이다.

남송 시기 판례를 보면 무고를 판별하는 데 검험이 어떠한 역할을 했

---

16 『洗冤集錄』 권3 「익사」, "手脚爪縫," 90쪽.

17 『淸明集』 부록3 「鉛山縣禁勘裴五四等爲賴信溺死事」, 630쪽.

는지 상세히 알 수 있다. 당시 개인적 원한관계나 혹은 사리를 추구하기 위해 남을 무고하는 일은 빈번히 있었던 것 같다. 특히 양절로兩浙路에 속한 무주婺州 동양현東陽縣(지금의 浙江省 金華市)의 풍속은 더욱 그러하여 지방관들이 주목했던 곳이다. 그런데 무고에서도 살인죄로 무고하는 일은 당시 지방관들에게 부담으로 다가왔을 것이다. 잘못하다간 무고한 생명을 앗을 수도 있기 때문이었다. 동양현東陽縣의 지현知縣 조趙씨의 판례는 그들의 이러한 고충을 잘 보여 준다.

◆　무주婺州 동양현東陽縣은 습속이 완고하고 어리석어 다투기를 좋아하여 소송을 일으키는데, 진실로 일상이 되었다. 그러나 만약 살인죄로 무고하는 일이 일어난다면 법률에 비추어 보더라도 이를 어찌 사사로운 일이라 하겠는가. 마을의 호민豪民이 자신의 위세를 세울 양으로 이익을 얻으려는 사람을 부추겨 돈을 주고 뇌물을 줘서 억울한 죄를 뒤집어써

◆　도 고소할 수 없는 지경에 이르도록 하는 일이 멈추지 않고 있다.[18]

　　조 지현은 소송을 빈번하게 일으키는 현지 풍속을 언급하며 살인죄의 무고는 매우 심각한 일임을 강조한다. 이러한 그의 걱정은 다음과 같은 사건을 수사하는 과정에서 나타난 것이다. 당시 동양현의 편벽한 마을에 살고 있는 장원광蔣元廣은 온갖 악행을 저지르는 사람이었다. 그는 사람을 시켜 허용許鏞을 살인죄로 무고하였다. 사건의 전말은 다음과 같다.

18　『淸明集』 권13 「資給人誣告」, 489쪽.

◆　허용許鏞은 가난한 선비이다. 곽추향郭秋香이라는 비녀가 있었는데 연못
에서 빨래를 하던 중 발을 헛디뎌 목숨을 구할 수 없었다. 그녀의 아버
지 곽태郭太는 옆에서 지켜보고 있었고 시신도 확인했으므로 처음에는
별다른 문제가 없었다. 그런데 이미 염을 하여 장례도 끝난 시점에서 장
원광이 아무 이유 없이 허의許義에게 돈을 주면서 일을 만들어 소송을
일으켜 허용이 [곽추향을] 괴롭혀 죽음으로 몰아넣었다고 무고하였다. 조
지현은 허용이 죄가 없음을 알아차리고, 무고의 죄로 처벌하고자 하여
제형사에게 보고해 명을 받아 지시하였다. … 지금 관할 주에서는 역시
다시 관원을 파견해 곽추향의 시신을 검시하였는데 조금의 상처도 발견
◆　되지 않았다.[19]

　　허용의 비녀 곽추향은 연못에서 빨래를 하다 발을 헛디뎌 익사한 것
이 분명한데 이를 두고 허용이 죽인 것이라 무고를 한 것이다. 지현인
조씨는 비녀의 아버지가 현장에서 시신을 확인했기에 분명 무고임을
알고 이를 제점형옥에게 보고하였다. 이에 동양현 관할 주인 무주에
서 관원을 파견해 곽추향의 시신을 검험하였고, 아무런 상처도 발견되
지 않음을 확인하였다. 이를 근거로 허의가 장원광의 지시를 받아 무고
한 것임이 드러났다. 장원광, 허의 등은 처벌을 받았다. 결국 무주 지주
가 장원광과 허의의 무고죄로 최종 처벌과 판결을 내리게 된 가장 핵심
근거는 곽추향의 사체에 아무 상처가 없다는 검험 결과였다. 아울러 이
판례는 무고 사건을 판결하기 위해서는 장례가 치러진 사체에 대해서

19　『淸明集』권13「資給人誣告」, 489쪽.

도 검시가 이루어졌음을 보여 준다.

　유사한 사례는 역시 무주婺州에서 일어난 다른 한 무고 사건에서도 보인다. 무주의 백성 여백칠厲百七은 사촌 형 여백일厲百一의 처 아심阿沈과 사통하고 있었는데 여백일은 이를 모르고 있었다. 이해 4월 29일 비가 많이 와서 여백일은 물레방아가 침수될 것을 걱정해 살펴보고 있는데, 어떤 사람이 여백일의 집 문이 열리는 소리가 들렸다고 알려 주었다. 여백일은 누군지 모르고 뒤쫓아 그를 잡으려고 하였다. 그 후 나흘이 지나 여백칠의 시체가 강에서 떠오른 것이다. 여백칠은 여백일에게 쫓겨 도망가다 죽은 것이다. 여백칠은 납관한 뒤 매장되었다. 아무일 없이 지나갔는데, 다음 해 5월 왕상王祥이 이를 파헤쳐 여백칠의 다른 친족들에게 지시하여 여백일을 살인죄로 무고하라고 시켰다.

◆ 　네 번이나 관원을 파견해 여백칠의 사체를 검시하였지만 머리부터 발끝까지 어떤 상처도 찾을 수가 없어 여백일의 원통함은 이미 명백
◆ 　하였다.[20]

　살인죄와 관련된 무고 여부를 판단하기 위해 이미 납관하여 매장을 마친 사체를 네 차례 관원을 파견하여 검시를 시행하였다는 것은 당시 법관들이 재판의 과정에서 객관적인 증거를 찾기 위해 검험의 과정에 얼마나 심혈을 기울였는지 우리에게 보여 준다.

　유사한 판례는 또 있다. 강겸형江謙亨은 향촌에서 말썽을 일으키는

20　『淸明集』권13「資給誣告人以殺人之罪」, 488쪽.

무뢰배였는데, 무고를 일으킨 당시에도 처주處州(兩浙路, 지금의 浙江省 麗水市)로 편관을 당해 형 집행 중에 있었다. 그는 동선童詵과의 사이에 약간의 불화가 생기자 골탕을 먹이려고 양십팔楊十八이 목을 매어 죽은 것을 양백구楊百九를 교사해서 동선이 양십팔을 끌어다 구타하여 연못에 빠져 죽게 했다고 무고하여 옥사를 크게 일으켰다.

- 다행히 관원을 파견해 초검과 복검을 실시하였고, 사건은 분명히 밝혀
- 졌다. [21]

자액의 경우와 구타당한 후의 익사는 분명 사체의 상흔이 다르게 남아 있었을 터이고, 초검과 복검을 실시한 결과 자액의 흔적이 분명하였으므로 판관은 이로써 강겸형의 무고를 확인할 수 있었을 것이다. 초검과 복검의 결과가 무고를 밝혀준 것이다.

다양한 판례를 통해 살펴본 결과 인명 사건의 판결은 검험을 통해 확정된 사망 원인이 그 주된 근거로 활용되었다. '체구'의 과정 및 관련자 진술을 중시한 유극장 역시도 객관적 요건에 합당한 '진술'이 확보되지 않았을 때 이를 '의옥'으로 분류하며 검험 등으로 객관적 근거가 확보된 사안에 대해서만 판결과 처벌을 진행하였다. 검험 결과가 판결로 직결되고 있기에 그 효력을 추정할 수 있다. 주목할 점은, 사인을 확정해 주는 검험 결과는 유족들의 망소妄訴와 무고誣告 여부를 판결하는 가장 핵심 근거로 작용했다. 무고가 자주 발생하는 무주婺州 동양현 같은 경우

21 『淸明集』 권13 「教令誣訴致死公事」, 490쪽.

는 더욱 그러했다. 재판관들은 무고를 밝히기 위해 이미 장례를 치른 사체의 검시도 불사했고, 네 차례에 걸쳐 관원을 파견하여 검험을 실시하는 번거로움도 마다하지 않았다. 이를 통해 보건대, 실제로 검험은 송대 살상殺傷과 치사致死 등 안건의 판결에서 그 실질적 효력을 발휘하고 있었다.

3 판결 과정에서의 검험의 한계

남송 초『절옥귀감』을 편찬한 정극은 지방관이 수사를 해야 할 때 고려할 수 있는 요소로 세 가지를 지적하고 있다. "무릇 옥사를 살필 때는 어떤 경우 기모氣貌로써 하고, 어떤 경우 정리情理로써 하고, 어떤 경우 사적事迹으로써 한다. 이 세 가지는 모두 그 원통함의 여부를 알 수 있게 한다"고 하였다.[22] 여기에서 '기모'란 피의자의 모양새, '정리'란 사건의 정황상의 이치를 뜻하는 것으로 보이며, '사적'은 곧 검험 결과였다. 정극은 '사적'을 설명하면서 앞에서 언급한 여량굉余良肱이 형남荊南의 사리참군司理參軍으로 있을 때 수사한 살인 사건을 예로 들었는데, 여량굉은 사체의 상처와 칼을 검험한 결과를 가지고 피의자의 거짓 자백을 의심했고, 결국 진범을 잡을 수 있었다. 이는 검험 결과로 수사를 진행한 것이며, 정극은 이를 '사적'으로 관찰한 경우라 하였다.[23] 그런데 주

---

22 『折獄龜鑑』권2「釋冤」, 78쪽.

23 검험 결과가 '증거'로서 가지는 중요성을 강조하는 대목은 鄭克이 歐陽曄의 판례를 소개하는 데에서도 보인다. 즉, "鞫獄之情, 昔人賴於證也,"『折獄龜鑑』권6「證慝」, 370쪽. 또 李南公의 판례를 소개할 때는 "鬪毆之訟, 以傷爲證"(『折獄龜鑑』권3「證慝」, 380쪽)이라 강조하

목할 것은 정극이 위 판례를 소개한 뒤 바로 다음과 같은 언급을 하고
있다는 것이다.

* 무릇 '사적'은 때로 우연히 들어맞을 수도 있어서 이것만을 오로지 사용
* 할 수는 없고 마땅히 '정리' 및 '기모'와 함께 살펴야 한다.[24]

   정극은 검험 결과로 대표되는 사적의 우연성을 걱정하였던 것이다.
그리하여 오로지 사적만을 근거로 사용할 수는 없으며 다른 요소들과
더불어 고려해야 한다는 것이다. 상술한 유극장 역시 검험과 취검의
중요성을 강조하면서도 체구의 단계를 중시하고 대벽 판결에서 '증인
의 입(證人之口)'의 중요성을 언급한 것 역시 같은 맥락이라 이해할 수 있
겠다.

   실제로 관련 판례들을 보면 검험 결과를 확인하여 명백히 사인이 밝
혀졌는데도 관련자들의 진술을 확보하는 경우가 적지 않았다. 아울러
판례문에도 검험 결과와 관련자 진술과의 부합 여부를 알려 주는 구문
을 명시하였다. 앞서 수사의 전형적인 순서를 확인할 수 있게 해 주었
던 옹보의 판례에서도 이 점을 볼 수 있는데, 즉 옹보는 초검과 복검의
결과를 확인하고도 최종적으로 관련자들의 진술과 조합하는 과정을 거
쳤다. 옹보는 격목을 확인하여 병으로 죽은 것임을 확인하였고 현위의
설명을 들었는데도 "모든 관련자가 제공한 진술을 가지고 거천우를 심

   기도 하였다.
24   『折獄龜鑑』 권2 「釋冤」, 78쪽.

문하여" 이로써 현위의 설명과의 부합 여부를 확인하였다.[25] 1차 수사관의 진술, 관련자들의 진술 및 피의자의 자백을 모두 확인한 후 판결을 내렸던 것이다. 앞서 유극장이 판결한 정칠오 사건에서도 정칠오의 검험 결과가 갈비뼈 상처임을 확인한 후에도 최종 판결 전 주초의 자백을 확인하고 처벌이 이루어졌던 것도 같은 맥락일 것이다.[26]

이와 같은 사례는 다른 판례를 통해서도 드러난다. 상술한 여백칠 사망 사건과 관련하여 유족들의 무고 소송이 제기되자 판관은 여백칠을 검시했고, 이후 아무런 외상의 흔적이 없음을 알고 여백일의 무죄를 증명하였다. 그 과정에서 재판관은 검험 결과가 확인된 후 "모든 관련자에 대해 담당 기관이 끝까지 심문하여 그 본말과 사정이 낱낱이 밝혀질 수 있었다"라는 서술을 덧붙이고 있다.[27] 즉 검험 결과가 도출된 후 관련자들의 진술을 확인하는 과정을 다시 거쳤던 것이다.

무엇보다도 검험의 결과는 도출되었지만 검험관들이 확정한 사인 자체에 의심이 가는 경우 최종 판결을 함에 있어 더욱 증인의 진술을 확보할 필요가 있었다. 남송대 '호적湖磧 나루터'에서 생긴 요십사饒十四 익사 사건은 이를 잘 말해 준다. 주인周寅은 명의를 빌려 '관전官錢'을 거두는 호적湖磧 나루터를 운영하였는데, 엄사嚴四가 대신 실질적으로 이를 운영했다. 요십사饒十四가 강을 건너고자 할 때 엄사는 돈을 요구했고 어차피 관으로 들어가야 할 돈이기에 면제해줄 수 없다고 하였다.

25 『淸明集』권13「叔誣告姪女身死不明」, 502쪽.

26 『淸明集』부록3「饒州州院推勘朱超等爲趲死程七五事」, 627쪽.

27 『淸明集』권13「資給誣告人以殺人之罪」, 488쪽.

엄사가 '십칠문十七文'을 받으려 하자 요십사는 '오문五文'만 준다고 하였고, 두 사람은 합의를 보았다.

♦ 마침 배가 이미 강둑을 떠나고 있는데 다시 싸움이 시작되었다. 요십사는 주먹을 먼저 휘둘렀다. 엄사가 뒤이어 이에 응하였는데 마침내 그 얼굴에 적중하였다. 검험관의 보고에 따르면 피해자의 얼굴에는 주먹 상흔이 있고 다른 것은 모두 괜찮았다. 요십사가 물에 빠진 것은 엄사로 기인한 것이라 할 수 있지만 그러나 엄사는 원래 죽이려는 의도는 없었다. …

지금 요십사는 물에 빠져 죽었다. 무릇 다른 사유가 어찌 없겠는가? 엄사가 전錢 5관貫을 얻은 것에 부쳐 척장脊杖 십이十二 대를 판결하고 본성에 자배刺配한다. 근래 어사대가 보낸 문서에 근거하여 법에 따라 판결의 초안을 정하면, 요십사의 얼굴에 주먹 흔적이 있고, 엄사는 그와 다투었으므로 이것이 본인의 주먹인지 아닌지 요경조는 불복하여 서명을 하지 않았다. 격목의 두 검험관이 정한 치사 원인이 맞는지 아닌지는 마땅히 원래 상황을 봐야 한다.

조사해 보니 요십사가 왔을 때 같이 온 사람들이 있었고, 엄사가 실은 이들 중에서 같이 승선한 자가 있어 여러 사람이 보았을 터이라 무리들의 증언은 믿을 만하다. 어찌 그 아버지가 망령되게 지적한 얼굴에 난 주먹 상처를 [증거로] 받아들일 수 있겠는가? 엄사는 관에 당도하여 이미 자백을 하고 있고 그 책임을 벗어날 수 없다. 그러나 익사에 대해서는 그가 예상한 일이 아니다. 엄사에 대해서는 판결대로 행하고 나머지 사람들

◆ 은 방면하기로 한다.[28]

   엄사와 요십사의 다툼에서 그들은 서로 때리고 맞았다. 판결의 핵심 내용은 요십사의 죽음이 엄사의 주먹 때문인지 아니면 싸우다 실수로 물에 빠져 익사한 것인지 판결하는 것이었겠다. 검험의 결과는 초검과 복검 두 검험관 모두 치사원인으로 주먹 흔적을 지적하였고 유가족 역시 이를 가지고 소송을 진행하였지만 판관은 여기에 의문을 제기하며 검험 결과가 "합당한지 여부는 마땅히 본래의 정황을 잘 살펴보아야 한다"고 강조했다. 검험 결과에 의문을 제기하는 것이다. 여기서 '원래 정황'을 살피는 방법으로 재판관은 아마도 당시 현장에 있었던 여러 사람들의 증언을 고려했다. 그는 "여러 사람이 보았을 터이라 무리들의 증언은 믿을 만하다"고 강조했다. 즉, 정황상 얼굴의 주먹이 죽음에 이른 사인일 가능성보다는 싸움으로 인해 물에 빠져 익사했을 가능성이 더욱 크기에 그는 여러 사람의 무리들의 증언을 근거로 익사임을 판결하려 한 것이다.

   격목은 치사 원인을 주먹으로 확정하였지만, 그것은 어디까지나 검험관의 소견이었고 이를 받아들일지 여부는 결국 판관의 몫이었다. 판관은 결정적 사인이 주먹이 아니라고 생각하였고, 현장에 있었던 사람들의 진술을 근거로 최종 판결을 내렸다. 이러한 점에서 정극이 '사적'은 우연히 맞아떨어질 수도 있으므로 '불가전용不可專用'이라고 하였던 것의 의미를 알 수 있으며, 역시 유극장이 증인의 진술의 중요성을 강

---

28   『淸明集』 권14 「嚴四爲爭渡錢溺死饒十四」, 556–557쪽.

조한 이유도 알 수 있겠다.

위의 판례는 송대 살상 사건의 재판에서 검험 결과가 가지는 한계가 검험 관원들이 확정한 사인에 대해 판관들이 의문이 생기는 경우로 나타날 수 있음을 시사해 준다. 즉, 여러 차례의 검험이 진행될 수 있지만 검험 관원의 사인 확정이 정확하지 않을 수 있을 가능성은 항상 존재했기 때문이다. 아울러 정확하지 않은 경우가 실수가 아니라 의도된 것이라면, 즉 검험관원이 뇌물을 받고 검험 결과를 조작한 경우라면 문제는 더욱 커지는데 이와 관련된 사안은 당시 현장에서 종종 일어났던 것으로 보인다.

앞서 살펴보았듯이 당시 관련 법률 규정을 보면, 검험 결과의 부정不定에 대해서 뿐만 아니라 확정된 검험 결과의 부당不當 또는 실당失當에 대해서 엄밀한 처벌 규정을 두고 있었고,[29] 아울러 검험 관원이 뇌물을 받았을 경우에 대한 처벌 규정도 상세하게 두고 있는 것으로 보아,[30] 실제 이런 사례들은 현장에서 흔히 있었던 것으로 보인다.

북송 진종眞宗 시기 안건으로 강남江南 제점형옥提點刑獄 왕장길王長吉이 보고한 사안인데, 남안군南安軍 상유현上猶縣(지금의 江西省 上猶縣)에 사는 승려들과 어부들이 실랑이가 벌어졌고, 끝내 어부들이 죽음에 이

29　『慶元條法事類』권75「驗屍」, "諸屍應驗(初覆同)而不驗, 或受差過兩時不發(遇夜不計, 下條准此), 或不親臨視, 或不定要害致死之因, 或定而不當(謂以非理死爲病死, 因頭傷爲脅傷之類), 各以違制論. 即憑驗狀致罪已出入者, 不在自首覺擧之例. 其事狀難明, 定而失當者, 杖一百, 吏人, 行人一等科罪," 798쪽.

30　『慶元條法事類』권75「驗屍」, "諸監臨主司, 受財枉法二十匹, 無祿者二十五匹, 絞. 若罪至流及不枉法贓五十匹, 配本城," 804쪽. 같은 규정은『洗冤集錄』권1「條令」에 수록. 또,『洗冤集錄』권1「條令」, "諸行人因驗屍受財, 依公人法," 3쪽.

르렀고 승려들은 어부들을 도적떼로 몰아 그들이 도적을 잡은 것이라 관에 무고한 것이다. "현위가 검시를 하였고, 뇌물을 받아 그 밧줄로 묶인 흔적을 숨겼다. 현령이 복검을 하였는데 노쇠하여 눈이 침침하고 또 아전들에게 속인 바 되었다."[31] 결국 진상이 드러나 진종은 상부祥符 9년 (1016) 조를 내려 현위를 척장脊杖한 후 유배 보내고 현령은 문학참군文學參軍으로 폄적시켰으며 나머지 광남廣南으로 유배 간 자가 15인이나 되었다.[32] 비슷한 시기 장식張式이 수주壽州 지주知州를 맡았을 때의 한 안건도 서리가 뇌물을 받아 검험 결과를 조작한 사례가 나온다.[33]

남송시기 살상 사건과 관련된 판례에서도 검험 관원들의 실수 혹은 의도된 조작 관련 사례는 많이 보인다. 상술한 유극장이 연산현鉛山縣 (지금의 江西省 上饒市)의 뇌신 익사사건에 대한 판결을 내릴 때 그가 '취검'의 중요성을 강조한 이유 역시 검험 관원들의 결과가 다를 경우 여러 사람의 의견을 들어 보아야 한다는 것이었다. 그는 뇌신을 익사로 확정하면서 다른 두 검험관의 잘못된 결과 보고에 대해 최종적으로 죄를 물었다. 그는 아들의 죽음을 가지고 거짓 고소를 하였던 아버지 뇌진을 처벌하면서 그를 도왔던 서리 및 지현들을 처벌함과 동시에 검험관에게도 죄를 물었다.

◆ 현문에 방을 붙여 서리를 잡아 요주饒州에 보내 조사받게 하고 지현과

---

31 『折獄龜鑑』 권3 「辨誣」, 138쪽.

32 『折獄龜鑑』 권3 「辨誣」, 138쪽.

33 『折獄龜鑑』 권6 「覈姦」, "人縊之, 與其自縊, 傷迹有異, 驗則知矣. 吏旣受賕, 以非爲是, 必於驗狀有可疑者," 322쪽.

◆ 검험관에게 실실失實의 죄를 묻는다.[34]

　　그는 "여러 검험격목을 보니 주먹 흔적과 마찰 흔적은 서로 달라 어찌 밀치고 때린 것을 꿰어 맞추어 마찰된 것이 주먹인 것임을 알겠는가"라고 언급하였고,[35] 이는 또한 익사라는 최종 결과와도 달라 실실失實로 죄를 물은 것이다.

　　실실失實 외에 뇌물을 받아 검험 결과를 조작하는 경우도 많았다. 역시 유극장의 판례로 강남동로江南東路 남강군南康軍 건창현建昌縣(지금의 江西省 撫州市)에서 일어난 사건은 비교적 전형적이다. 등불위는 도적을 당하였는데, 도적을 잡는 과정에서 도적 중 한 사람이었던 주사사周四四를 죽였고, 아울러 그 전에 집안의 노복인 진삼오陳三五를 죽인 바 있다.

◆ 이 옥사의 판결이 어려운 것은 진삼오와 주사사의 죽음이 분명하지 않은 것 때문이다. …

　　바야흐로 주사사에 대한 검시가 이루어졌을 때, 그 혈속은 무덤에 엎드려 검시를 지켜보았고 과연 억울함이 있었으니 무엇으로 그러한가. 후에 비록 상흔이 검시하여 나왔는데도 밖에서는 말하기를 모두 등씨 집안이 재산이 많아 초검, 취검 관리가 뇌물을 받았고, 지금 만약 일행 관리들을 잡아 추국한다고 해도 등씨가 도적질당한 분노는 없어지지 않으

34　『淸明集』 부록3 「鉛山縣禁勘裴五四等爲賴信溺死事」, 630쪽.

35　『淸明集』 부록3 「鉛山縣禁勘裴五四等爲賴信溺死事」, 630쪽.

며 오히려 노복의 죽음이 연루가 되어 관사는 도적을 조사하는 것 외에
다시 살인 사건의 옥사를 일으킬 것이니 가지가 많고 넝쿨이 얽혀 있으
니 어느 세월에 옥사가 끝날 것인가.

담당관원은 진삼오는 죽음의 길이 있었고, 주사사는 의심할 만한 억울
함이 없다 여기어 마땅히 이 두 구절로 두 시체의 죽음에 이른 이유를 은
폐하고 사면의 글에는 오천을 등이 강도하고 등불위가 사람을 죽인 죄
를 포함하였다. [판결은] 주사일이 검시 절차를 밟았다고 주사사의 죽음
은 원통함이 없다고 하였고, 옥안獄案으로써 진삼오는 이유가 있어 죽게
되었다고 정하여 이 옥사는 판결이 날 수 있었다.[36]

등불위는 도적 중 한 사람인 주사사를 묶어 죽였고 이에 수사 과정에
서 주사사의 검시가 이루어졌다. 그런데 두 가지 주목할 부분이 있다.
먼저 주사사의 검시가 이루어졌지만 등불위가 뇌물을 써서 초검관과
취검관을 매수했다는 것이고, 아울러 판결에서 친족인 주사일이 옆에
서 지켜보는 가운데 검험이 이루어졌기에 그 죽음에 '원통함이 없다'로
판결을 내린 것이다. 검험관원은 뇌물을 받아 피의자에게 유리한 결과
를 보고하였을 것이고, 판관은 검험 절차를 거쳤기에 그 결과대로 판결
을 내린 것이다. 당시 사법 현장에서 검험 관원의 결과 조작은 판결에
직접적 영향을 미칠 수밖에 없었던 것이다. "주사사의 검험은 이루어졌
고 주사사의 죽음에 원통함이 없다"고 확정되었기에 등불위는 사면을
받아 처벌받지 않을 수 있었던 것이다.

---

36 『淸明集』부록3「建昌縣鄧不僞訴吳千二等行刼及阿高訴夫陳三五身死事」, 628쪽.

다행히 이 판결에 대해 전운사는 의심을 품었고 이 옥사를 돌려보내 다시 판결하게 하였다. 채대경蔡大卿, 조제치趙制置, 그리고 당직當職(제점형옥 유극장)이 다시 판결을 올렸다.

* 등불위 집안은 도적을 당하였는데 관청이 있는데도 잡은 도적을 때리고 죽인 것이다. 또 한 노복의 죽음은 명확하지 않으며, 검험관리들에게 뇌물을 주었다. 죄는 비록 사면을 받았지만 멀리 이사를 보내어 도적을 당한 주인으로 하여금 잠시 인근 주에 편관 보내어 망자에게 조금이라도 사죄하게 한다. 이 사건에서 오직 복검관만이 주사사를 액사라 하였는데 겨우 사실과 맞았다. 취검관 남궁정일南宮靖一은 이미 숙청하여 추포를 받았고, 초검관은 현위에게 먼저 검험이 실실失實이라 말하여 비록 죄를 벗어나긴 했지만 본군에서 처벌한다. 청리廳吏, 승리丞吏 등을 잡아 심문하고 보고받은 내용을 취한다. 곧 성부省部에 먼저 보고하고 어사대
* 에 보고한 후 전운사에 보고하라.37

결국 등불위는 사면령을 받아 원죄를 사면받았지만 판관은 그의 죄를 조목조목 따졌다. 첫째, 도적(주사사)을 죽음에 이르게 한 죄, 둘째, 한 노복(진삼오)을 죽인 죄, 셋째, 검험관원에게 뇌물을 준 죄를 판결문에 명시하였고, 편관 조치를 하여 망자에 대해 사죄하게 하였다. 아울러 세 차례 검험 중 복검관만이 액사라 사실과 부합하는 결과를 보고했고, 초검관과 취검관은 실실失實하였음을 확인하여 처벌하였음을 밝히

37　『清明集』부록3「建昌縣鄧不僞訴吳千二等行兇及阿高訴夫陳三五身死事」, 628쪽.

고 있다.

검험 과정에서 피의자들이 검험 관원들에게 뇌물을 주었던 일은 종종 있었던 것으로 보이며 군현軍縣(또는 주현州縣) 단위에서는 잘못된 검험 결과로 판결이 내려지기도 했던 것이다. 다행히 위의 판례는 전운사가 다시 수사하라는 명령을 내렸기에 검험 과정에서의 부정이 밝혀졌고 이에 따라 검험관원들이 처벌을 받기도 하였다.

검험 관원들의 실수와 부정은 분명 재판관들이 검험 결과를 오로지 믿을 수 없는 이유가 되었을 것이고 그리하여 검험 결과 외의 다른 요소들, 예를 들면 관련자들의 진술 등에 더욱 의존하게 했을 것이다. 아울러 위 사례들은 남송 말까지 입법자들이 그렇게도 검험 관원의 부정 행위에 대해 고심하며 여러 규정을 제정하였던 이유가 무엇이었는지 알 수 있게 해 준다.[38]

4 맺음말

송대 사건의 추국 단계에서 이루어지는 심문과 수사의 과정에서 나온 검험의 결과는 재판에 결정적인 역할을 하였다. 양송兩宋 시기의 여러 판례들을 살펴본 결과 검험결과는 재판의 근거로서 어느 정도 효력을

---

[38] 嘉定 16년(1223)에는 신료들의 건의에 따라 논의 끝에 검험하여 결과가 不實 혹은 失當일 경우 '자수하여 용서를 구하면 면죄한다(覺擧原免)'는 규정을 적용하지 않는다고 공포하였다. 이 논의는 가정 14년(1221)부터 시작된 것이었다(『宋會要輯稿』「刑法」, 131쪽). 『洗冤集錄』 권1 「條令」, "嘉定十六年二月十八日, 敕: 今看詳, 命官檢驗不實或失當, 不許用覺擧原免," 6쪽. 이와 관련하여 이 책의 앞 부분 '송대 검험 관련 지식의 정리와 체계화'의 I. 2.의 관련 내용 참조.

발휘하였다. 아울러 최종 사인死因을 확정한 검험 결과는 유족들의 망소妄訴와 무고誣告 여부를 판결하는 중요한 근거로도 작용했다. 무엇보다도 "지역 풍속이 완고하여 사람들이 무고를 자주 일으켰다"고 언급되기도 하는 강남동로江南東路 무주婺州 등지의 법관들은 특히나 검험 결과를 유용하게 사용했던 것으로 보인다. 인명 사건과 관련하여 판례문안에 직접 검험이 언급된 판례 중 대부분의 것이 무고 사건 판결과 관계되었다는 사실은 당시 검험 결과가 무고 사건 판별에 그만큼 유용하게 쓰였다는 것을 증명해 준다. 그야말로 당시 지방관들이 목적한 '세원洗冤'의 주된 역할을 하였던 셈이다.

그러나 인명 사건 수사 과정에서 검험 결과가 최종 판결에 영향을 미칠 때는 대체로 관련자들의 진술과 함께 어우러져 판결을 도출하는 데 활용되었음을 확인할 수 있다. 당시 지방관들, 예를 들면 정극이나 유극장 등의 언설에서 우리는 여전히 검험 결과 자체만으로는 한계가 있다는 인식을 볼 수 있으며, 당시 재판관들은 검험 결과가 나오더라도 수사의 과정에서 반드시 관련자들의 진술을 확보하는 작업을 소홀히 하지 않았고 그 중요성을 강조했다. 이는 적지 않은 판례문에서 검험 결과와 관련자 진술의 부합여부를 알려 주는 문구를 명시한 것을 통해서도 잘 드러난다. 무엇보다도 검험 결과에 의문이 가거나 검험 결과가 조작된 것일 경우 문제는 더욱 심각했다. 실제 잘못된 또는 조작된 검험 결과에 의해 부적당한 판결이 나올 수 있었기에 당시 법관들은 검험 관원 또는 서리들의 부정행위를 단속했다. 이런 판례를 통해 당시 입법관들이 왜 그리도 검험 관원을 단속하고, 그들의 부정행위를 염려하며 처벌 규정을 상세하게 제정하였는지 역으로 이해할 수 있다.

북송 중기부터 제정되기 시작한 검험 관련 법률 규정은 송대 검험 제도의 정비와 효율적 운영에 대한 모색을 보여 준다. 남송 후기 『세원집록』의 출현은 검험을 시행해야 하는 지방관들이 참고할 수 있는 다양한 검험 관련 지식의 축적을 보여 준다. 북송 중·후기부터 남송 대에 이르기까지 이렇게 정비되는 검험 제도의 시행과 검험 관련 지식의 축적 속에 검험 관원이 직접 실시한 검험 결과는 실제 재판에서 매우 유용하게 활용되고 또 실질적으로 효력을 발휘했던 것으로 보인다. 당시의 다양한 기록과 판례를 살펴본 결과 인명 사건이 발생한 실제 사법 현장에서 검험은 필수적인 절차로 인식되고 있었고 또 검험 결과가 재판에 상당한 영향을 미치고 있었음을 알 수 있었다. 아울러 이러한 사례들 속에서 정확한 판결과 무고한 이들의 세원洗冤을 위해 검험을 실천하고 활용하고자 했던 지방관들의 모습도 확인된다.

무엇보다도, 송대 검험이 언급된 인명 사건 판례 중 유극장의 판례가 적지 않았음을 확인할 수 있었다. 유극장은 『세원집록』의 저자인 송자와도 친분 관계가 있으며 이 친분 관계는 유극장이 송자의 고향인 건양현建陽縣(지금의 福建省 南平) 지현을 역임했을 때 시작된 것이다.[39] 당시의 친분으로 유극장은 송자가 죽었을 때 그의 묘지명을 써 주기도 했다.[40] 『청명집』에 여러 판례를 남긴 법관들은 실제로 서로 매우 친한 교우관

---

39 程章燦, 『劉克莊年譜』, 貴州人民出版社, 92쪽, 105쪽.

40 劉克莊, 『後村先生大全集』 권159 「宋經略墓誌銘」, 四部叢刊本.

계를 유지하고 있었는데, 진덕수眞德秀와 사생관계를 맺은 이들을 중심으로 관계망이 형성되고 있으며, 유극장과 송자도 각각 진덕수와 사생관계에 있었다. 유극장은 호남湖南의 호영胡穎, 강서江西의 오혁吳革, 복건福建의 방대종方大琮과 교유했고, 송자는 역시 호남의 호영 그리고 섭재葉宰 등과 교유했다.[41] 이들 지방관들은 분명 각 지역에서의 사법 경험을 공유하며 나름의 사법 문화를 구성했을 것이다. 그들은 분명 무고 판결로 골치를 썩었던 경험을 공유하였을 것이고, 명판결을 내리는 묘안에 대해서도 함께 고민했을 것이다. 이 과정에서 송자는 검험 지식을 체계적으로 정리한 『세원집록』을 편찬하였을 것이고, 실제로 무고 사건을 많이 접하였던 유극장의 판결에서 그 지식들은 유용하게 활용되었을 것이며, 실제로 검험 결과는 여러 지방관의 정확한 판결의 근거로 활용되었던 것이다. 인명 사건의 수사 과정에서 검험의 중요성이 강조되고 또 최종 판결에 근거로 유용하게 활용된 점 등을 통해서 우리는 당시 남쪽 지방관들 사이에서 공유되었던 검험의 중요성에 대한 인식을 엿볼 수 있다. 이를 통해 우리는 송대 지방관들이 구성한 당시 사법 실천 속의 검험 문화의 발전을 관찰할 수 있다.

---

41 柳立言은 『淸明集』에 판례를 남긴 지방관들 간의 교유 관계를 언급한 바 있다. 柳立言, 「〈明公書判淸明集〉的無名書判−研究方法的探討」, 『中國古代法律文獻研究』 5, 2011, 125−126쪽.

마치며

송대 검험의 시행과정에서 검험에 대한 최종 책임을 주현州縣 관원에게 일임하는 진종眞宗 '함평咸平 3년(1000)의 조詔'는 상당한 의미를 가진다. 인명 사건의 재판에서 검험 결과를 중시하는 송 조정의 의도가 드러난 이 조칙이 반포되자 주현 단위의 지방관들은 이전에 항인行人이나 오작作作 등의 하층 전문인이 행했던 검험을 직접 시행하고 그 결과를 상급 기관에 보고해야 했다. 이 조치는 중앙 조정이 사법 실천 과정에서 검험의 절차를 더욱 중시하여 검험 절차의 운영에 관해 조정이 더욱 적극적으로 통제하겠다는 뜻으로 읽을 수 있다. 아울러 이러한 달라진 환경에 대해 각지의 지방관들은 제대로 된 검험의 시행을 위해 다양한 측면에서 대응하고 나름의 노력을 보이는데 그 결과 송대 사법 실천 속의 검험 문화는 정착될 수 있었다. 이런 측면에서 볼 때 전통시대 중국의 검험 문화의 발전 과정에서 송대가 가지는 의미는 상당히 크다.

검험 제도의 운영 과정에서 드러나는 여러 가지 문제점, 특히 파견 검험 관원들이 친히 검험을 하려 들지 않는 것과 검험을 지체하거나 꺼려 하여 제대로 된 결과를 도출하지 못하는 여러 가지 문제점을 보완하기 위해 각지의 지방관들은 끊임없는 상소를 올렸고, 그 결과 검험의 전 절차를 한눈에 볼 수 있는 문서인 격목을 만들어 검험에 관한 최종 관할을 주의 상급인 제점형옥사에게 일임하게 하였다. 아울러 다양한 '험장'류 문서들을 정비하여 검험 결과의 내용과 보고가 더욱 정확하고 투명하게 진행되도록 노력하였다. 결국, 주현 기관이 '험장'류 문서를 통해 검험의 실무를 담당하여 결과 보고를 관리하고, 제점형옥사가 격목을 통해 결과 보고를 포함한 검험의 전 절차를 통괄하는 것이 제도적으로 확립되었다는 점에서 송대는 검험 제도의 발전에 매우 중요한 시기였다.

또 '친히' 검험을 해야 하는 지방관들을 위한 검험 관련 지식의 정리와 체계화가 이루어졌는데, 남송 말 편찬된 송자의 『세원집록』은 그 정수를 보여 준다. 송자는 『세원집록』을 통해 각지의 검험 관원이 사법 현장에서 요구되는 또는 맞닥뜨리게 되는 사안을 중심으로 검험 관련 법률 규정과 구체적 검험지식 및 구급 의학 지식을 정리하고 체계화하였다. 이는 검험 절차의 제대로 된 운영과 더불어 전문적 검험지식을 바탕으로 한 검험관의 정확한 결과 도출 및 구급 처치를 통해 의난疑難 안건의 해결을 도모하는 당시 지방 관원의 고민과 노력의 결과였다. 무엇보다도 『세원집록』에 반영된 검험 관련 지식은 이후 원·명·청 시기까지 전승되고 더 나아가 동아시아 각지에 전파된다. 송대 집적된 검험 지식이 이후 동아시아 전통 검험지식의 원류를 형성하였다는 점에서 동아시아 검험 문화의 발전 과정에서 송대가 가지는 의미를 되새겨 볼 수 있다.

송대 여러 인명 사건의 처리 및 판결과 관련된 일화와 판례들을 살펴본 결과 당시의 법률 규정이나 조칙 등에서 확인되는 검험의 절차 및 검험에 필요한 검험 관련 지식은 실제 현장에서 구체적으로 실천·활용되고 있었고, 또 최종 판결에도 상당한 영향을 미쳤던 것으로 보인다. 즉, 인명 사건의 처리과정에서 검험은 필수적인 절차로 인식되고 있었고, 특히 삼검三檢 및 사검四檢을 뜻하는 취검聚檢의 사례가 적지 않게 등장하며, 검험 결과가 정확한 판결과 무고한 이들의 세원洗冤을 위해 재판 근거로서 적극적으로 활용되었음을 알 수 있다.

송대 인명사건의 해결과정에서 검험을 중시하고 검험의 업무를 주현 관원과 노의 제점형옥에게 일임·감독하게 하는 일련의 조치는, 또 검험 관련 법률의 지속적 제정과 제도적 운영의 정비는 당 이전 시기와는 다른 송대 황제권의 강화나 사법 영역에서의 중앙의 개입의 정도가 강화된 상황과 무관하지 않을 것이다. 아울러 과거제를 기반으로 성립한 사대부 사회의 성립과 그들의 지방관으로서의 치민治民 의식 등이 어우러져 검험 관련 지식의 축적과 각지의 사법 영역에서의 실천 등이 이루어졌다. 송대 검험 문화의 발전은 이러한 황제권의 강화와 사대부 사회의 성립이라는 송대 전반적인 특징 속에 이루어진 결과물일 것이다.

무엇보다도, 사대부로서 송대 지방관들은 검험 관련 법률의 제정이나 제도적 운영의 정비에서 여러 건의와 시도를 통해 입법을 끌어내었으며, 또 검험 지식의 수집과 체계화에서도 심혈을 기울였고, 이와 더불어 실제 인명 사건 수사와 재판을 하는 과정에서 검험을 필수적으로 시행하고 검험 결과를 적극 활용했다는 점에서 송대 검험 문화의 정착에 그들의 역할을 과소평가할 수 없다. 그들의 노력이 제도의 정비와 지식의 축적 등 다양한 측면에서 이루어졌고 아울러 실제 사법 현장에서 검험을 시행하고 검험결과를 재판 근거로 적극 활용하였기에 송대 검험 문화는 제도의 정비와 지식의 축적, 더 나아가 현장에서의 실제적 의의를 가지게 되었던 것이다.

송대 사대부 사회에 대한 연구에서 논쟁이 되었던 주제 중의 하나는 남송 엘리트들(士人)의 '지역화' 문제이다. 북송과 달리 남송으로 갈수록 사대부들의 '지역 엘리트적' 성격이 강해진다고 하는 학계의 논의에 따르면, 남송 엘리트들은 국가에 대한 관심, 즉 중앙 조정으로 진출하여 영향력을 행사하는 것보다 지역 사회에서의 그들(또는 집안)의 역향력을 제고하는 데에 더욱 관심을 가졌다는 것이다.[1] 물론 이러한 논의에 대해 사인들의 지역성이 강해졌다는 것을 남송시기 전체 사인들의 보편적 경향으로 보기 어렵다는 문제가 제기되기도 하였다.[2]

그렇다면 송대 검험 문화의 정착과 관련한 지방관들의 활약에서 드러난 그들의 형상은 어떠한가? 중앙에서 파견된 관료로서 조정의 통치 시스템의 정비와 운영에 적극적으로 참여하며 끊임없는 상소를 통해 현장(지역)의 문제점을 알리고 제도적 보완을 유도해 문제해결을 적극

---

1   남송 시기 사대부들의 '지방화' 경향에 대해서는 다음 논문을 참조. Hartwell, Robert M., "Demographic, Political, and Social Transformation of China, 750-1550," *Harvard Journal of Asiatic Studies*, 42. 2, 1982, pp.365-442; Hymes, Robert P., *Statesmen and Gentlemen: The Elite of Fu-chou, Chiang-hsi, in Northern and Southern Sung*, Cambridge University Press, 1986. 이러한 경향과 맞물려 피터 볼 등은 그들의 학술 경향도 북송대 개혁과 정치 참여 중심에서 남송 시기 '자기 수양'적 도학에 집중될 수밖에 없었다는 설명을 하고 있다. 피터 볼 지음, 심의용 옮김, 『중국 지식인들과 정체성』, 북스토리, 2008, 755-782쪽.

2   이근명, 「南宋時代 社倉制의 實施와 그 性格: 福建地方을 中心으로」, 『歷史教育』 60, 1996, 186쪽; 이근명, 「南宋時代 荒政의 운용과 지역사회 -淳熙 7년(1180) 南康軍의 기근을 중심으로-」, 『역사학연구』 23, 2004, 94-99쪽; 包偉民, 「精英們 "地方化" 了嗎? - 試論韓明士 『政治家與紳士』與"地方史"研究方法」; 鄧小南・榮新江 主編 『唐研究』 11, 북경대학, 2005, 653-672쪽.

적으로 도모하는 모습이다. 아울러 같은 맥락에서 관련 지식을 정리하고 체계화하며 편찬 활동을 통해 그들의 주체성을 보여 주기도 하였고, 또 실제 판결에 적용하면서 그들 나름의 사법 문화를 만들어 내기도 하였다. 이렇듯 검험 문화의 정착 과정에서 우리는 남송 시기 사대부들이 분명 황제의 임명을 받은 관료로서 조정과의 끊임없는 연계를 하면서도, 동시에 지역의 현장에서 역시 지방관으로서 그들 나름의 치민治民의 묘책을 모색하여 백성들의 생활에 영향을 미치고자 하는 주체적인 모습이 찾아진다.

송대 이전시기부터 사법의 실천에서 검험은 이루어졌지만 전체 중국의 사법의 역사상 검험 문화의 정착 과정에서 송대는 분명 획기의 시대임이 틀림없다. 송대에 이르러 검험의 업무가 주현 관원의 업무로 정식 법률로 규정되고 또 이에 따라 문서행정을 통한 검험 제도의 합리적 운영이 실현되어 노의 제점형옥사가 통괄하는 업무가 되어 검험 제도는 중앙의 사법 제도권 안에서 이루어지게 된다. 또한 검험 지식이 정리·체계화되어 그 이후 동아시아 전통 검험 지식의 뼈대를 이루게 된다. 이러한 제도의 완비 및 지식의 체계화와 더불어 실제 사법 현장에서도 검험의 효력이 더욱 적극적으로 발휘되어 백성들의 실제 생활에 영향을 미쳤다. 이러한 변화를 불러온 데에는 각지의 지방관의 역할이 매우 컸다. 이렇게 볼 때 중국 역사상 사법 실천 속의 검험 문화의 정착과 성숙에 있어서 송대가 가지는 의미는 매우 크며, 그 과정에서 지방관들의 활약이 돋보이는 것을 부인할 수 없다.

참고문헌

사료

具宅奎 增修, 具允明 重訂, 『增修無冤錄』, 嶺營新刊, 1797.

김택민·임대희 주편, 『譯註唐律疏議』, 한국법제연구원, 1994, 1997, 1998.

樓鑰, 『攻媿集』, 文淵閣四庫全書影印本.

竇儀 等 撰, 吳翊如 点校, 『宋刑統』, 中華書局, 1984.

律例館 輯, 『律例館校正洗冤錄』, 『續修四庫全書』 972, 上海古籍出版社, 1997.

馬端臨, 『文獻通考』, 新興書局, 1950.

潘月山, 『未信編』, 官箴書集成編纂委員會 編 『官箴書集成』 제3책, 黃山書社, 1997.

謝深甫 撰, 戴建國 点校, 『慶元條法事類』, 黑龍江人民出版社, 2002.

徐松 輯, 馬泓波 点校, 『宋會要輯稿·刑法』, 河南大學出版社, 2011.

孫思邈, 『備急千金要方』, 中國醫藥科技出版社, 2011.

宋慈 著, 楊奉琨 譯, 『洗冤錄校譯』, 群衆出版社, 1980.

宋慈 著, 高隨捷, 祝林森 譯注, 『洗冤集錄譯註』, 上海古籍出版社, 2008.

송철의 등 역주, 『譯註增修無冤錄諺解』, 서울대학교출판문화원, 2011.

王燾, 『外臺秘要』, 人民衛生出版社, 1996.

王明德 著, 何勤華 等 點校, 『讀律佩觿』, 法律出版社, 2001.

왕여 저, 河合尙久 역, 『無冤錄述』, 浪花書林, 1799.

王與 著, 楊奉琨 校註, 『無冤錄校注』, 上海科學技術出版社, 1987.

왕여 저, 최치운 등 주석, 김호 옮김, 『신주무원록』, 사계절, 2012.

王應麟, 『玉海』, 江蘇古籍出版社, 上海書店 影印本, 1987.

王懷隱 等 編, 『太平聖惠方』, 人民衛生出版社, 1982.

劉克莊, 『後村先生大全集』, 四部叢刊本.

李燾 撰, 『續資治通鑑長編』, 中華書局, 2004.

長孫無忌 等 撰, 劉俊文 点校, 『唐律疏議』, 中華書局, 1983.

鄭克 編撰, 劉俊文 譯注点校, 『折獄龜鑑譯注』, 上海古籍出版社, 1988.

鄭克 編撰, 김지수 옮김, 『판례평석으로 보는 전통법문화: 折獄龜鑑』, 전남대학교출판부, 2012.

鄭興裔, 『鄭忠肅奏議遺集』, 文淵閣四庫全書影印本.

晁補之, 『鷄肋集』, 文淵閣四庫全書影印本.

中國社會科學院歷史研究所, 宋遼金元史研究室 点校, 『名公書判淸明集』, 中華書局, 2002.

陳高華, 張帆 等 點校, 『元典章』, 中華書局, 天津古籍出版社, 2012.

脫脫, 『宋史』, 中華書局, 2004.

太平惠民和劑局, 『太平惠民和劑局方』, 人民衛生出版社, 2007.

洪邁, 『夷堅志』, 中華書局, 2006.

洪遵 著, 李士懋, 花金芳 點校, 『洪氏集驗方』, 人民衛生出版社, 1986.

Sung Tz'u, Brian E. McKnight, *The Washing Away of Wrongs: Forensic Medicine in Thirteenth-Century China*, The University of Michigan, 1981.

단행본

김택민, 『중국고대 형법 : 당제국의 형법 총칙』, 아카넷, 2002.

정재영, 『정조시대의 한글문헌』, 문헌과해석사, 2000.

존 샤피 저, 양종국 옮김, 『배움의 가시밭길: 송대 중국인의 과거생활』, 신서원, 2001.

피터 볼 지음, 심의용 옮김, 『중국 지식인들과 정체성』, 북스토리, 2008.

賈靜濤, 『中國古代法醫學史』, 北京群衆出版社, 1984.

戴建國, 『宋代法制初探』, 黑龍江人民出版社, 2000.

戴建國, 『宋代刑法史研究』, 上海人民出版社, 2008.

鄧小南 等 主編, 『文書·政令·信息溝通 — 以唐宋時期爲主』, 北京大學出版社, 2012.

范家偉, 『北宋校正醫書局新探: 以國家與醫學爲中心』, 中華書局, 2014.

范家偉, 『大醫精誠—唐代國家·信仰與醫學』, 東大圖書公司, 2007.

范家偉, 『六朝隋唐醫學之傳承與整合』, 香港中文大學出版社, 2004.

薛芳芸, 『宋代文士通醫現象研究』, 山西人民出版社, 2012.

梁其婆, 『面對疾病: 傳統中國社會的醫療觀念與組織』, 中國人民大學出版社, 2011.

閣曉君, 『出土文獻與古代司法檢驗史研究』, 文物出版社, 2005.

王雲海, 『宋代司法制度』, 河南大學出版社, 1992.

王曉龍, 『宋代提點刑獄司制度研究』, 人民出版社, 2008.

程章燦, 『劉克莊年譜』, 貴州人民出版社, 1993.

朱瑞熙, 『宋代政治制度通史·宋代卷』, 人民出版社, 1996.

陳振, 『宋史』, 上海人民出版社, 2003.

陳元朋, 『兩宋的"尙醫士人"與"儒醫" — 兼論其在金元的流變』, 國立臺灣大學出版委員會, 1997.

丹波元胤, 『宋以前醫籍考』, 人民衛生出版社, 1958.

梅原郁, 『宋代司法制度研究』, 創文社, 2006.

小関恒雄, 『明治法醫學編年資料斷章』, 玄同社, 1995.

辻正博, 『唐宋時代刑罰制度の研究』, 京都大學學術出版會, 2010.

Asaf Goldschmidt, *The Evolution of Chinese Medicine: Song Dynasty, 960-1200*, London; New York: Routledge, 2009.

TJ Hinrichs and Linda L. Barnes, *Chinese Medicine and Healing — An Illustrated History*, The Belknap Press of Harvard University Press, 2013.

논문

김호, 「『신주무원록』과 조선전기의 검시」, 『법사학연구』 27, 2003.

심재우, 「조선후기 인명 사건의 처리와 '檢案'」, 『역사와 현실』 23, 1997.

이근명, 「南宋時代 社倉制의 實施와 그 性格: 福建地方을 中心으로」, 『歷史敎育』 60, 1996.

이근명, 「南宋時代 荒政의 운용과 지역사회 — 淳熙 7년(1180) 南康軍의 기근을 중심으로」, 『역사학연구』 23, 2004.

이영택, 「近世朝鮮의 法醫學的 裁判과 無寃錄에 關한 研究」, 『서울대학교논문집』

vo1. 4, 1956.

정재영,「법의학서,『증수무원록대전』과『증수무원록언해』」,『정조시대의 한글문헌』, 문헌과해석사, 2000.

최해별,「송대 검험제도의 운영 ―「檢驗格目」을 중심으로」,『역사학보』220, 2013.

최해별,「송대 검험 제도에서의 결과 보고: "驗狀"類 문서를 중심으로」,『이화사학연구』47, 2013.

최해별,「宋·元 시기 '檢驗지식'의 형성과 발전 ―『洗冤集錄』과『無冤錄』을 중심으로」,『중국학보』69, 2014.

최해별,「남송 시기 지방관이 알아야 할 '검험' 관련 법률 ―『세원집록』「조령」을 중심으로」,『동양사학연구』129, 2014.

최해별,「동아시아 전통 '검험' 지식의 계보: 검험 서적의 편찬·전파·변용을 중심으로」,『이화사학연구』50, 2015.

최해별,「남송 시기 '檢驗' 관원이 알아야 할 구급의학 처방 ―『세원집록』「救死方」을 중심으로」,『동양사학연구』134, 2016.

최해별,「宋代 살상 사건 판례를 통해 본 '檢驗'의 실제」,『역사문화연구』58, 2016.

최해별,「宋代 사대부의 의학지식 입수와 교류: 洪遵의《洪氏集驗方》을 중심으로」,『역사학보』230, 2016.

최해별,「13-18세기 동아시아 '檢驗(검시)' 지식의 전승과 변용 ― 死因분류 체계와 死因규명에 관한 지식을 중심으로」,『역사문화연구』61, 2017.

한상권,「조선시대 법전 편찬의 흐름과 각종 법률서의 성격」,『역사와 현실』13, 1994.

岡野誠 著, 周建雄 中譯,「北宋區希范叛亂事件和人體解剖圖的産生」,『法律文化研究』3, 人民大學出版社, 2007.

郭東旭·黃道誠,「宋代檢驗制度探微」,『河北法學』2008-7.

馬泓波,「宋代司法檢驗中存在的問題及其原因分析」,『西北大學學報』2008-4.

苗書梅,「宋代州級公吏制度研究」,『河南大學學報』2004-6.

柏淸韻(Bettine Birge),「遼金元法律及其對中國法律傳統的影響」,『中國史新論―法律史分冊』, 聯經出版事業股份有限公司, 1997.

謝波,「宋代法律形式"申明"考析」,『史學月刊』2010-7.

楊奉琨,「元代大法醫學家王與生平著述考略」,『浙江學刊』1985-2.

余德芹,「元朝法醫檢驗制度初探」,『貴陽中醫學院學報』, 2009-1.

余德芹, 吳志剛, 「略述王與的《無冤錄》」, 『貴州民族學院學報』 2009-3.

易素梅, 「宋代的士人與醫方」, 『人文雜志』 2016-11.

閻瑞雪, 「宋代醫學知識的擴散」, 『自然科學史研究』 28-4, 2009.

柳立言, 「青天窗外無青天: 胡穎與宋季司法」, 柳立言 主編, 『中國史新論―法律史分冊』, 聯經出版社, 2008.

柳立言, 「《明公書判清明集》的無名書判―研究方法的探討」, 『中國古代法律文獻研究』 5, 2011.

柳立言, 「南宋的民事裁判: 同案同判還是異判?」, 『中國社會科學』 85, 2012.

柳立言, 「「天理」在南宋審判中的作用」, 『中央研究院歷史語言研究所集刊』 84-2, 2013.

王曉龍, 「宋代提點刑獄司制度研究」, 河北大學博士學位論文, 2006.

王曉龍, 「從提點刑獄司制度看宋代"路"之性質」, 『中國歷史地理論叢』 2008-7.

李昌憲, 「宋朝路制研究」, 『國學研究』 9, 北京大學出版社, 2002.

熊思量, 「宋慈與『洗冤集錄』之研究」, 福建師範大學碩士學位論文, 2007.

張哲嘉, 「"中國傳統法醫學"的知識性格與操作脈絡」, 『中央研究院近代史研究所集刊』 44, 2004.

諸葛計, 「宋慈及其洗冤集錄」, 『歷史研究』 1979-4.

陳智超, 「宋史研究的珍貴史料 ― 明刻本『名公書判清明集』介紹」, 『名公書判清明集』附錄七, 中華書局, 2002.

祝平一, 「宋明之際的醫史與"儒醫"」, 『中央研究院歷史語言研究所集刊』 77-3, 2006.

包偉民, 「精英們"地方化"了嗎? ― 試論韓明士『政治家與紳士』與"地方史"研究方法」, 鄧小南·榮新江 主編, 『唐研究』 11, 北京大學出版社, 2005.

大澤正昭, 「胡石璧の「人情」―『名公書判清明集』定性分析の試み」, 大島立子 編, 『宋―淸代の法と地域社會』, 東洋文庫, 2006.

渡邊久, 「北宋提點刑獄の一考察」, 『龍谷史壇』 123, 2005.

石川重雄, 「南宋期における裁判と檢死制度の整備 ―「檢驗(驗屍)格目」の施行を中心に―」, 『立正大学東洋史論集』 3, 1990.

小林隆道, 「宋代の広域区画(路)について」, 『史滴』 25, 2003.

佐立治人, 「『淸明集』の「法意」と「人情」」, 『中國近世の法制と社會』, 京都大學人文科學研究所, 1993.

Daniel Asen, "Song Ci (1186-1249), "Father of World Legal Medicine": History, Science, and Forensic Culture in Contemporary China," *East Asian Science, Technology and Society*, Vol. 11, No. 2, 2017.

Derk Bodde, "Forensic Medicine in Pre-Imperial China," *Journal of the American Oriental Society*, Vol. 102, No. 1, 1982.

Hymes, Robert, "Not Quite Gentlemen? Doctors in Sung and Yuan," *Chinese Science* Vol. 8, 1987.

Leung, Angela Ki-che, "Medical Learning From the Song to the Ming," in *The Song-Yuan-Ming Transition in Chinese History*, ed. Paul Jakov Smith and Richard von Glahn, Harvard University Asia Center, 2003.

Louis Kuo Tai Fu, "Sung Tz'u (1186-1249) and Medical Jurisprudence in Ancient China," *Journal of Medical Biography*, Vol. 12, No. 2, 2004.

Lu GD, Needham J., "A history of forensic medicine in China," *Medical History*, Vol. 32, No. 4, 1988.

Peng Hua, J. M. Cameron, and Jia Jing Tao, "Forensic Medicine in China: Its History to the Present Day," *Medicine, Science and the Law*, Vol. 27, No. 1, 1987.

송대 사법 속의 검시 문화

찾아보기

송대
사법 속의
검시 문화